심리 게임

Games People Play
Copyright © 1964, 2004 by Eric Berne
All rights reserved

Korean translation copyright © 2009 Gyoyangin
Korean edition is published by arrangement with
The Random House Publishing Group, a division of Random House, Inc.
through Imprima Korea Agency

이 책의 한국어판 저작권은 Imprima Korea Agency를 통해
원저작권자와의 독점 계약으로 '교양인'이 소유합니다.
저작권법에 의하여 한국 내에서 보호를 받는 저작물이므로
무단 전재와 무단 복제를 금합니다.

교류 분석으로 읽는 인간 관계의 뒷면

심리 게임

에릭 번 | 조혜정 옮김

GAMES PEOPLE PLAY

| 차례 |

새로운 머리말 · 7
머리말 · 25
들어가는 글 · 29

제1부 | 게임 분석

1장 _ 게임의 구조 · 41

2장 _ 인간 관계 분석 · 48

3장 _ 절차와 의례 · 56

4장 _ 심심풀이 놀이 · 64

5장 _ 게임 · 73
 전형적인 게임 · 76   게임의 발생 · 87
 왜 게임을 하는가 · 90   게임의 분류 · 93

제2부 | 게임 대사전

6장 _ 인생 게임 · 103
 '알코올 중독자' 게임 · 103   '빚쟁이' 게임 · 114
 '나 좀 차주세요' 게임 · 119   '너 이번에 딱 걸렸어' 게임 · 120
 '당신 때문이야' 게임 · 124

7장 _아내와 남편 게임 · 130
  '궁지로 몰기' 게임 · 130 '법정 공방' 게임 · 136
  '냉담한 여성' 게임 · 140 '완벽한 주부' 게임 · 144
  '당신만 아니었으면' 게임 · 149
  '난 죽도록 노력했어요' 게임 · 150 '닭살 커플' 게임 · 154

8장 _파티 게임 · 157
  '정말 너무 심하죠?' 게임 · 157
  '흠집 찾기' 게임 · 161 '얼간이' 게임 · 163
  '이러면 어떨까요? – 맞아요, 그런데' 게임 · 166

9장 _성적인 게임 · 177
  '당신들끼리 싸워보세요' 게임 · 178
  '페티시·사드·마조흐' 게임 · 179
  '유혹' 게임 · 181 '스타킹' 게임 · 186
  '난리법석' 게임 · 188

10장 _암흑가 게임 · 191
  '경찰과 강도' 게임 · 191 '모범수' 게임 · 198
  '등치기' 게임 · 201

11장 _상담실 게임 · 203
  '심리 진단' 게임 · 204
  '저는 그저 도와드리려는 것뿐입니다' 게임 · 206
  '궁핍이 좋아' 게임 · 212 '순박한 시골 여자' 게임 · 217
  '정신 의학' 게임 · 222 '바보' 게임 · 227
  '의족' 게임 · 230

12장 _유익한 게임 · 235
  '휴가 반납' 게임 · 236 '기사도' 게임 · 237
  '자선' 게임 · 240 '소박한 현자' 게임 · 241
  '원수를 은혜로 갚기' 게임 · 242

제3부 | 게임을 넘어서

13장 _게임의 의미 · 247

14장 _게임하는 사람들 · 249

15장 _게임 없는 관계 · 252

16장 _게임의 덫에서 벗어나기 · 257

17장 _자율적 인간 되기 · 262

18장 _게임 이후 · 264

부록 _행동 분류 · 265
서평 _커트 보네거트 · 268
주석 · 273
찾아보기 _게임 · 심심풀이 놀이 / 인명 · 용어 · 277

■ 새로운 머리말

인간 관계의 뒷면을 보여준 심리학 혁명

2004년
제임스 R. 앨런*

40년 전 어느 차가운 겨울날 아침, 나의 슈퍼바이저가 제목은 이상해도 정신 의학을 변화시킨 책이라면서 《심리 게임(Games People Play)》을 한 권 건네주었다. 당시에 나는 퀘벡 맥길대학병원의 1년차 레지던트였으며, 나의 슈퍼바이저였던 하인즈 레먼 박사는 북아메리카에서 가장 영향력 있는 정신 의학자로 꼽히는 분이었다. 그 몇 해 전에 레먼 박사는 토라진(라각틸)을 이용한 정신분열증 치료법을 북아메리카에 도입해 심각한 정신 장애를 치료하는 데 혁명적 진보를 이루었다.

그때는 레먼 박사도 나도 에릭 번이 몬트리올에서 자랐으며 맥길대학 출신이라는 사실을 몰랐다. 그로부터 5년 후, 샌프란시스코에서 열

제임스 R. 앨런(James R. Allen) 의학박사. 미국 오클라호마대학 건강과학센터의 정신의학 및 행동 과학 교수이자 레인볼트 가족 지원 아동정신과 학과장이다. 국제교류분석협회 대표를 역임했다.

리는 번의 치료 집단에 참가했다가 그와 나에게 또 다른 공통점이 있다는 것을 알았다. 둘 다 고전문학으로 첫 번째 학위를 받았고, 과거의 경험이 인간에게 어떻게 영향을 끼치는가, 다시 말해 어떤 사람에게는 지금의 자신은 누구인가에 답을 내리는 문제에, 또 어떤 사람에게는 앞으로 어떤 일을 하고 싶은가를 부분적으로 결정하는 문제에 똑같이 관심이 있었다. 그러나 번에게서 가장 인상적이었던 점은 그가 지닌 네 가지 개인적 특성이었다. 날카로운 지성과 놀라운 집중력, 건조하고 괴팍한 유머, 보통 사람 눈에는 무질서하게만 보이는 사람들 사이의 상호 작용에 내재한 질서와 패턴을 파악하는 통찰력이 그것이다. 독자들도 이 책에서 에릭 번의 개인적 특성을 모두 발견할 수 있을 것이다.

번이 만든 게임 분석의 강점 중 하나는, 사람들의 내적 경험과 그들이 어떤 주어진 순간 또는 일정한 시간에 걸쳐 대인 관계에서 드러내 보이는 심리적·사회적 행동을 연결한다는 점이다. 그가 게임에 붙인 놀랍고 때로 유머러스한 이름들을 통해 우리는 자신의 말과 행동을 한 번 더 생각하게 되고, 사물을 이제까지와는 다른 시각에서 바라보게 되며, 너그러운 마음으로 자기 자신을 인정하게 된다.

이 책을 먼저 읽은 독자들 중에는 노골적인 복수심이 아니라면 일종의 승리감에 젖어서 "이봐, 여기 이 사람이 당신 속내를 정말 잘 아는데?"라며 배우자나 친구에게 책을 건네준 사람이 있을지도 모른다. 그러나 번의 의도는 그런 것이 아니었다. 자신의 어리석음과 비뚤어진 심사를 비웃도록 우리를 이끄는 것은 사실이지만, 그의 유머에는 악의

가 없다. 차라리 그의 유머는 우리가 밀어서 열 수 있는 문이 불현듯이 눈앞에 나타나는 것과 같다. 그리고 번은 환자들을 치료하면서 또 다른 문을 만들어냈다. 그는 환자들에게 분명한 계약을 요구했다. "무엇을 바꾸고 싶으신가요? 당신이 바뀌었을 때 어떻게 그 사실을 알 수 있을까요?" 이런 질문은 치료 목표를 분명히 정의해주고 나아가 치료 성과를 판단하는 구체적인 기준을 마련해준다. 이렇게 할 때 환자는 치료 과정 내내 집중하게 된다. 그는 자주 이렇게 말했다. "나는 집단 치료는 하지 않습니다. 나는 사람들을 낫게 합니다."

1964년에 번과 친구들은 《심리 게임》을 출간하려고 돈을 모아야 했다. 처음에 출판을 거절했던 많은 출판사들이 놀라는 가운데 이 책은 거뜬히 베스트셀러에 올랐으며 '어루만짐', '게임', '교류', '아이', '부모', '어른' 같은 용어는 1960~1970년대 대중문화에 급속히 스며들었다. 저자의 의도와 전혀 다른 의미로 쓰이는 경우가 적지 않았지만 말이다. 불행히도 성공은 교류 분석을 통속 심리학 서커스로 둔갑시켰다. 교류 분석이 진지한 인지행동적 치료 방법이며, 여러 가지 심리 역학적 주제는 물론이고 자기(self)와 타인들의 심리적 모델을 다루는 데에도 매우 효과적이라는 사실이 요란한 인기 속에서 자주 잊혔던 것이다.

시간이 지나고 상황이 진정되면서 교류 분석은 인기 절정기를 지나 새로운 시기로 접어들었다. 새로운 개념과 아이디어가 추가되었고, 그리하여 많은 기존 견해들이 수정되었다. 에릭 번이 사망하자 다른 지역은 몰라도 적어도 미국에서는 번의 치료법에 반대하는 분파가 교류 분석을 떠났고 교류 분석 전문가의 숫자도 줄었다. 그러나 그 뿌리는 여전히 굳건하다.

현대의 교류 분석

오늘날 전 세계적으로 1만 명이 넘는 사람들이 교류 분석가로 자처한다. 많은 나라에 공식적인 지역 지부가 있으며, 국제 조직 하나와 다섯 개의 다국적 조직이 있다. 국제교류분석협회(ITAA), 미국교류분석협회(ATAA), 서태평양교류분석협회(WPATA), 라틴아메리카교류분석협회(ALAT), 교류분석유럽협회(EATA) 등이 그 조직들인데, 교류분석유럽협회만 해도 6천 명의 회원을 거느리고 있다. 이 각각의 조직에는 전문가는 물론이고 일반인들도 포함되어 있다. 심리 치료, 상담, 교육, 조직 개발 같은 분야에서 능력 검증 자격 제도를 둠으로써 자격 있는 사람들이 관리하도록 하고 있으며, 계속해서 새로운 회원이 들어오고 있다. 또 영국이나 오스트레일리아 같은 나라에서는 과학 석사 학위 과정의 전공 필수로 교류 분석 훈련을 받을 수도 있다.

통찰력 넘치는 관찰과 번득이는 직관에 의지해, 에릭 번은 자신의 생각을 자기 시대 과학의 언어로 설명했다. 하지만 지금 우리는 그것을 우리 시대 과학의 언어로 이해할 수 있다. 몇 가지 예를 들어보자.

어루만짐

번은 '어루만짐(stroking)'을 한 사람이 다른 사람에게 보내는 인정의 표시로 정의하고, 육체와 정신 건강에 반드시 필요하다고 보았다. 모성 결핍과 영아기 애착, 신체 접촉의 역할은 아마도 오늘날 정신 건강 분야에서 가장 활발하게 연구되는 분야일 것이다. 한 예로, 언어적 또는 비언어적으로 어루만지는 방법을 배움으로써 신체 접촉의 필요성이 줄어들기는 하지만, 갓난아이가 생명을 유지하려면 반드시 직접 몸을 어루만져주는 손길이 필요하다는 사실이 입증된 바 있다.

자아 상태

번은 자아 상태(ego state)를 어떤 사고와 감정과 행동이 함께 일어나는 일관성 있는 내적 상태라고 설명했다. 오늘날 우리는 뇌에 나타나는 특정 신경망으로서 자아 상태를 개념화할 수 있다. 뇌 영상 기술의 발전 덕분에 신경망을 직접 눈으로 볼 수 있게 된 것이다.

삶의 초반에 발달하는 네트워크를 번은 아이 자아 상태라고 불렀다. 아이 자아 상태 가운데 하나가 활성화하면 마치 어렸을 때처럼 행동하게 된다. 번은 자신을 길러준 사람을 자신이 경험한 대로 내면화한 것을 보여주는 네트워크를 부모 자아 상태라고 불렀다. 부모 상태일 때 우리는 부모 혹은 그들의 자리를 대신했던 사람들이 했던 것처럼 생각하고 느끼고 행동한다. 정서를 개입하지 않으면서 '지금 여기'를 다루는 자아 상태는 어른이라 부른다. 어른 상태일 때 우리는 현실을 객관적으로 평가하고 사실에 기초해서 결정을 내리며, 한편으로는 아이나 부모의 정서 또는 생각이 이러한 의사 결정 과정을 오염시키지 않도록 지킨다.

여기서 우리는 이 세 가지 자아 상태가 정신 분석에서 말하는 자아(ego), 원초아(id), 초자아(super ego)와 같은 가설이 아니라, 관찰할 수 있는 실제라는 것에 주목해야 한다. 또 한 가지 주목할 것은 사람은 누구나 이 세 가지 자아 상태를 지니고 있으며 상황에 따라 그때그때 가장 적절한 자아 상태를 활성화한다는 사실이다. 다시 말해 자아 상태, 혹은 자아 상태들의 집단인 어른은 다 자란 인간을 가리키는 어른과는 다른 것이다.

일단 자아 상태를 인식한 후에는 더 쉽게 자아 상태를 알아볼 수 있다. 그리고 이러한 개념화를 통해 한 개인 안에서 또는 서로 다른 사람들 사이에서 자아 상태끼리 이루어지는 교류를 기술할 수 있다.

각각의 교류에는 자극과 반응이라는 두 가지 측면이 있다. 개인적인 교류도 대부분 어떤 시퀀스(상황)의 일부다. 그런 시퀀스를 분석함으로써 성공적인 의사 소통과 그렇지 못한 의사 소통을 살펴볼 수 있으며, 사람들이 어떻게 '어루만짐'을 얻어내는지, 어떻게 시간을 보내는지, 어떻게 서로 관계를 맺는지 아주 상세하게 조사할 수 있다. 앞으로 살펴보겠지만, 게임은 타인과 관계를 맺고 상호 작용하는 아주 구체적인 방식이다.

게임 분석

이 책에서 에릭 번은 하나의 유형으로 정형화된, 예측 가능한 교류들을 게임으로 설명한다. 여기서 말하는 교류는 겉보기엔 그럴 듯하지만 실제로는 이면에 다른 동기를 숨기고 있으며, 뚜렷하고 예측 가능한 결과를 낳는 관계 맺음을 말한다. 게임은 '어루만짐'을 얻어내는 습관적이고 이중 기능적인 방법인데, 게임에 참여한 사람들은 자기들이 관련된 교류의 두 차원 모두를 인식하지는 못한다. 번은, 요즈음 일상 대화에 흔히 등장하는 "그 사람 지금 심리 게임 하고 있어."라든가 올비의 "누가 버지니아 울프를 두려워하는가?" 같은 부부 싸움 게임이 은근히 암시하는 것처럼, 개인이 의식적으로 다른 사람을 조종하거나 일부러 혼란스럽게 만든다고는 절대 말하지 않았다.

번은 더 많은 지식이 쌓이면 게임 분석이 더 정확해질 것으로 기대했지만, 게임의 이론적 분석을 위한 기본 요소들은 정비해놓았다. 게임의 핵심, 목표, 역할, 교류, 패러다임, 수(move), 여섯 가지 유형의 이득과 보상이 그것이다. 번은 또한 몇 가지 분류 체계도 윤곽을 잡아놓았다. 1972년에 그는 게임을 기술하는 데 필요한 기본 공식을 정리했다. 어떤 교류가 이 공식에 들어맞지 않으면 그는 그것을 게임으로 간주하지 않았다. 그 게임 공식은 다음과 같다.

$$C + G = R \rightarrow X \rightarrow P$$

가짜　　속임수　　반응　　전환　　보상

'가짜(Con)'는 게임을 시작하는 사람, A가 두는 첫 번째 수/유인이다. '속임수(Gimmick)'는 B의 약점인데, 그로 하여금 가짜에 반응(Response)하게 만든다. X(Switch)는 A의 자아 상태가 전환하는 것을 나타낸다. 보상인 P(Payoff)는 뜻밖의 놀라운 느낌을 가리킨다. 이것을 좀 더 분명히 이해하기 위해서 거짓말을 한 조니라는 아이의 사례를 살펴보자.

다섯 살 난 조니는 부모가 친구들과 주방 식탁에 앉아 커피를 마시는 동안 좋아하는 장난감 트럭을 끌고 이 방 저 방으로 뛰어다녔다. 그러다 갑자기 거실에서 우당탕 깨지는 소리가 들렸다. 급히 거실로 뛰어간 조니의 엄마는 유리 꽃병이 바닥에 떨어져 산산조각이 난 광경을 보았다.

"누가 이랬어?" 엄마가 물었다.

"멍멍이가." 조니가 대답했다.

엄마는 화가 나 목덜미가 벌게졌다. 엄마가 분명히 5분 전에 강아지를 내보냈던 것이다. 조니에게 성큼 다가간 엄마는 조니를 때리며 말한다. "거짓말 하면 엄마 아들 아니랬지!"

누가 꽃병을 깼는지는 분명하다. 따라서 누가 꽃병을 깼냐는 조니 엄마의 질문은, 표면적으로는 어른의 정보 요청이지만 심리적 수준에서 보면 사실은 조니가 거짓말하도록 유인하는 것이었으며, 조니는 그대로 했다. 엄마의 목덜미가 벌게진 것은 그녀가 어른에서 부모로 자아 상태를 바꾸고 있음을 보여준다. 엄마가 얻은 보상은 정당한 분노라는 갑작스러운 놀라운 느낌이었다.

여기서 조니의 엄마는 '너 이번에 딱 걸렸어' 게임을 했다고 할 수 있다. 그러나 그녀가 일부러 의식적으로 아들을 '걸려들게' 만들어 때린 게 아니라는 데 주목해야 한다. 오히려 정반대로 조니 엄마는 그렇게 된 결과에 몹시 혼란스러워했다. 조니 쪽에서는 '나 좀 차주세요' 게임을 한 것이었다. 조니가 "제가 그랬어요."라고 한마디만 했더라면 게임은 애초에 시작되지도 않았을 것이다.

에릭 번 이후의 게임 분석

가장 명료한 게임 분석 방법 가운데 한 가지는 1970년대 후반 밥 굴딩(Bob Goulding)과 메리 굴딩(Mary Goulding)이 제시한 방법이다. 그들은 게임이 다음과 같은 교류의 시퀀스로 이뤄진다고 보았다.

1. A가 표면의 메시지를 전달하며 동시에 숨은 메시지도 같이 전달한다.
2. B가 숨은 메시지에 반응한다.
3. A의 자아 상태가 돌변하고, 예상치 못하게 기분이 나빠진다.

엄마와 조니의 시나리오를 가지고 그 게임을 분석하면 다음과 같다.

엄마(A) : 표면적인 교류—"누가 그랬니?" 사회적 수준에서 이것은 사실을 묻는 단순한 질문이다. 심리적 수준에서는 조니를 거짓말하도록 유인하는 질문이다.

조니(B) : "멍멍이가." 조니는 숨은 교류에 반응했다.

엄마(A) : 자아 상태가 바뀌면서 목덜미가 시뻘게지고 예상치 못하게 기분이 나빠진다.

밥과 메리 굴딩은 게임의 이름이 대개 그 게임을 시작한 사람의 감정이나 그가 결국에 만들어내는 결말에서 따온다고 지적했다. 이 사례에서는 조니의 엄마가 교류를 시작했고 말썽꾸러기를 찾아냄으로써 정당한 분노를 느끼는 것으로 끝이 났기 때문에 이 게임을 '너 이번에 딱 걸렸어'라고 부를 수 있다. 조니 쪽에서 보면 걷어차인 느낌으로 끝이 나는 '나를 좀 차주세요' 게임을 했던 것이다.

3인조 드라마 접근

1960년대 후반에 스티븐 카프먼(Steven Karpman)은 게임에 참여하는 역할들에 대한 번의 연구를 확장해 모든 드라마에는 '희생자'가 필요하다고 지적했다. 한 개인이 희생자가 되려면 구원자나 박해자도 있어야 한다. 드라마를 계속 진행하려면 사람들은 서로 역할을 바꾸며, 심지어 제3자까지 끌어들여서 3인조 상호 작용 드라마를 만들어낸다.

게임에서 참가자들은 이 세 가지 역할을 서로 돌아가며 바꿔 맡는다. 사람들은 셋 중 한 역할을 하다가, 어느 틈엔가 자기가 다른 역할을 하고 있음을 발견하고 놀라고는 한다. 앞의 사례에서 조니의 엄마는 도움을 줄 수 있는 사람으로 시작해서 희생자로 바뀌었다가 마지막에는 조니를 박해하는 사람으로 끝이 난다. 조니는 엄마를 박해하는 역할로 시작해서 희생자로 바뀐다.

1970년대 중반 시프(Jacqui Schiff)와 그녀의 동료들은 게임을 할 때 참가자들이 자신의 모든 자아 상태를 사용하지는 않는다는 것을 발견했다. 예를 들어 '너 이번에 딱 걸렸어' 게임의 경우, 한 사람은 부모와 어른 자아 상태를 활성화하는 데 반해 상대는 아이 자아를 활성화한다. 두 사람을 합치면 세 가지 자아 상태를 모두 활성화한 셈이다. 즉 두 사람이 함께 완전한 한 개인을 구성한 것과도 같다.

조니와 조니 엄마의 사례를 보면, 조니 엄마는 어른과 부모 자아 상태로 게임에서 역할을 맡았고 조니는 아이 자아 상태였다. 이 게임이 자꾸 반복되면, 조니는 자기 내면에서 들려오는 비난과 죄책감을 느낄 수 있는 사람으로 자라지 못하고, 오히려 권위를 지닌 사람들을 만족시키거나 훼방놓거나 속이는 데서 오는 또는 그러지 못하는 데서 오는 굴욕감에 신경을 쓰는 사람으로 성장할 수 있다는 위험이 있다. 다시 말해 조니가 자신의 어른과 부모를 적절히 부릴 수 없게 된다는 뜻이다.

게임을 시작하는 사람은 여러 사항을 다 고려하지 못하고 그렇게 한다. 이것은 다음의 네 가지 형태로 나타난다. (1) 문제가 있다는 것 자체를 고려하지 않거나, (2) 문제의 의미를 줄여서 생각하거나, (3) 자신이 문제를 해결할 수 있다는 점을 도외시하거나, (4) 다른 누군가가 이 문제를 해결할 수 있다는 점을 도외시한다.

조니의 엄마는 강아지가 밖에 있으며 아주 활동적인 조니가 깨진 꽃병 옆에 서 있다는 사실을 고려하지 못했다. 또한 아이가 사고를 치지 않도록 집안에 예방 조치를 철저히 하지 못했다는 사실도 고려하지 못했다. 이 상황에서 엄마가 보일 수 있는 좀 더 적절한 반응은 "저리 물러나렴, 다칠라." 혹은 "가서 빗자루 좀 가져오렴."이었을 것이다.

게임의 맥락

1979년 어스킨(R. G. Erskine)과 절크먼(M. J. Zalcman)은, 게임에서 얻는 보상 때문에 사람들의 대본 내용뿐 아니라 각 개인의 기본적인 실존적 입장, 즉 그가 자신과 다른 사람들을 대하는 기본 태도가 강화된다는 번의 생각을 확장했다. 반복되는 게임과 그 보상으로 대본이 구성된다는 것이다. 그러나 번은 이미 일찍이 《심리 게임》에서 '빚쟁이' 게임이 얼마나 쉽게 생애 설계로 변형될 수 있는지 지적했다.

앞의 사례에서 조니의 엄마는 사람들(또는 남자들)은 좋지 않으며 앞으로도 자기에게 거짓말을 할 것이라고 느끼고 따라서 그녀 자신과 다른 사람에 대해 자신이 지녔던 기존의 판단, 또 세상에 대해 품었던 기존의 판단을 다시 한 번 확인하는 것으로 끝났을 수도 있다. 물론 그러한 가설은 세심하게 검토해볼 필요가 있다. 안 그러면 엉뚱한 억측이 될 수 있다. 그녀가 일단 부정적 감정을 만들어낸 다음 자신의 대본을 실행하는 데 그 감정을 이용하려고 상황을 꾸며낸 것일 수도 있다. 예컨대 그녀는 아들을 미워하는 마음과 아들이 없어졌으면 하는 마음을 죄책감 없이 표현할 수 있도록 정당화하는 데 필요한 나쁜 감정들을 모아들이고 있었는지도 모른다. 그런 경우 우리는 그 감정을 정서적 '사기'라고 부를 수 있다. 그녀는 마치 여러 장을 모으면 경품과 바꿀 수 있는 쿠폰처럼 자기의 괴로움을 이용하고 있었던 것이다.

갓난아기와 걸음마를 걷는 유아들이 엄마와 같이 있을 때를 촬영한 최근의 비디오 자료들은 일부 게임이 생의 첫 해부터 나타난다는 것을 보여준다. 이런 게임들은 아이들이 말을 하기 훨씬 전부터 잠재적 기억 속에 정형화된 행동으로 기록되는 것이 아닌가 싶다. 번이 지적하였듯이, 우리는 아이들에게 특정한 게임을 하도록 적극적으로 가르친다. 사실 앞에서 예로 든 다섯 살 난 조니와 엄마 사이에서 일어난 행동의 연쇄 반응은 조니가 지금까지 배워 온 '나를 좀 차주세요' 게임의, 오래 이어진 동일한 교류의 최신본일 뿐인지도 모른다.

1977년에 파니타 잉글리시(Fanita English)는 다음과 같은 점에 주목했다. 즉, 게임이란 사람들이 자신의 아동기 초기에 익숙해진 방식으로 자기를 어루만져줄 사람을 현실에서 찾아낼 수 없을 때 발생한다. 이때 아동기 초기에 익숙해진 방식은 금지된 감정을 은폐해주는 (위장된) 감정을 표현하는 데 쓰였던 방식이다('사기' 게임). 그에 대한 반응으로 사람들은 자아 상태를 전환한다. 잉글리시는 실제로 크게 세 가지 유형밖에 없다는 결론을 내렸다. 첫째, '너 이번에 딱 걸렸어' 게임에서 개인은 무력하거나 반항적인 아이에서 부모 상태로 바뀐다. 둘째, '나를 좀 차주세요' 게임에서 개인은 군림하거나 도와주는 부모에서 아이로 바뀐다. 마지막으로 '난리법석' 게임에서는 양쪽이 동시에 자아 상태를 바꿔서 서로를 끌고 간다.

잉글리시는 사람들이 때때로 어떤 방식으로 두 가지 서로 다른 실존적 입장을 확인하는 게임을 하는지도 설명했다. 예를 들어 조니의 엄마 같은 사람은 '너 이번에 딱 걸렸어' 게임을 할 수 있고, 거기서 '나는 옳고 당신이 틀렸다'는 입장을 강화한다. 그러다가 스트레스를 받으면 '내가 틀렸고 당신이 옳다'는 실존적 입장을 강화하는 '나를 좀 차주세요' 게임으로 바꾼다. 오늘날 우리는 이것을 개인이 두 가지 서로 다른 기초적인 조직화 원리를 강화하는 예로 간주할 수 있다. 두 가지 조직화 원리란, 명시적 기억('나는 옳고 당신이 틀렸다')과 더 깊이 자리 잡은 잠재적 기억('내가 틀렸고 당신이 옳다')이다. 《심리 게임》이 출간된 후 에릭 번은 이 문제와 관련해, 가슴 쪽에는 "저를 사랑해주세요."라고 쓰여 있지만 등 쪽에는 "너 말고, 이 바보야."라고 쓰여진 심리적 티셔츠 이야기를 자주 하곤 했다.

클로드 슈타이너(Claude Steiner)는 게임이란 '어루만짐'을 둘러싼 권력 놀이라고 강조했다. '어루만짐'은 성인의 심리적 생존에 꼭 필요하지만 사람들이 그것을 자유롭게 교환하는 것을 가로막는 사회적·내적 규범 때문에 도처에서 희소한 것이 되어버렸다.

대규모 집단에서 나타나는 게임

샬럿 실스(Charlott Sills)의 지적에 따르면, 사람들이 어떤 집단에서 똑같은 게임을 반복해서 한다면 그들은 그 집단이 다루고 있지 않은 인간의 기본적인 딜레마를 표현하는 것일 수 있다. 다시 말해서 한 개인이 '너 이번에 딱 걸렸어'나 '흠집 찾기' 같은 게임을 할 때는, 개인적 문제와는 전혀 별개로, 그가 속해 있는 집단이 신뢰라는 보편적인 문제를 다루지 않고 회피하면서도 그 회피를 인정하지 않는 문제를 표현하는 것일 수 있다는 뜻이다.

21세기형 교류 분석 – 긍정 심리학과 마음 이론

오늘날 게임 분석을 포함해서 교류 분석은 부부와 집단 심리 치료뿐 아니라 개인 심리 치료, 상담, 교육, 조직 개발 등 다양한 영역에서 활용되고 있다. 교류 분석의 기본 개념들은 최근의 신경과학 연구 결과와도 맞아떨어지는 것으로 보인다. 어루만짐과 자아 상태 개념의 증거가 가장 확실한 것으로 보이는데, 두 개념은 바로 교류 분석의 토대이기도 하다. 치료 효과와 환자 만족도를 다룬 연구 결과들도 교류 분석이 매우 성공적임을 보여준다. 그런데 최근 정신 건강 분야에 나타난 두 가지 거센 흐름이 21세기에 교류 분석이 지닌 중요성과 직접 관련되어 있다. 하나는 긍정 심리학이고, 다른 하나는 정신 작용 이해 심리학이다.

요즈음 감사와 희망, 낙관주의, 몰입, 마음 챙김, 친밀감이 성공적인 삶과 성공적인 나이 듦에서 차지하는 역할에 새롭게 관심이 쏠리고 있다. 이 개념들은 1960년대 인본주의 심리학 운동에서 중요했지만 그것을 제안한 사람들은 연구에는 별 관심이 없었다. 현재 이 각각에 대한 연구가 진행 중인데, 수녀들과 대학생들, 여타 사람들의 삶을 과거로 거슬러 올라가는 방식으로, 또 미래를 전망하는 방식으로 적극 연구되고 있다.

그러나 긍정 심리학은 교류 분석에서 항상 중요한 요소였다. 에릭 번이 자각과 자발성, 친밀감으로 드러나는 자율성과 '괜찮음(okayness)'을 강조했을 뿐 아니라, 정당한 방식으로 존재하고 활동하기 위해서 어루만짐을 얻어내는 것을 강조한 데서, 또 사람들로 하여금 게임과 파괴적인 대본에서 벗어나도록 돕는 일을 강조했던 데서 그것을 알 수 있다.

오늘날 정신 건강 분야에 종사하는 사람들은, 인간이 자신과 다른 사람들을 내면 상태와 생각, 감정에 따라 동기를 부여받는 존재로 개념화하는 것이 중요하다는 사실을 예전보다 더 잘 이해하고 있다. 지금까지 이러한 역량은 심리학적 마음 상태, 정신 작용 이해, 정서 지능 등 다양한 이름으로 불렸다. 이것은 공감 능력과 능숙한 대인 관계의 기초를 이루며, 스트레스에 대처하는 능력인 심리적 유연성의 중요한 요소이다.

사람들 사이에서 나타나는 관찰 가능한 상호 작용을 쉽고 간단한 일상의 언어로 묘사한 에릭 번의 게임 분석은 사람들에게 자신의 행동을 스스로 이해할 수 있으며 더 중요하게는 자신의 행동을 바꿀 수도 있음을 깨닫게 해주었다. 그는 심리학적 마음 상태의 기본 틀을 제공해준 것이다. 이것이 바로 하인즈 레먼이 그를 가리켜 정신 의학을 변화시켰다고 말하는 이유이며, 지금까지 교류 분석 이론이 대중에게 호소력을 지니는 까닭이다.

《심리 게임》에서 최초로 소개한 많은 개념들이 너무도 널리 알려지는 바람에 지금 우리는 오히려 그 기원을 잊어버렸다. 반면에, 후배 교류 분석가들이 다른 치료 접근법의 개념과 기법들을 꾸준히 교류 분석에 접합했고, 교류 분석을 임상에서 실행하는 심리 치료자들은 번이 처음에 내놓았던 견해들을 계속 수정하고 확장해 왔다. 그 과정에서 그들은 번의 유명한 말("나는 집단 치료는 하지 않습니다. 나는 사람들을 낫게 합니다.")에 담긴 정신을 실현하고 있다.

이 책은 누구나 읽고 또 읽을 수 있는 책이다. 이 책을 읽을 때마다 나는 에릭 번의 직관이 지닌 건실함과 유용함이 여전히 지속된다는 사실에, 그의 날카로운 임상 관찰에, 그리고 우리가 지금도 그에게 얼마나 많은 빚을 지고 있는지에 대해 생각하며 새삼 충격을 받고는 한다.

이 독창적인 책을 펼친 독자 여러분을 환영하는 바이다.

■ 머리말

이 책은 나의 책《심리 치료에서 교류 분석(Transactional Analysis in Psychotherapy)》[1]의 후속편으로 계획한 것이지만, 독자적으로 읽고 이해할 수 있도록 꾸몄다. 게임을 분석하고 명확히 이해하는 데 필요한 이론은 제1부에 요약해놓았다. 제2부에서는 각 게임을 설명했다. 제3부에는 기존 자료에 추가된 새로운 임상적·이론적 내용들을 담아서 게임이 없는 관계란 무엇을 의미하는지 어느 정도 이해할 수 있도록 했다. 더 자세한 배경 지식을 원하는 독자들은 앞의 책을 참고하기 바란다. 두 책을 모두 읽은 독자라면 이론적 진전과 더불어 새로운 임상적 자료들을 바탕으로 해서 용어와 관점에도 작은 변화가 생겼다는 것을 알 수 있을 것이다.

이 주제에 관심 있는 학생들과 강연을 들은 청중이 게임의 목록이나 교류 분석의 원리를 보편적으로 설명하기 위해 짧게 언급한 사례들을 좀 더 정교하게 설명해주기를 바라는 것을 보고 이런 책이 필요하겠다고 생각했다. 무엇보다 그 학생들과 청중 일반에게 우선 감사드리고, 특히 새로운 게임을 볼 수 있도록 해주고, 지적해주고, 이름을 붙여준 많은 환자들에게 감사드린다. 경청의 기술과 의미에 대해 많은 아이디어를 제공해준 바버라 로젠필드에게 감사한다. 각자 나름대로 여러 게임의 의미를 발견하거나 확인해준 많은 분들, 특히 멜빈 보이스, 조지프 콘캐넌, 프랭클린 어니스트 박사, 케네트 에버츠 박사, 고든 그리터 박사, 프랜시스 매트손 여사, 레이 포인텍스터 박사에게 감사드린다.

여기서 샌프란시스코 사회정신의학 세미나의 전 책임연구원이자 현재 미시건대학 심리학과에 재직 중인 클로드 슈타이너를 특별히 언급할 만한 두 가지 이유가 있다. 그는 이 책의 주제가 되는 많은 이론적 논점들을 확인해준 실험을 맨 처음 수행했으며, 그러한 실험의 결과로 자율성과 친밀감의 속성을 명료화하는 데 큰 도움을 주었다. 사회정신의학 세미나의 회계 담당 비서 비올라 릿과 내 개인 비서 마리 N. 윌리엄스 여사에게는 지속적으로 도움을 준 데 감사드리며, 교정을 도와준 앤 가렛에게도 감사한다.

간결한 묘사를 위해 특별한 언급이 없는 한 주로 남성의 관점에서 게임을 기술했다. 따라서 게임의 주역은 보통 '그'라고 칭하였지만 편견 때문에 그런 것은 아니다. 특별히 언급하지 않으면 같은 상황이 '그녀'로 쉽게 바뀔 수 있다. 여성의 역할이 남성과 중요한 점에서 다를 때는 별도로 다뤘다. 치료자에 대해서도 별다른 편견 없이 '그'라고 썼다. 어휘와 관점은 주로 심리 치료 실무에 종사하는 임상 치료자들에게 맞추었지만 다른 분야에서 일하는 사람들에게도 이 책은 재미있고 유익할 것이다.

교류적 게임 분석은 지금 한창 성장하고 있는 자매 과학 분야인 수학적 게임 분석과는 분명히 구분해야 한다. 이 책에서 사용하는 몇몇 용어, 이를테면 '보상' 같은 것들이 이제는 흔히 수학적 용어로도 쓰인다. 수학적 게임 이론을 자세히 검토하고 싶다면 R. D. 루스와 H. 레이파의 《게임과 의사 결정(Games & Decisions)》[2]을 참조하라.

■ 들어가는 글

사회적 교제

《심리 치료에서 교류 분석》[1]에서 상세히 설명했던 사회적 교제 이론을 요약하면 다음과 같다.

스피츠(René A. Spitz)는 신생아가 오랫동안 사람 손을 타지 않으면 결국은 회복 불가능할 정도로 쇠약해지고 더 나아가서는 합병증으로 죽을 수도 있다는 사실을 밝혀냈다.[2] 이것은 결국, 스피츠가 정서적 박탈이라고 부른 상태가 치명적 결과를 낳을 수도 있음을 뜻한다. 이러한 관찰을 토대로 자극-허기라는 개념이 등장한다. 그리고 가장 바람직한 자극 형태는 신체적 밀착에서 오는 자극이라는, 일상생활 경험으로 누구나 어려움 없이 이해할 수 있는 결론을 끌어낸다.

감각 박탈 실험에 피험자로 참여하는 성인들에게서도 같은 현상을 볼 수 있다. 실험으로 그런 감각 박탈 상태를 만들면 심한 경우 일시적으로 정신 이상이 발생할 수 있고 거의 모두가 일시적인 정신적 혼란을 경험한다. 예전부터 장기간 독방에 수감된 사람들에게서 사회적·감각적 박탈과 유사한 결과가 나타났다는 사실이 주목을 받았다. 실제로 독방 수감은 웬만한 신체적 가혹 행위에는 단련이 된 수감자라도 가장 무서워하는 처벌 가운데 하나이며,[3] [4] 현재는 정치적 복종을 끌어내는 데 쓰이는 방법으로 악명 높다. (반대로, 정치적 복종에 대항할 수 있는, 우리가 아는 최고의 무기는 사회적 조직이다.[5])

생물학적 측면에서 보면, 정서적·감각적 박탈이 유기체의 변화를 일으키거나 촉진하는 경향이 있을지도 모른다. 뇌간의 그물 모양 활성계가 적절한 자극을 받지 못하면 간접적으로라도 신경 세포들이 퇴행적으로 변화한다.[6] 이 퇴행은 영양 부족에서 비롯한 이차적 결과일 수도 있다. 하지만 쇠약증을 앓는 신생아의 경우에서 볼 수 있듯이 영양 부족이라는 것 자체가 무감정 상태의 산물일 수 있다. 따라서 정서적·감각적 박탈에서 무감각 상태를 거쳐 퇴행적 변화에 이르고, 마침내 죽음으로 이어지는 생물학적 연쇄를 생각할 수 있다. 이런 점에서 자극-허기와 인간 유기체 생존의 관계는 음식-허기와 생존의 관계만큼이나 의미가 있다.

실제로 자극-허기는 생물학적 측면뿐 아니라 사회적으로 또 심리적으로 음식에 대한 허기와 여러 면에서 대비를 이룬다. 영양 실조, 포만, 미식가, 대식가, 까다로운 입맛, 금욕주의자, 요리법, 요리사 같은 말은 영양 분야에서 감각 분야로 옮겨놓아도 쉽게 통할 수 있다. 폭식증은 자극 과잉과 함께 일어난다. 두 경우 모두 공급이 넉넉하고 다양한 메뉴에 얼마든지 접근할 수 있는 정상적인 조건이라면, 개인의 특이성이 선택을 결정하는 요인이 된다. 이러한 고유한 개인의 특이성 가운데 일부 혹은 대부분은 체질적으로 결정될 수 있다. 하지만 그것은 여기서 중요한 문제가 아니다.

이 문제와 관련해서 사회정신의학자(social psychiatrist)는 정상 발달에서 유아가 엄마와 분리된 다음 어떤 일이 벌어지는지에 관심을 쏟는다. 지금까지 알려진 사실은 "어루만져주는 손길이 없으면 등골이 휜다."는 '구어체 표현'[7]으로 요약할 수 있지 않을까 싶다. 엄마와 강한 친밀감으로 연결되었던 시기가 끝나고 나면, 개인은 남은 평생 동안 끊임없이 자신의 운명과 생존을 뒤흔드는 딜레마에 맞서야 한다. 이 딜레마의 한쪽 뿔은 유아기 때와 같은 형태의 신체적 친밀감을 유지하는 데 방해가 되는 사회적·심리적·생물학적 힘들이고, 다른 쪽 뿔은 인정받고 싶다는 멈추지 않는 갈망이다. 여기서 사람들 대부분은 주어진 조건과 타협한다. 그래서 미묘하고 때로는 상징적인 어루만짐만으로도 만족하는 법을 배우고, 결국에는 신체적 접촉을 바라는 원초적 갈망이 채워지지 않았더라도, 인정의 뜻으로 머리만 끄덕여줘도 어느 정도 충족감을 느끼게 된다.

이 타협 과정은 이를테면 '승화' 같은 여러 용어로 부를 수 있을 테지만, 어떤 이름을 붙이든 유아적 자극-허기가 부분적으로 변형되어 인정-허기라고 할 수 있는 무언가로 변한다는 결과는 마찬가지다. 타협하는 것이 복잡해질수록 사람은 인정받으려고 점점 더 '개인화'된다. 바로 이러한 개인적 변별성에서 개인의 운명을 결정하는 사회적 교제가 다양해진다. 영화배우라면 등골이 휘지 않기 위해 익명의 무차별적인 팬들로부터 매주 수백 번의 '어루만짐'을 느껴야 할 테고, 과학자라면 존경해 마지않는 거장으로부터 해마다 '어루만짐'을 받아야 신체적·정신적 건강을 유지할 수 있을 것이다.

'어루만짐(stroking)'은 친밀한 신체 접촉을 뜻하는 일반 용어로 쓸 수 있을 것이다. 실제로 어루만짐은 다양한 형태로 나타날 수 있다. 아기를 글자 그대로 쓰다듬는 사람이 있고, 안거나 다독거리는 사람이 있는가 하면, 장난스럽게 꼬집거나 손가락을 튕기는 사람도 있을 수 있다. 이 모든 행동이 대화에서도 비슷하게 나타나기 때문에 아기를 다루는 것을 보면 그 사람이 말을 할 때 어떻게 할지 거의 짐작할 수 있을 정도다. 구어체에서 '어루만짐'은 그 의미를 확장해서, 다른 사람의 존재를 인정한다는 의미가 내포된 행동이라면 그 어떤 것도 가리키는 말로 사용할 수 있다. 따라서 어루만짐을 사회적 행위의 기본 단위로 사용할 수 있다. 어루만짐을 교환하는 것이 곧 교류이며, 이 교류가 사회적 교제의 기본 단위다.

이와 관련하여 각광받는 원칙은, 적어도 게임 이론의 관점에서는 어떤 형태이든 사회적 교제가 있는 것이 교제가 전혀 없는 것보다는 어쨌든 생물학적 이득이 있다는 사실이다. 쥐를 사용한 레빈(S. Levine)의 주목할 만한 실험은 이 사실을 실증적으로 증명했다.[8] 실험 결과는 어루만짐이 신체적·정신적·정서적 발달은 물론이고 뇌의 생화학적 상태, 심지어 백혈병에 대한 저항력에까지 영향을 끼친다는 것을 보여주었다. 이 실험에서 중요한 점은 부드러운 손길과 고통스러운 전기 충격이 동물의 건강 증진에서 똑같은 효력을 나타냈다는 사실이다.

이렇듯 앞에서 말한 것들의 타당성이 입증된 데 힘입어 우리는 좀 더 자신감을 갖고 다음 절로 넘어갈 수 있다.

시간의 구조화

유아에게는 물리적 어루만짐, 그리고 성인에게는 어루만짐의 상징적 등가물인 인정이 생존적 가치를 갖는다고 하자. 그렇다면 다음 질문은 "그래서 다음은?"이다. 일상적 질문으로 바꿔보자면, 대학생 친구끼리 "안녕!" 하는 가벼운 인사든, 좋이 몇 시간은 걸리는 동양식 의례가 되었든 서로 인사를 나누고 나서 사람들은 무엇을 할 수 있을까라는 것이다. 자극-허기와 인정-허기 다음에는 구조-허기가 문제가 된다. 청소년들의 영원한 숙제는 〔상대에게〕"그다음에는 무슨 말을 하지?"가 아니던가. 청소년이 아니더라도 많은 사람들이 가장 불편하게 생각하는 상황은 "오늘은 벽들이 죄다 수직으로 서 있는 것 같지 않나요?" 따위 말고는 별 흥미로운 말이 생각나지 않는 비구조화된 시간, 침묵의 순간, 사회적 공백이다. 깨어 있는 시간을 어떻게 구조화할 것인가는 인간의 영원한 숙제다. 이런 실존적 의미에서, 모든 사회 생활의 기능은 이 숙제를 서로 돕자는 것이다.

시간 구조화의 조작적 측면은 프로그램이라고 부를 수 있을 것이다. 거기에는 내용적·사회적·개인적인 세 가지 측면이 있다. 시간을 구조화하는 가장 흔하고 편리하고 안전하고 실용적인 방법은 외적 현실의 내용을 다루도록 짜인 계획으로서, 소위 '일'이라는 것이다. 이런 계획을 전문 용어로는 활동이라고 부른다. '일'이라는 용어가 적당하지 않은 이유는 사회정신의학(social psychiatry) 일반 이론에서는 사회적 교제도 일의 한 형태로 인정해야 하기 때문이다.

내용적 프로그램은 외적 현실을 다루면서 부딪치는 우여곡절에서 생긴다. 여기서 내용적 프로그램이 관심의 대상이 되는 것은 그 활동이 '어루만짐', 인정, 그밖의 더 복잡한 형태의 사회적 교제가 이뤄지는 행렬을 제공하는 경우뿐이다. 내용적 프로그램은 원래 사회적 문제가 아니고, 본질적으로 정보 처리에 기반을 두고 있다. 가령, 조선(造船) 활동은 여러 단계에 걸친 측정과 확률 계산을 근거로 하며, 배를 짓는 과정을 제대로 진행하면 거기서 일어나는 모든 사회적 교환도 그러한 측정과 계산 결과에 따라서 이루어져야 한다.

사회적 프로그램은 전통적인 의례적 상호 작용, 혹은 거의 의례가 된 상호 작용을 낳는다. 사회적 프로그램의 가장 중요한 기준은 그것이 해당 지역에서 받아들여지느냐, 즉 흔히 말하는 '바른 예절'이냐 여부다. 세계 어느 곳에서나 부모들은 자녀에게 예의범절을 가르친다. 그래서 아이들은 인사, 식사, 배설, 연애, 장례 절차의 바른 예법을 알게 되며, 적절한 비난과 강화를 써 가며 주제가 있는 대화를 끌어 갈 수 있다. 비난과 강화는 수완이나 외교력을 구성하는 것으로서 그중에는 보편적인 것과 지역적인 것이 있다. 식사 중 트림이나 남의 아내의 안부를 묻는 행동은 그 지역 선조들의 전통에 따라 장려하기도 하고 금기시하기도 하는데, 실제 이 두 가지 특별한 교류 사이에는 상당히 높은 상관 관계가 있다. 일반적으로 식사 중 트림을 허용하는 지역에서는 남의 집 아녀자의 안부를 묻는 것이 예의에 어긋나고, 남의 집 아녀자의 안부를 묻는 지역에서는 식사 때 트림을 하는 것이 예의에 어긋난다. 보통 주제가 있는 대화를 나누기 전에 공식적 의례나 거의 의례라고 할 수 있는 것들을 주고받는데, 후자를 특히 심심풀이 놀이라는 이름으로 구분할 수 있다.

사람들이 친해질수록 개인적 프로그램이 점점 더 많이 끼어들면서 '사건'이 일어나기 시작한다. 밖에서 보면 사건들은 우연으로 보이고 실제로 사건 관련자들까지 그렇게 설명하기도 한다. 그러나 자세히 살펴보면 사건들은 일정한 범주화와 분류가 가능할 정도로 명확한 패턴을 따르는 경향이 있으며, 그 진행 과정도 암묵적인 규칙과 규범에 제한을 받는 것을 알 수 있다. 이 규범은 우호적이든 적대적이든 교류가 규범대로 진행되는 한 드러나지 않지만, 규범에 어긋나는 수(手)가 나오면 말로든 법적으로든 '파울!'을 외치는 상징적 행동을 불러오며 바로 그 정체가 드러난다. 이러한 연쇄 과정은 심심풀이 놀이와는 달리 사회적 프로그램보다는 게임이라 불리는 개인적 프로그램에서 더 큰 영향을 받는다. 다양한 직종의 조직 생활은 물론이고 가족 생활, 부부 생활 등은 모두 같은 게임의 여러 변형들이 해를 거듭하며 영향을 끼치고 있는 것이다.

사회적 활동의 많은 부분이 게임으로 이뤄진다고 해서 대부분의 사회적 활동이 '재미있다'거나 사람들이 인간 관계에 그렇게 진지하게 개입하지 않는다는 뜻은 아니다. 한편으로 축구 '놀이'니 다른 운동 '게임'들이 전혀 재미없는데도 게임에 참여하는 사람들은 몹시 심각할 수 있다. 이런 게임들은 실제로 대단히 심각하고, 때로는 치명적일 수 있는 잠재력을 지녔다는 점에서 도박이나 다른 여러 '놀이'들과 같다.

다른 한편으로 예컨대 호이징가(Johan Huizinga) 등 일부 학자들은 식인 축제처럼 심각한 형태까지 '놀이'에 포함하기도 한다.[9] 따라서 자살, 알코올이나 약물 중독, 범죄나 정신분열증 같은 비극적 행위들을 '게임하기'라고 부른다고 해서 무책임하거나 어이없거나 야만적이라고 할 일도 아니다. 인간이 하는 놀이의 핵심적 속성은 그 정서적 가벼움이 아니라 거기에 일정한 규칙이 있다는 데 있다. 이 사실은 부적절한 정서를 표출했을 때 제재가 가해지는 것만 보아도 알 수 있다. 놀이가 무시무시하게 심각할 수 있고 때로 치명적일 정도로 심각한 경우도 있지만 사회적 제재는 규칙을 어겼을 때만 심각해진다.

심심풀이 놀이와 게임은 진짜 친밀함으로 묶인 진짜 삶의 대용물이다. 그런 이유에서 심심풀이 놀이와 게임은 진정한 결합이라기보다는 임시적 관계라고 볼 수 있다. 이들이 신랄한 형태의 놀이를 특징으로 삼는 것도 그 때문이다. 개인적 (보통 본능적) 프로그램이 점점 뚜렷해지고 사회적 패턴과 외적 제한이나 동기를 모두 포기하기 시작할 때 친밀함이 나타난다. 자극-허기, 인정-허기, 구조-허기를 충족할 수 있는 유일한 해답은 친밀함이다. 친밀함의 원형은 남녀가 나누는 사랑의 행위다.

구조-허기에는 자극-허기와 똑같은 생존 가치가 있다. 자극-허기와 인정-허기는 각각 감각 기아와 정서 기아를 피하려는 욕구의 표현이다. 감각 기아와 정서 기아 모두 생물학적 악화를 초래한다. 구조-허기는 지루함을 피하려는 욕구의 표현이다. 키르케고르(Søren Kierkegaard)는 비구조화된 시간에 생겨나는 해악을 지적한 바 있다.10) 지루함이 일정 시간 이상 지속되면 지루함은 정서적 기아의 동의어가 되고 정서적 기아와 같은 결과를 낳을 수 있다.

사람이 혼자 있을 때 시간을 구조화하는 방법은 두 가지인데, 바로 활동과 상상이다. 학교 선생님들은 다 아는 사실이지만, 개인은 다른 사람과 함께 있어도 혼자 있을 수 있다. 두 명 이상 모인 사회적 모임의 구성원일 때 개인이 시간을 구조화하는 데는 여러 가지 선택지가 있다. 이들을 복잡한 순서대로 꼽아보면 (1) 의례 (2) 심심풀이 놀이 (3) 게임 (4) 친밀함과, 이 네 가지 모두와 조합을 이룰 수 있는 (5) 활동이다. 모임에 참여한 각 구성원의 목표는 다른 구성원과 교류하면서 최대한 만족을 얻어내는 것이다. 쉽게 다가갈 수 있는 사람일수록 더 큰 만족을 얻을 수 있다. 여기서 개인이 지니고 있는 사회적 조작 프로그램은 대부분 자동적이다. 이 프로그램으로 얻을 수 있는 '만족' 가운데 일부, 예컨대 자기 파괴적 만족 같은 것은 통상적 언어 감각으로는 '만족'이라고 보기 어렵기 때문에, '이득'이나 '장점' 같은 좀 더 중립적인 용어를 쓰는 것이 나을지도 모른다.

사회적 접촉의 여러 이득의 중심에는 신체적 · 심리적 균형이 놓여 있다. 이것은 다음 몇 가지 요인들과 관련 있다. (1) 긴장 완화 (2) 유해 상황 회피 (3) 어루만지는 위안 획득 (4) 기존 평형 상태 유지. 네 가지 항목 모두 생리학 · 심리학 · 정신분석학에서 아주 상세하게 담구하고 논의해 왔다. 이것을 사회정신의학의 용어로 번역하자면 각각

(1) 일차적 내적 이득 (2) 일차적 외적 이득 (3) 이차적 이득 (4) 실존적 이득으로 옮길 수 있을 것이다. 처음 세 항목은 각각 프로이트(Sigmund Freud)가 '병에서 얻는 이득'이라고 설명한 것인데, 내적 편집증 이득, 외적 편집증 이득, 실질적 이득에 대응한다.[11] 내 경험으로 볼 때, 사회적 교류를 연구할 때는 그것을 방어기제로 다루기보다는 그 교류에서 얻는 이득의 관점에서 접근할 때 더 유용하고 더 많은 것을 밝혀낼 수 있다. 우선, 가장 효과적인 방어는 교류에 아예 참여하지 않는 것이다. 두 번째로 '방어' 개념에는 위의 네 가지 이득 가운데 처음 두 종류의 일부만 포함되기 때문에 세 번째, 네 번째 종류 등 나머지는 방어의 관점에서는 다룰 수 없다.

가장 큰 만족을 주는 사회적 접촉 형태는 '게임'과 '친밀함'이며, 이 경우 그것들이 행동으로 구현되었는지 여부는 별 상관이 없다. 지속적인 친밀함은 드물고, 설사 있다 하더라도 본질적으로 사적인 문제다. 중요한 사회적 교제에서 가장 흔한 형태는 게임이며, 우리가 이 책에서 주로 다루고자 하는 주제도 바로 게임이다. 시간 구조화를 다룬 더 자세한 내용은 집단 심리 역학에 관한 필자의 책을 참고하기 바란다.[12]

제1부

게임 분석

1장
게임의 구조

자발적인 사회적 행위(이것이 가장 생산적으로 일어나는 곳은 몇몇 특정 유형의 심리 치료 집단이다)를 관찰해보면, 사람들이 시시때때로 자세, 눈 높이, 음성, 어휘, 그밖의 다른 행동 측면을 눈에 띌 정도로 바꾼다는 것을 알 수 있다. 이런 행동 변화에는 대개 감정의 전환이 동반된다. 한 개인에게 어떤 일정한 행동 유형은 특정한 마음 상태에 대응하고, 다른 어떤 상태는 앞의 것과는 일치하지 않는 다른 심리적 태도와 관련된다. 이러한 변화와 차이에서 '자아 상태(ego state)'라는 개념이 나온다.

자아 상태를 학술 용어로 옮기면, 현상학적으로는 일관성 있는 감정 체계로, 조작적으로는 일단의 일관성 있는 행동 유형이라고 표현할 수 있다. 좀 더 실용적인 용어로 옮기면, 자아 상태란 관련된 행동 유형에 따라오는 감정 체계라고 할 수 있다. 각 개인마다 사용 가능한 자아 상태의 목록은 한정된 것으로 보이는데, 이 목록은 역할이 아니라 심리적 실체다. 이 목록은 다음 세 가지로 분류할 수 있다. (1) 부모 역할을 하는 인물과 닮은 자아 상태 (2) 자율적으로 객관적 현실 평가를 지향하는 자아 상태 (3) 아동기 초기에 고착되어 지금까지도 활동하는, 미성숙한 아동기 흔적을 대표하는 자아 상태. 전문 용어로는 이들을 각각 외현 심리적(exteropsychic), 신 심리적(neopsychic), 원시 심리적(archaeopsychic) 자아 상태라고 부른다. 이들 자아 상태가 밖으로 드러난 것을 일상 용어로는 각각 부모, 어른, 아이라고 부르며, 특별히 공식적인 논의가 아니라면 대체로 이 쉬운 용어를 쓰면 된다.

그렇다면 사회적 모임에 참여하는 각 개인은 어떤 시점에 부모, 어른, 아이 가운데 한 가지 자아 상태를 드러낼 것이고, 준비도에서는 차이가 있겠지만 한 상태에서 다른 상태로 전환이 가능하다고 할 수 있다. 이것을 관찰하면 어느 정도 진단적 언급을 할 수 있다.

"그것은 당신의 부모로군요."라는 말은 "당신은 지금 당신 부모님(혹은 부모를 대신했던 인물) 중 한 분이 보이시곤 하던 것과 같은 마음 상태입니다. 당신은 지금 부모님과 똑같은 자세, 행동, 어휘, 감정 따위를 가지고 그분이 하셨을 법한 반응을 보이고 있습니다."라는 뜻이 된다.

"그것은 당신의 어른이군요."는 "당신은 방금 상황에 대해 자율적이고 객관적인 평가를 내렸고, 그러한 사고 과정이나 당신이 인식한 문제, 당신이 내린 결론을 편견 없는 자세로 말하고 있습니다."라는 뜻이다.

"그것은 당신의 아이군요."는 "당신이 보인 반응의 태도나 의도는 당신이 아주 어렸을 때 했을 법한 것과 똑같습니다."라는 말이 된다. 이것의 함의를 살펴보자.

1. 누구나 예전에 부모(혹은 부모를 대신한 인물)가 있었으며, 그 부모의 자아 상태를 (자신이 지각한 대로) 재생하는 일정한 자아 상태를 지니고 있다가, 특정한 상황이 되면 그 부모 자아 상태가 활성화할 수 있다(외현 심리적 기능). 구어체로 말하면, "사람들은 누구나 안에 자기 부모를 모시고 다닌다."

2. 누구나(아이들, 정신지체자, 정신분열증 환자를 포함해서) 적절한 자아 상태만 활성화하면 객관적으로 정보 처리를 할 수 있다(신 심리적 기능). 구어체로 말하면, "사람은 누구나 자기 안에 어른이 있다."

3. 누구나 지금보다 어렸던 시절이 있으며, 그 시절에 고착된 흔적을 자기 안에 지니고 있다가, 특정한 상황이 되면 그것을 활성화한다(원시 심리적 기능). 구어체로 말하면, "사람은 누구나 자기 안에 어린아이를 데리고 다닌다."

여기서 〈그림 1-A〉와 같은 도표를 그려보는 것도 좋다. 이것을 구조도라고 한다. 이 도표는 현재 시점에서 어떤 개인의 인격 전체를 보여주는 그림이다. 여기에는 그 사람의 부모, 어른, 아이 자아 상태가 들어 있다. 이들이 각각 분명히 구분되어 있는 것은 이들이 서로 아주 다르고 많은 경우 서로 너무나 모순되기 때문이다. 경험이 없는 사람에게는 이 구분이 처음에는 잘 보이지 않지만, 구조적 진단을 배우면 누구나 이 구분이 확실하고 재미있음을 알게 된다. 이제부터는 실제 부모님, 어른들, 아이들을 가리킬 때는 보통 글자체 그대로 쓰고, 자아 상태를 나타낼 때는 부모, 어른, 아이로 다른 글자체를 써서 구분하는 것이 편리할 것이다. 〈그림 1-B〉는 구조도를 편의상 단순화한 형태다.

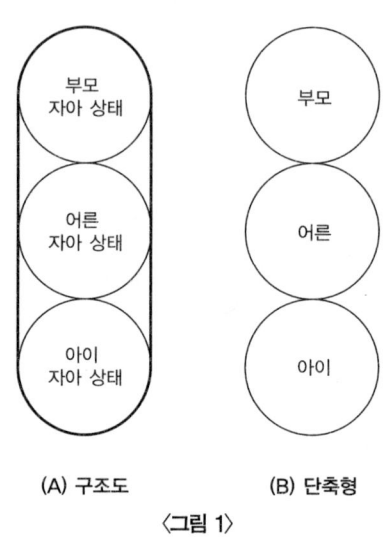

(A) 구조도   (B) 단축형
〈그림 1〉

구조 분석 설명을 마치기 전에 몇 가지 복잡한 문제를 정리해 두는 것이 좋을 것이다.

1. 구조 분석에서는 '유치한'이라는 단어는 절대 쓰지 않는다. 이 말에는 바람직하지 못하고, 그래서 그만두거나 없애버려야 하는 것이라는 어감이 분명히 담겨 있다. 따라서 (원시적 자아 상태) 아이를 묘사할 때는 편견 없이 좀 더 생물학적인 '아이 같은'이라는 용어를 사용한다. 실제로 아이는 여러 면에서 인격의 가장 소중한 부분이다. 아이가 있어서 한 가족의 삶에 매력과 기쁨과 창조성이 생기듯이, 개인의 삶에서

도 아이는 같은 역할을 한다. 한 개인의 아이가 혼란에 빠지고 건강하지 못할 때 불행한 결과가 나타날 수 있다. 그러나 그에 대해 할 수 있는 일이 있고 또 반드시 해야 한다.

2. '성숙', '미성숙'이라는 단어를 바라보는 입장도 같다. 구조 분석 체계 안에서는 '미성숙한 사람'이라는 개념 같은 것은 없다. 아이가 부적절하게 혹은 비생산적으로 많은 자리를 차지하고 있는 사람이 있을 뿐이다. 하지만 그런 사람들에게도 잘 구조화된 완벽한 어른이 있다. 다만 아직 활성화되지 않아서 모습이 드러나지 않을 뿐이다. 반대로 이른바 '성숙한 사람들'이란 거의 항상 어른이 통제하는 상태를 유지할 수 있는 사람들이다. 하지만 이들도 다른 사람들과 마찬가지로 경우에 따라 아이가 나설 수 있고, 그럴 때는 대개 혼란스러운 결과를 낳게 마련이다.

3. 부모는 직접, 간접의 두 가지 형태로 나타날 수 있다는 점을 지적해 둘 필요가 있다. 부모는 직접적일 때는 능동적인 자아 상태로, 간접적일 때는 결과로서 나타난 자아 상태로 드러난다. 부모가 직접적으로 활동할 때 사람들은 자신의 아버지(혹은 어머니)가 실제로 반응했던 대로 반응한다('본 대로 따라하기'). 하지만 간접적으로 그 영향을 받을 때는 부모들이 원했던 반응을 보인다('엄마처럼 살지 않고, 엄마 말 듣고 그대로만 하기'). 앞의 경우에는 스스로 부모 가운데 한 사람이 되는 것이고, 뒤의 경우에는 부모의 요구에 자기를 맞추는 것이다.

4. 따라서 아이도 두 가지 형태, 즉 '적응한(adapted)' 아이와 '본래의(natural)' 아이로 드러난다. 적응한 아이는 부모의 영향으로 행동을

수정한 아이다. 이 아이는 아버지(혹은 어머니)가 원하던 대로, 이를테면 순종적이거나 아니면 조숙하게 행동한다. 그게 아니면 뒤로 숨거나 징징거리는 식으로 적응한다. 따라서 부모의 영향이 원인이고 적응한 아이는 그 결과라고 볼 수 있다. 본래의 아이는 자발적 표현으로서, 예를 들면 반항이나 창조성이 이에 해당한다. 술에 취한 상태를 보면 구조 분석이 맞는지 확인할 수 있다. 보통 술을 마시면 맨 먼저 부모가 활동을 중지하기 때문에 적응한 아이가 부모의 영향에서 자유로워지면서 본래의 아이가 풀려난다.

인격 구조에 관한 한, 효과적인 게임 분석을 한답시고 앞에서 개괄한 내용을 넘어설 필요는 거의 없다.

자아 상태는 정상적인 생리 현상이다. 인간의 뇌는 심리적 삶의 기관 혹은 조직자이며, 그 산물은 자아 상태라는 형태로 조직되고 저장된다. 펜필드(Wilder Penfield)와 그의 동료들의 연구 결과에서 이미 이에 대한 구체적 증거를 볼 수 있다.[1][2] 또 다른 분류 체계도 다양한 층위에서 존재하는데, 이를테면 기억과 같은 것이 그런 경우다. 그런데 경험 자체의 자연적 형태는 계속 바뀌는 마음 상태 안에 있다. 각 자아 상태는 인간 유기체에 없어서는 안 되는 고유한 가치를 지닌다.

아이 안에는 직관[3]과 창조성과 자연스러운 욕구와 즐거움이 살고 있다.

어른이 없으면 생존할 수 없다. 어른은 외부 세계를 효과적으로 처리하는 데 반드시 필요한 정보 처리와 확률 계산을 담당한다. 어른도 자기만의 만족과 좌절을 경험한다. 예를 들어 자동차가 많이 다니는 길을 건너야 하는 경우를 보자. 우선 여러 번 복잡한 속도 계산을 해야 하고, 계산 결과 길 반대편에 안전하게 도착할 확률이 충분히 높아질 때까지는 행동을 보류해야 한다. 이런 식으로 계산을 잘해서 만족을 얻을 수 있으면 스키나 비행이나 항해, 기타 여러 가지 활동적인 스포츠를 만끽할 여유도 생긴다. 어른의 또 다른 과업은 부모와 아이 둘의 행동을 통제하고, 이 둘 사이를 객관적으로 중재하는 일이다.

부모에게는 두 가지 대표적인 역할이 있다. 첫째, 인류 생존을 증진하기 위해 실제 아이들에게 부모가 하듯이, 부모는 개인이 효과적으로 활동하도록 만들어주는 역할을 한다. 영아기에 고아가 된 사람들이 청소년기까지 가정에서 자랐던 사람들보다 아이를 기르는 일에서 더 고전하는 것으로 보인다는 사실에서도 부모 역할이 이런 점에서 얼마나 소중한지 볼 수 있다. 둘째로, 부모는 많은 반응을 자동화함으로써 시간과 에너지를 상당히 절약하게 해준다. 많은 일들이 '이건 이렇게 하는 거야'에 따라 처리된다. 이로써 어른은 번번이 수없이 많은 사소한 결정을 할 필요 없이 일상적인 문제는 부모한테 넘기고, 대신 더 중요한 문제에 집중할 수 있다.

따라서 인격의 세 가지 측면 모두 생존과 생활에서 높은 가치를 지니며, 그중 한 가지라도 건강한 균형 상태를 방해할 때, 그럴 때만 분석과 재조직화가 필요하다. 그렇지 않은 경우 부모, 어른, 아이 각각은 동등하게 존중받을 자격이 있으며 온전하고 생산적인 삶에서 각자 정당한 자리를 차지한다.

2장
인간 관계 분석

사회적 교제의 기본 단위를 교류(transaction)라고 부른다. 사회적 모임에서 두 사람 이상이 만나면 얼마 지나지 않아 그중 한 명이 말을 시작하거나 상대의 존재를 알은체해주는 행동을 하게 되어 있다. 이것을 교류 자극이라고 한다. 그러면 상대는 이 자극과 관련이 있는 무슨 말을 하든지 아니면 어떤 행동을 하는데, 이것을 교류 반응이라고 한다. 단순 교류 분석은 어떤 자아 상태가 교류 자극을 실행했는지, 그리고 어떤 자아 상태가 그에 대한 교류 반응을 집행했는지를 진단하는 것을 목표로 삼는다.

가장 단순한 교류 분석은 자극과 반응 모두 관련된 사람들의 어른이 일으킨 교류를 분석하는 것이다. 행위자는 자기 앞에 놓인 자료를 평가하고 나서 필요한 도구는 외과용 메스라고 판단하고 손을 내민다. 반응자는 이 동작의 의미를 정확히 파악하고, 관련된 힘과 거리를 계산한 다음, 메스의 손잡이를 의사가 기대한 위치에 정확하게 갖다 댄다. 그다음으로 단순한 것은 아이-부모의 교류다. 열이 있는 아이가

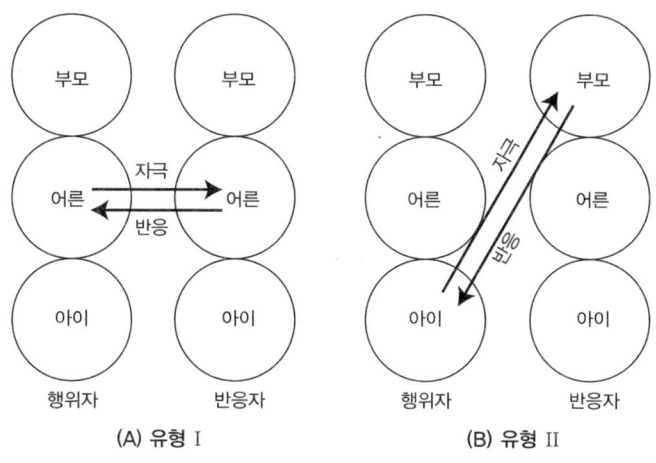

〈그림 2〉 상호 보완적 교류

물을 찾으면, 자상한 엄마는 물을 가져다준다.

위의 두 가지 교류는 모두 상호 보완적이다. 즉 그 반응이 적절하고 예상대로 나타나며 건강한 인간 관계의 자연스러운 질서를 따른다. 〈그림 2-A〉는 상호 보완적 교류 유형 I로 분류되는 첫 번째 교류를 보여 준다. 상호 보완적 교류 유형 II인 두 번째 교류는 〈그림 2-B〉에 제시했다. 그러나 교류가 대개 연속적으로 진행된다는 것은 분명한 사실이고, 따라서 모든 반응은 다시 자극이 된다. 의사 소통의 첫 번째 규칙은, 교류가 상호 보완적인 한 의사 소통은 순조롭게 진행된다는 것이다. 따라서 의사 소통은 원칙상 무한대로 진행될 수 있다. 이 규칙은 교류의 속성이나 내용과는 무관하며, 문제가 되는 것은 오직 벡터의 방향뿐이다. 그래서 교류가 상호 보완적이기만 하면 두 사람이 남 흉보는 잡담을 하고 있든(부모-부모), 문제를 해결하고 있든(어른-어른), 같이 놀고 있든(아이-아이 혹은 부모-아이) 이 규칙에서는 아무런 차이가 없다.

반대 규칙은 교차 교류(crossed transaction)가 발생하면 의사 소통이 끊어진다는 것이다. 가장 흔한 교차 교류이며, 결혼이든 사랑이든 우정이든 일이든 지금까지 세상의 거의 모든 사회적 문제를 일으켜 왔고 지금도 일으키고 있는 교류는 〈그림 3-A〉에 표시한 교차 교류 유형I이다. 이 교류 유형은 심리 치료자들이 주로 관심을 두는 교류인데, 정신분석에서 말하는 고전적 전이 반응에서 그 전형을 볼 수 있다. 자극은 어른-어른에서 작동한다. 예를 들면 "요즈음 당신이 왜 술을 더 마시는지 생각해봐야 할 것 같습니다."라든지 "내 커프스 단추 봤어요?" 같은 것들이다. 이에 대한 적절한 어른-어른 반응은 각각 이런 정도가 될 것이다. "그래야 할 것 같습니다. 저도 정말 알고 싶습니다!", "책상에 있던데요."

그런데 반응자가 화를 발끈 낸다면 다음과 같은 반응이 나올 것이다. "항상 제가 잘못했다고만 하시는군요. 우리 아버지하고 똑같아요.", "커프스 단추 없어진 것까지 내 탓이야?" 이 둘은 아이-부모 반응이며 교류도에서 볼 수 있듯이 벡터(작용의 방향)가 교차한다. 이 경우 벡터가 재정렬하기 전까지는 술이나 커프스 단추에 관한 어른의 문제는 보류해야 한다. 여기에는 커프스 단추의 경우 단 몇 초에서부터 술 문제의 경우 몇 달까지 천차만별로 시간이 필요하다. 갑자기 활성화한 반응자의 아이에 맞춰서 행위자가 어른이 되든지, 아니면 반응자의 어른이 행위자의 어른에 맞춰 다시 활성화되어야만 한다. 가사 도우

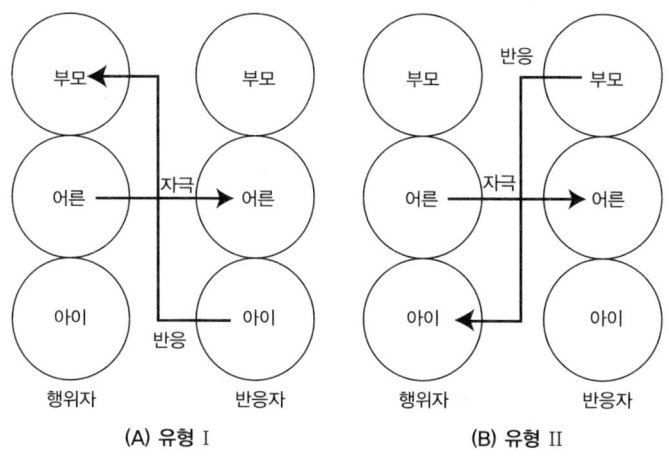

〈그림 3〉 교차 교류

미가 설거지 이야기를 하다가 대들면 설거지에 대한 어른-어른 대화는 끝이 나고, 아이-부모 대화가 이어지든가 아니면 전혀 다른 주제, 예컨대 고용 관계를 유지할 것인지를 두고 어른-어른의 논의를 할 수 있을 뿐이다.

교차 교류 유형I의 반대 유형을 〈그림 3-B〉에서 볼 수 있다. 이것은 정신 분석가들에게는 친숙한 역전이 반응인데, 여기서는 환자가 객관적인 어른으로서 관찰을 하고 치료자는 부모가 자녀에게 말하듯이 반응함으로써 벡터를 교차시킨다. 이것이 교차 교류 유형II로서, 일상생활에서, 예컨대 "내 커프스 단추 봤어요?"라는 말이 "왜 자기 물건도 제대로 못 챙겨요? 한두 살 먹은 애도 아니고!"라는 반응을 일으키는 경우다.

행위자와 반응자 사이의 사회적 행위에서 일어날 수 있는 아홉 가지

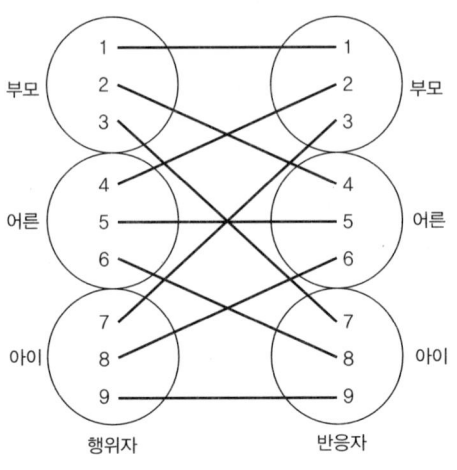

〈그림 4〉 관계도

벡터를 보여주는 〈그림 4〉 관계도에는 몇 가지 재미있는 기하학적(위상 심리학적) 요소가 있다. '심리적 동등체' 간의 상호 보완적 교류는 $(1-1)^2$, $(5-5)^2$, $(9-9)^2$로 표시된다. 동등체끼리가 아닌 상호 보완적 교류로는 (2-4) (4-2), (3-7) (7-3), (6-8) (8-6)의 세 가지가 있다. 나머지 모든 조합은 교차 교류를 형성하며 이들은 도표상에서 교차선으로 나타난다. 예를 들어 (3-7) (7-3)의 경우, 두 사람이 서로 말을 잃고 상대를 노려보는 상황을 낳는다. 둘 중 아무도 물러서지 않으면 의사소통은 끝이 나고 두 사람은 갈라서야 한다. 이에 대한 가장 흔한 종결은 한 사람이 양보하면서 (7-3)을 취함으로써 '난리법석' 게임으로 끝을 내거나, 아니면 좀 더 좋게 $(5-5)^2$를 취함으로써 둘이 호탕한 웃음을 터뜨리거나 악수하는 것으로 끝을 내는 방법이다.

단순 상호 보완적 교류는 피상적인 업무 관계나 대인 관계에서 가장 흔히 일어나며 단순 교차 교류로 쉽게 흔들린다. 사실 피상적 관계란 단순 상호 보완적 교류만 일어나는 관계라고 정의해도 좋을 것이다. 그런 관계는 활동, 의례, 심심풀이 놀이에서 나타난다. 이보다 조금 더 복잡한 것이 (두 가지 이상의 자아 상태가 동시에 관여하는 활동이 수반되는) 이면 교류(ulterior transaction)이며, 이 범주가 게임이 일어나는 기반이다. 영업에 종사하는 사람들은 세 가지 이상의 자아 상태가 관여하는 각형 교류(angular transaction)에 특히 능란하다. 다음 상호 작용은 다소 투박하지만 극적인 판매 게임의 예를 보여준다.

판매원 : "이게 더 낫긴 한데, 고객님한테는 좀 부담스럽죠."
주부 : "이걸로 하겠어요."

이 교류 분석은 〈그림 5-A〉에 제시했다. 판매원은 어른으로서 두 가지 객관적 사실을 언급한다. "이것이 더 낫다." 그런데 "당신은 이것을 살 형편이 안 된다." 표면적 혹은 사회적 수준에서 보면 이 진술은 주부의 어른에게 말하고 있으며, 주부의 어른이라면 "두 가지 모두 맞는 말씀입니다." 쯤으로 대답했을 것이다. 하지만 이면, 혹은 심리적 벡터는 노련한 판매원의 어른으로부터 주부의 아이를 향하고 있다. 판매원의 판단이 정확했다는 것은 아이의 대답이 입증하고 있다. 아이는 사실상 "가계부에 구멍이 나든 말든 이 거만한 친구에게 내가 누구보다 훌륭한 고객이라는 것을 보여주고야 말겠어."라고 말하는 것이다. 주부의 대답이 액면상 어른의 구매 계약으로 받아들여지기 때문에 이 교류

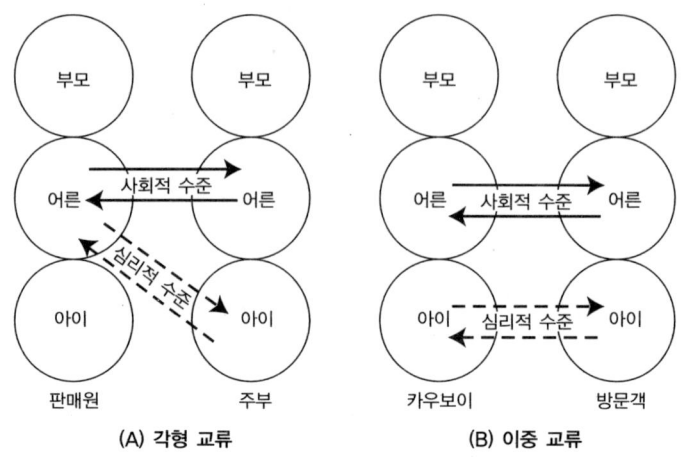

〈그림 5〉 이면 교류

는 사회적·심리적 두 수준 모두에서 상호 보완적이다.

이중(duplex) 이면 교류에는 네 가지 자아 상태가 관여하며, 연애 게임에서 흔히 볼 수 있다.

　　카우보이 : "헛간 구경하러 한번 오세요."
　　방문객 : "전 어렸을 때부터 헛간을 그렇게 좋아했어요."

〈그림 5-B〉에서 볼 수 있듯이 사회적 수준에서 이 교류는 헛간에 대한 어른의 대화이지만 심리적 수준에서는 섹스에 대한 아이의 대화다. 표면적으로는 어른이 주도권을 쥐고 있는 것처럼 보이지만, 대부분의 게임에서 그렇듯이 최종 결과는 아이가 결정한다. 두 사람은 뜻밖의 결과를 향해 가고 있다고 할 수 있다.

요약하면, 교류는 상호 보완적 교류와 교차 교류, 단순 교류와 이면 교류로 분류할 수 있고, 이면 교류는 다시 각형과 이중형으로 세분할 수 있다.

3장
절차와 의례

교류는 대개 연속으로 진행된다. 이 연속 진행은 일정한 프로그램을 따른다. 프로그램은 부모, 어른, 아이의 세 가지, 아니면 좀 더 일반적으로 사회, 물질, 개인적 특성의 세 원천에서 나온다. 적응을 해야만 하는 아이는 사회적 상황에 대한 검증이 끝나기 전까지는 부모와 어른으로 무장해서 스스로를 보호해야 한다. 따라서 아이 프로그램은 이미 기초적인 검증을 마친 사적이고 친밀한 상황에서 가장 작동하기 쉽다.

가장 단순한 형태의 사회적 행위는 절차와 의례다. 절차와 의례는 보편적인 것과 국지적인 것이 있을 수 있지만, 어떤 경우든 학습을 통해서만 얻을 수 있다. 절차(procedure)란 실재(reality)의 조작을 목표로 삼는 단순한 상호 보완적 어른 교류다. 실재는 두 가지 측면을 지닌 것으로 정의할 수 있다. 정적 측면과 역동적 측면이 그것이다. 정적 실재는 우주에 있는 물질의 모든 가능한 배열로 이뤄진다. 예를 들어 산수는 정적 실재에 대한 진술로 구성된다. 역동적 실재는 우주 안의 모든 에너지계의 상호 작용 가능성이라고 정의할 수 있다. 예를 들어 화학은 역동적 실재에 관한 진술로 구성된다. 절차는 실재의 질료에 관한 정보 처리와 확률 계산에 기초를 두고 있으며, 그것이 최고 수준으로 발달한 형태를 전문 기술에서 볼 수 있다. 심리 치료는 치료자의 어른이 통제하고 있는 한 절차의 하나이지만, 치료자의 부모나 아이가 통솔권을 쥐는 순간 절차가 아니게 된다. 절차의 프로그램은 행위자의 어른이 내린 평가를 기초로 해서 질료에 따라 결정된다.

절차 평가에는 두 가지 변수가 사용된다. 행위자가 정보와 경험의 활용을 극대화했을 때, 그가 지닌 지식에 있을 수 있는 어떤 결함과 상관없이 그 절차를 효율적이라고 한다. 부모나 아이가 어른의 정보 처리를 방해하면 그 절차는 오염되며 효율성이 떨어진다. 절차의 효과는 실질적 결과로 판단한다. 즉 효율성은 심리적 기준이고 효과는 물질적 기준이다.

예를 들어 어떤 열대 섬 지방의 원주민 의료 보조원이 백내장 제거에 매우 숙달했다고 하자. 그는 자기가 아는 모든 것을 대단히 효율적으로 활용했지만, 유럽계 군의관보다 아는 것이 적기 때문에 그만큼 효과적이지는 못했다. 군의관이 술을 많이 마시기 시작하면서 그의 효율성이 떨어지기 시작했지만, 효과는 처음에는 거의 감소되지 않는다. 하지만 여러 해가 지나 그의 손이 떨리기 시작하면서 보조원이 효율성뿐 아니라 효과에서까지 군의관을 능가하게 되었다. 이 예에서 볼 수 있듯이, 이 두 변수 모두 관련된 절차에 대한 전문가가 (효율성에 대해서는 행위자를 개인적으로 잘 아는 사람이, 효과에 대해서는 실질적 결과를 조사함으로써) 가장 잘 평가할 수 있다.

교류 분석의 관점에서 의례란 외부의 사회적 힘에 의해 프로그램된 단순 상호 보완적 교류의 스테레오 타입이다. 작별 인사 같은 비공식적 의례는 세밀한 부분에서는 지역에 따라 큰 차이가 있을 수 있지만, 그렇더라도 기본 형태는 같다. 로마 가톨릭 미사와 같은 공식적 의례에서는 선택의 폭이 훨씬 좁다. 의례의 형태는 전통에 따라 부모가 결정하지만, 몇몇 사소한 것에서는 좀 더 밀접한 '진짜 부모'의 영향도 안정성만 조금 떨어질 뿐 비슷한 효과를 보인다. 역사적으로나 인류학적으로 특별히 관심의 대상이 되는 일부 공식적 의례는 두 가지 단계로 진행된다. (1) 엄격한 부모의 질타 속에 교류가 수행되는 단계 (2) 부모 자격 단계. 여기서 아이는 대체로 완전한 교류의 자유를 얻게 되며 결국 거기에 탐닉하게 된다.

많은 공식적 의례는 처음에는 제법 효율적이긴 해도 심하게 오염된 절차로 출발하지만 세월이 흐르고 환경이 변함에 따라, 절차로서 정당성을 모두 상실하고 신앙 행위로서 유용성만을 간직하게 된다. 교류 분석의 차원에서 볼 때 이 의례들은 죄책감에서 벗어나거나 보상을 얻기 위해 전통적 부모 요구에 순종하는 것을 의미한다. 이것들은 안전하고 (액운을 막아주어) 안심이 되며 많은 경우 재미있기도 한 시간 구조화 방법이다.

게임 분석 소개에서 더 중요하게 다뤄야 할 것은 비공식적 의례이다. 가장 좋은 사례 가운데 하나는 미국 사람들의 인사 의례다.

1A : "안녕!" (안녕하세요!)

1B : "안녕!" (안녕하세요!)

2A : "날이 많이 풀렸지?" (잘 지내셨나요?)

2B : "그러게. 근데 비가 올 것 같아." (네, 어떻게 지내셨어요?)

3A : "자, 그럼 조심해서 가." (잘 지냅니다.)

3B : "다음에 보자."

4A : "잘 가."

4B : "잘 가."

 이 상호 작용이 정보 전달을 하려는 것이 아님은 쉽게 알 수 있다. 사실은 그나마 있는 정보마저 영리하게 억제하고 있다. A가 어떻게 지냈는지를 말하려면 15분은 걸릴 것이고, A와는 정말로 얼굴만 알고 지내는 사이인 B씨는 그 정도의 시간을 들여서 A의 말을 듣고 싶은 마음이 전혀 없다. 이 일련의 교류를 '8회-어루만짐 의례'라고 부르면 그 특성을 잘 요약할 수 있다. A와 B가 바쁠 때는 안녕-안녕이라는 2회-어루만짐 교환만으로도 두 사람은 만족할 것이다. 두 사람이 구세대 동양의 세도가였다면 본론에 들어가기까지 200회-어루만짐 의례를 거쳐야 할 것이다. 한편 교류 분석 방식으로 말하면 A와 B는 서로 상대방의 건강을 조금씩 증진시켜준 것이다. 적어도 그 순간에는 '두 사람의 등골이 휘지는 않았을' 터이고, 따라서 두 사람은 각자 그만큼 기분이 좋다.

 이 의례는 양자의 세심하고 직관적인 계산에서 나온다. 그들은 이 정도 아는 사이에서는 아침마다 정확히 네 번 어루만짐으로 상대해주어야 한다고 계산하고, 하루 한 번 이상 할 필요는 없다는 계산까지 한다. 그래서 만약 인사를 나눈 후 금방, 예를 들어 30분도 안 되어 다시 마주쳤는데 달리 새로운 교류 거리도 없다면 두 사람은 아무 신호 없이 그냥 지나치거나 아니면 가벼운 목례 정도를 하거나 아니면 잘해야 아주 형식적인 안녕-안녕을 나누고 지나칠 것이다. 이 계산은 단기적으로만 적용되는 것이 아니고 몇 달에 걸쳐 장기적으로도 유효하다.

이번에는 하루 한 번씩 부딪칠 때마다 1회 어루만짐(안녕-안녕)을 주고받고 각자 갈 길을 가는 사이인 C와 D의 경우를 생각해보자. 어느 날 C가 한 달간 휴가를 다녀왔다. 휴가에서 돌아온 다음날 그는 평소대로 D와 마주쳤다. 이 상황에서 만약 D가 달랑 "안녕!"이라고만 하고 만다면 C는 기분이 상하고, '그의 등골이 살짝 휘어질 것이다.' C의 계산으로는 자신과 D는 서로 30회 정도의 어루만짐을 교환해야 맞다. 30회라지만 마음으로 충분히 공감하는 교류라면 단 몇 회로 압축할 수도 있다. 제대로라면 D쪽 교류는 다음과 같은 식으로 흘러간다. ('강도'와 '관심'의 각 단위는 1회 어루만짐에 상당한다.)

1D : "안녕하세요!"(1단위)

2D : "한동안 못 뵈었네요."(2단위)

3D : "아, 그러셨어요! 어디를 다녀오셨어요?"(5단위)

4D : "들려주세요, 재미있겠네요. 어땠어요?"(7단위)

5D : "그랬군요, 아주 좋아 보이세요."(4단위) "가족들과 같이 다녀오신

건가요?"(4단위)

　6D : "그래요, 다시 만나서 반가워요."(4단위)

　7D : "안녕히 가세요."(1단위)

이렇게 하면 D는 총 28단위를 채우게 된다. D 자신과 C 두 사람 모두 그가 나머지 부족한 단위를 다음날 채워 넣으리라는 것을 알기 때문에, 이로써 실질적으로 모든 계산이 청산된다. 이틀 후면 두 사람은 다시 안녕-안녕의 2회 어루만짐 교환 관계로 돌아갈 것이다. 하지만 이제 두 사람은 '서로를 더 잘 안다.' 다시 말해서 두 사람은 상대가 믿을 만하다는 것을 알게 되었으며, 이것은 앞으로 두 사람이 '사회적'으로 만나게 된다면 유용한 정보다.

반대의 경우도 살펴볼 만하다. E와 F는 안녕-안녕의 2회 어루만짐 의례가 수립된 사이다. 어느 날 E가 그냥 지나가지 않고 말을 건다. "어떻게 지내세요?" 대화는 다음과 같이 진행된다.

　1E : "안녕하세요!"

　1F : "안녕하세요!"

　2E : "어떻게 지내세요?"

　2F(당황하며) : "잘 지내요, 잘 지내시죠?"

　3E : "네, 다 좋아요. 날이 많이 풀렸죠?"

　3F : "네," (조심스럽게) "그런데 비가 올 것 같네요."

　4E : "또 뵙게 되어 반가워요."

4F : "저도요. 그런데 제가 도서관 문 닫기 전에 가봐야 해서요. 안녕히 가세요."

5E : "안녕히 가세요."

F는 서둘러 가며 생각한다. '저 사람이 갑자기 무슨 일이지? 보험이라도 팔려는 거 아냐?' 이것을 교류 분석 용어로 옮기면 이렇게 된다. '저 사람은 나를 1회만 어루만지면 되는데 왜 다섯 번이나 하는 거지?'

이 단순한 의례의 진짜 교류적이고 사업 거래 같은 속성을 예시해주는 더 간단한 예는 G가 '안녕하세요!' 했는데 H가 대답 없이 지나가버리는 경우다. '저 사람 왜 저러지?'라는 G의 반응은 '나는 1회 어루만짐을 해줬는데 그는 나한테 답례를 해주지 않았다.'는 뜻이다. 만약 H가 계속 이런 식으로 하고 다른 아는 사람에게도 그렇게 한다면, 그 동네 사람들 사이에서 말이 나기 시작할 것이다.

경계선에 있는 사례들에서는 절차와 의례를 구분하기 어려운 경우가 종종 있다. 대체로 일반인들은 전문적 절차를 의례로 부르려는 경향이 있다. 하지만 사실상 모든 교류는 엄연하고 치명적이기까지 한 경험을 바탕으로 삼는데도 일반인들이 배경 지식이 없어서 그것을 알아보지 못할 뿐이다. 반대로 전문가들은 자신들이 하는 절차에 여전히 남아 있는 의례적 요소들을 정당화하려 드는 경향이 있다. 그러면서 전문 지식이 없는 사람들은 이해할 수 없는 문제라며 일반인의 회의적 입장을 묵살한다. 골수 전문가들이 건전한 새로운 절차를 도입하는 데

저항하는 방법 중 하나는 그것들을 의례로 폄하해서 웃어넘기는 것이다. 이것이 제멜바이스* 같은 혁신자들을 기다린 운명이었다.

절차와 의례의 공통적인 핵심 특성은 이들이 고정되어 있다는 점이다. 일단 최초의 교류가 시작되면 전 과정이 예측 가능하며, 특별한 조건이 개입되지 않는 한 예정된 결말을 향해 미리 정해진 대로 흘러간다. 둘의 차이는 그 예정의 기원에 있다. 절차는 어른이 정한 프로그램을 따르고 의례는 부모에 따라 정해진다.

의례에 능하지 못하거나 의례가 불편한 사람들은 종종 의례를 절차로 대치해서 피해 간다. 예컨대 파티에 가면, 안주인을 도와 음식 준비하는 것을 좋아하는 사람들이 있는데 이들 중에 이런 사람들이 있을 수 있다.

제멜바이스(Ignaz Semmelweis, 1818~1865) 헝가리의 산과 의학자. 산욕열의 원인이 시체를 만진 의사의 손에 묻은 유기 분해 물질임을 밝혀내고 출산을 돕는 의사들은 염화칼슘으로 손을 씻어야 한다고 옳게 지적했으나, 당시 의학계는 그의 말을 비웃으며 진지하게 받아들이지 않았다.(역주)

4장
심심풀이 놀이

심심풀이 놀이(pastimes)는 다양한 수준의 복잡성을 지닌 일시적인 사회적 관계 틀에서 일어나기 때문에 그 복잡성이 천차만별이다. 하지만 교류를 사회적 교제의 기본 단위로 사용하면 적절한 상황에서 단순한 심심풀이 놀이로 부를 수 있는 실체들을 구분해낼 수 있다. 심심풀이 놀이란 한 주제의 분야에서 펼쳐지는 반쯤 의례적이고 단순하고 상호 보완적인 교류인데, 막간의 빈 시간을 메우는 것이 그 목적이다. 막간의 시작과 끝은 일반적으로 절차나 의례를 신호로 구분할 수 있다. 교류는 막간의 시간 동안 쌍방이 각자 최대한의 이익 혹은 이득을 얻기에 적합하도록 프로그램된다. 적응을 잘하는 사람일수록 심심풀이 놀이에서 더 많은 것을 얻어낸다.

심심풀이 놀이가 가장 흔하게 펼쳐지는 때는 파티('사회적 모임')나 공식적 집단 회합이 시작되기 전 기다리는 시간이다. 회합을 '시작'하기 전에 기다리는 시간은 그 구조와 심리 역학(psycho-dynamics)이 '파티'와 똑같다. 심심풀이 놀이는 '잡담'이라고 불러도 좋은 형태를 취하기도 하지만 거기서 더 심각해져서 논쟁으로 변할 수도 있다. 대규모 칵테일 파티는 모든 심심풀이 놀이란 놀이는 다 보여주는 일종의 심심풀이 놀이 전시장 역할을 하는 경우가 많다. 한쪽 구석에서는 '학부모회' 놀이를 하고 있는가 하면 다른 한쪽에서는 '정신 의학' 포럼이 열린다. '난생 처음이야' 놀이가 펼쳐지는 극장이 있는가 하며 '그래서 어떻게 되었나'가 있고 '제너럴 모터스' 놀이를 하고 있는 사람들도 있다. 뷔페를 차려놓은 탁자 주변은 '부엌'이나 '의상실' 놀이를 좋아하는 여성들 차지다. 이런 모임에서 진행 절차는 거의 똑같다. 한 지역에서 동시에 열리는 십여 개의 비슷한 파티에서 절차의 이름이 조금씩 다를 뿐이다. 다른 사회 계층에서는 또 다른 십여 개의 파티가 열리고 다른 종류의 심심풀이 놀이가 진행된다.

심심풀이 놀이는 여러 기준에 따라 분류할 수 있다. 우선 사회학적(성별, 나이, 결혼 유무, 문화, 인종, 경제 수준)인 외적 결정 요인에 따른 분류를 들 수 있다. '제너럴 모터스'(자동차 비교)와 '누가 이겼나'(스포츠) 놀이는 모두 '남자들 얘기'다. '시장', '부엌', '의상실' 놀이는 모두 '여자들 얘기', 아니면 남태평양 지역 방식으로 말해서 '마리아 얘기'다. '뽀뽀'는 청소년들의 심심풀이 놀이고, 심심풀이 놀이가 '대차대조표'로 바뀌면 중년이 시작된 것이다. 심심풀이 놀이의 다른 종류로는 '잡담'의 각종 변종인 다음과 같은 것들이 있다. '어떻게'(하는 일이 어떻게 되어 가는지)는 짧은 비행기 여행 때 쓰기 좋다. '얼마짜리'(값이 얼마냐)는 서민층 술집에서 가장 인기 있다. (향수에 젖게 하는 곳에) '가봤다'는 영업사원들 같은 '한물간' 중산층의 놀이다. (이런저런 것) '너 아니?'는 외로운 사람들의 심심풀이 놀이다. 돈을 번 사람들이나 망한 사람들이 자주 하는 심심풀이 놀이는 (그 옛날 잘나가던 아무개는) '어떻게 되었나'다. '술 마신 다음날'(당신에게 내 음주 문제를 말하게 해주세요)과 '마티니'(얼마나 많이 마셨고, 얼마나 섞어 마셨나)는 야망 있는 젊은 층 일부가 흔히 하는 심심풀이 놀이다.

구조적 교류 분류는 좀 더 개인적 기준에 따른 분류다. 따라서 '학부모회' 놀이도 다음의 세 가지 수준에서 가능하다. 아이—아이 수준에서는 '말 안 통하는 부모님 다루는 법'의 형태를 취한다. 본래의 '학부모회' 놀이인 어른—어른 형태는 책 많이 읽은 젊은 엄마들 사이에서 인기 있다. 좀 더 나이 든 층으로 가면 교조적인 부모—부모 형태를 띠며 '비행 청소년' 놀이가 된다. 부부들 중에는 '가서 (저 사람들한테) 얘기 좀 해줘'를 하는 사람들도 있는데 여기서 아내는 부모가 되고 남편은 눈에 넣어도 아프지 않을 아이 역을 한다. '엄마, 봐봐! 손 놓고도 한다!'도 어느 연령대에서나 할 수 있는 비슷한 심심풀이 놀이고, '쯧쯧, 저런'으로 변형되기도 한다.

하지만 더 설득력 있는 것은 심리학적 분류다. 한 예로, '학부모회'와 '정신 의학' 놀이 모두 외부 투사적 형태나 내부 투사적 형태를 취할 수 있다. 다음의 부모—부모 패러다임에 대한 외부 투사형 '학부모회' 교류 분석을 〈그림 6-A〉에 제시했다.

A : "결손 가정만 없다면 이런 비행 청소년 문제 같은 건 없을 거예요."

B : "꼭 그렇지만도 않아요. 요새는 멀쩡한 가정에서도 예전처럼 애들

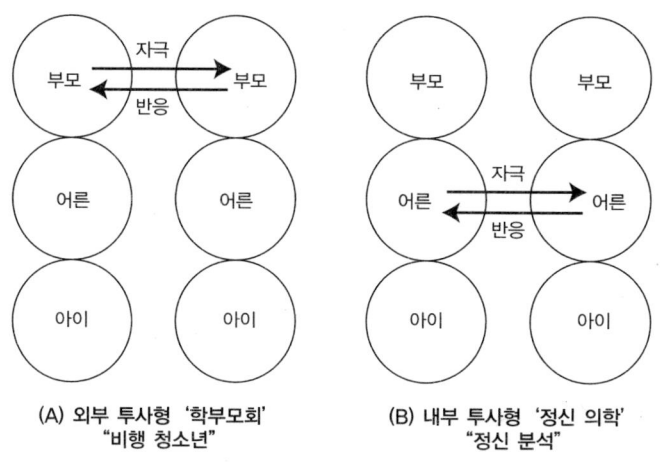

〈그림 6〉 심심풀이 놀이

버릇을 가르치지 않잖아요."

내부 투사형 '학부모회'는 다음과 같이 흘러간다. (어른-어른)

   C : "저는 엄마 될 소질이 전혀 없는 것 같아요."
   D : "아무리 애를 써도 애들은 내 맘대로 안 되는 거예요. 그러니까 내가 지금 잘하고 있는 건가, 뭘 잘못했나 항상 생각해야 되지요."

외부 투사형 '정신 의학'은 다음과 같은 어른-어른 형태를 띤다.

   E : "제가 보기에 그 사람은 무의식적 구강기 좌절이 있어서 그런 것 같

아요."

F : "공격성을 정말 잘 승화시키신 것 같네요."

〈그림 6-B〉는 또 다른 어른—어른 심심풀이 놀이인 내부 투사형 '정신 의학'을 보여준다.

G : "저에게는 저 그림이 더러운 얼룩처럼 느껴져요."
H : "제 경우, 그림을 그린다는 건 아버지를 기쁘게 하는 일입니다."

심심풀이 놀이는, 시간을 구조화하고 관계된 사람들에게 서로 받아들일 만한 어루만짐을 제공해주는 기능 외에 사회적 선택 과정이라는 부가적 구실도 한다. 심심풀이 놀이가 진행되는 동안 참가자 각각의 아이는 예의 주시하며 다른 참가자들의 가능성을 평가한다. 파티가 끝날 때쯤이면, 각 사람마다 자신이 앞으로 더 만나고 싶은 사람과 제외할 사람을 이미 선택한 후다. 이때는 그 사람들이 심심풀이 놀이에서 얼마나 잘했느냐, 혹은 얼마나 유쾌하게 했느냐는 상관하지 않는다. 여기서 선택된 사람들은 더 복잡한 관계, 즉 게임의 상대로 가장 유력해 보이는 사람들이다. 그러나 이 분류 체계는 사실상 대체로 무의식적이고 직관적이기 때문에 이론적 설명에는 항상 한계가 있다.

특별한 경우 이 선택 과정에서 아이 대신 부모가 나서기도 한다. 사교적 심심풀이 놀이를 의식적으로 훈련하는 보험 판매원들이 이것을 잘 보여준다. 심심풀이 놀이를 하면서 보험 설계사의 어른은 여러 놀이

참가자 중에서 예비 고객을 가려내 그들의 말에 귀를 기울이면서 앞으로 더 자주 만날 사람으로 꼽아 둔다. 이 선정 과정에서는 그가 게임에 얼마나 능하냐, 얼마나 친화력이 있는 사람이냐는 별로 중요하지 않다. 대부분의 경우에 그런 문제, 이 예의 경우 돈이 있느냐, 없느냐는 지엽적인 요소일 뿐이다.

그런데 심심풀이 놀이에는 배타성이라는 아주 뚜렷한 측면이 있다. 예를 들면, '남자들 얘기'와 '여자들 얘기'가 섞이는 경우는 없다. 본격적으로 (거기) '가봤다' 놀이를 하고 있는데 누군가가 (아보카도가) '얼마냐' 혹은 '술 마신 다음날'을 가지고 끼어들려고 하면 성가시게 여길 것이다. 외부 투사형 '학부모회'를 하는 사람들은 내부 투사형 '학부모회'를 하는 사람이 끼어들면, 그 반대 경우만큼 심하지는 않아도 어쨌든 싫어한다.

심심풀이 놀이는 친한 사람을 선정하는 기반을 형성하며, 우정으로 발전할 수도 있다. 아침마다 한 집씩 돌아가며 끼리끼리 모여 커피를 마시면서 '불량 남편' 놀이를 하는 여성들은 새로 이사 온 이웃이 '밝은 면 내세우기'를 하려고 하면 차갑게 대하기 십상이다. 서로들 남편이 얼마나 못됐는지 말하고 있는데 새로운 사람이 나타나서 자기 남편은 정말 멋있고 사실 거의 완벽하다고 한다면 그런 사람을 모임에 오래 끼워줄 수는 없다. 그렇기 때문에 칵테일 파티 때 한 패거리에서 다른 패거리로 옮겨 가려면, 새로 간 곳에서 진행되고 있던 심심풀이 놀이에 끼든지 아니면 전혀 다른 흐름으로 물꼬를 완전히 돌리든지 해야 한다. 물론 훌륭한 안주인이라면 이렇게 말해서 상황을 즉시 정리한다.

"외부 투사형 '학부모회'를 하고 있었어요. 당신은 어떻게 생각하세요?" 아니면 "자, 이제 그만하면 '의상실' 놀이는 많이 하셨잖아요. 이제 여기 작가/정치가/의사 J씨 쪽으로 와보세요. 이분은 '엄마, 봐봐! 손놓고도 한다!'를 하고 싶으실걸요. 안 그런가요, J씨?"

심심풀이 놀이를 해서 얻을 수 있는 또 다른 중요한 이득은 역할 확인과 안정된 입장이다. 역할은 상황의 영향을 덜 받고 개인의 공상에 깊이 뿌리를 두고 있다는 점만 제외하면, 융(Carl Jung)이 페르소나(persona)라고 부른 것과 비슷하다. 따라서 외부 투사형 '학부모회'를 할 때 첫 번째 사람이 엄한 부모 역할을 맡으면, 두 번째 사람은 공정한 부모, 세 번째 사람은 관대한 부모, 네 번째 사람은 도와주는 부모 역을 맡게 된다. 네 사람 모두 부모 자아 상태를 경험하고 그것을 표출하지만 자신을 드러내는 방식은 각기 다르다. 각 사람의 역할이 지배적이면, 다시 말해서 역할이 아무런 반대에 부딪치지 않거나 아니면 반대에 부딪쳐서 오히려 강화되는 경우, 혹은 특정한 유형의 사람이 어루만져주며 인정해주었을 경우, 그 역할은 확인을 받게 된다.

역할 확인을 받으면 개인의 입장이 안정되는데, 이것을 심심풀이 놀이에서 얻는 실존적 이득이라고 부른다. 입장은 한 개인의 모든 교류에 영향을 끼치는 단순한 단정적 진술이다. 이것이 궁극적으로 한 개인의 운명을 결정하며, 흔히 그 후손의 운명까지도 결정한다. 입장은 다소 절대적일 수 있다. 외부 투사형 '학부모회'를 할 때 전형적으로 볼 수 있는 입장에는 다음과 같은 것들이 있다. '아이들은 다 못됐다.' '남의 집 아이들은 다 못됐다.' '아이들은 모두 딱하다.' '아이들은 모두 박해받고 있다.' 이런 입장들에서 각각 엄격한 부모, 공정한 부모, 관대한 부모, 도와주는 부모 역할이 생겨나는 것일 수도 있다. 실제로 입장은 주로 그것이 초래한 정신의 태도로 표출되며, 한 개인이 그의 역할을 구성하는 교류를 해 나가는 것도 이런 태도를 통해서다.

 입장은 생각보다 매우 이른 시기인 두 살 혹은 더 이른 경우 한 살에서 일곱 살 사이에 형성되어 고착된다. 어느 경우든 한 개인이 그와 같은 중대한 헌신을 결정하기에는 경험과 능력이 한참 부족하기는 마찬가지다. 한 개인의 입장을 보면 그 사람이 어떤 어린 시절을 보냈을지 어렵지 않게 추론할 수 있다. 특별한 일이나 특별한 인물이 개입하지 않는 한, 그 사람은 한편으로 자신의 입장을 안정시키고 다른 한편으로는 자기 입장을 위협하는 상황에 대처하면서 평생을 보낸다. 즉 개인은 항상 자기 입장을 위협하는 상황을 피하고, 위협의 가능성이 있는 요소들을 쳐내거나 흥미롭게 조작함으로써 그것들을 위협에서 합당한 이유로 전환한다. 심심풀이 놀이가 그토록 정형화된 이유 가운데 하나는 바로 그것이 그러한 정형화된 목적에 기여하기 때문이다. 그러나 심심풀이 놀이가 주는 이득을 보면 사람들이 왜 그토록 열심히 심심풀이 놀이를 하는지, 또 건설적이거나 호의적인 입장을 지키는 사람과 심심풀이 놀이를 하는 것이 왜 그토록 유쾌한지 알 수 있다.

 심심풀이 놀이는 활동과 항상 뚜렷하게 구분되지는 않고, 둘이 결합하는 경우가 많다. 이를테면 '제너럴 모터스' 같은 흔한 심심풀이 놀이는 대개 심리학자들이 선다형—문장 완성 상호 작용이라고 부르는 것으로 이뤄진다.

A. "저는 포드/시보레/플리머스보다는 포드/시보레/플리머스가 더 좋아요. 왜냐하면……."

B. "네. 글쎄요, 저라면 포드/시보레/플리머스보다는 포드/시보레/플리머스를 사겠어요. 왜냐하면……."

실제 이런 정형화된 상호 작용에 유용한 정보가 어느 정도 실려 있다는 것은 분명하다.

몇 가지 다른 흔한 심심풀이 놀이도 언급하고 넘어가면 좋을 듯하다. '저도요'는 '정말 너무 심하죠?'의 변형으로 자주 쓰인다. (그것을 해결하기 위해 뭔가를) '왜 안할까?'는 자유를 원하지 않는 주부들 사이에서 인기가 있다. '그걸 해주면 나도'는 아이-아이 심심풀이 놀이다. (뭔가 저지를 일을) '찾아보자'는 비행 청소년이나 품행이 방정치 못한 성인들이 많이 한다.

5장
게임

 게임이란 예측 가능하며 명확히 정의된 결과를 향해 나아가는 연속적인 상호 보완적 이면 교류다. 특성으로 설명하자면 게임은 대개의 경우 반복적이며 겉으로는 그럴듯해도 안으로 다른 동기, 아니면 좀 더 흔히 쓰는 말로 일종의 함정 혹은 '속임수' 따위의 수를 숨기고 있는 순환적인 교류다. 게임은 (1) 그 이면적 속성과 (2) 얻을 수 있는 보상이라는 두 가지 특징에서 절차, 의례, 심심풀이 놀이 따위와 분명히 구별된다. 절차도 성공적일 수 있고, 의례로 효과를 볼 수 있고, 심심풀이 놀이가 유익할 수도 있다. 하지만 이들은 모두 말 그대로 솔직하다. 여기에도 물론 경쟁이 개입하지만 갈등은 없다. 끝이 센세이셔널할지언정 드라마틱하지는 않다. 하지만 이들과 달리 게임은 언제나 기본적으로 부정직하며, 그 끝은 단순한 흥분과는 분명히 다른 극적인 속성이 있다.

 마지막으로 지금까지 논의하지 않은 나머지 한 가지 유형의 사회적 행위 형태와 게임을 구별하는 일이 남는다. 조작(operation)이란 구체적이며 명시적인 목적을 위해 취하는 단일한 교류 혹은 한 무리의 교류를 말한다. 어떤 사람이 솔직하게 보증을 요청해서 받아낸다면 그것이 바로 조작이다. 그런데 어떤 사람이 보증을 요청해서 얻어낸 다음, 어떤 방식으로든 그것을 뒤집어서 대답해준 사람에게 불리하게 만들어 버린다면 이것은 게임이다. 그렇기 때문에 게임은 겉으로는 일정하게 짜여진 조작처럼 보이지만 보상을 받고 나면 '조작'이 사실은 술수였음이 분명해진다. 그것은 솔직담백한 요청이 아니라 게임상의 수였던 것이다.

'보험' 게임을 예로 들면, 보험 대리인이 무슨 생각으로 말하고 있는 것으로 보이든, 그가 제대로 된 선수라면 그는 언제나 예비 고객을 찾거나 예비 고객에게 작업을 하고 있는 것이다. 월급 값을 하는 사람이라면 그의 목표는 언제나 '한몫 건지기'라는 말이다. '부동산 중개인' 게임이나 '파자마' 게임*, 기타 비슷한 직업에서도 마찬가지다. 아는 사람들이 모인 자리에서 영업사원이 심심풀이 놀이에 끼어들어 예컨대 '대차대조표'류의 얘기를 한다고 해보자. 사람들과 잘 어울리는 것으로만 보이는 그의 행동에는 그가 직업상 관심 있어하는 정보를 끌어 내려는 의도에서 나온 교묘한 술수가 숨어 있을지도 모른다. 지금 시중에는 상업적 수완을 개선하는 것을 목적으로 하는 무역 관련 잡지가 열댓 가지는 되는데, 잡지에는 (일상적으로 큰 거래를 하는 흥미진진한 조

....
파자마 게임 노사 분규를 가리킨다. 1954년에 처음 공연된 브로드웨이 뮤지컬 〈The Pajama Game〉의 제목을 딴 것이다. 극은 임금 인상 요구로 불거진 파자마 공장 노사 분규 중에 노동자 대표와 사측 협상 대표가 사랑하게 되는 이야기다.(역주)

작자들인) 뛰어난 선수와 게임을 설명하는 내용이 실린다. 교류라는 면에서 말하면, 이들은 〈스포츠 일러스트레이티드(Sports Illustrated)〉나 〈체스 월드(Chess World)〉 같은 스포츠 잡지의 변종에 지나지 않는다.

각형 교류(angular transaction)는 최대 이익을 산출하기 위해 전문적 정확함으로 어른의 통제 아래 의식적으로 계획되는 게임인데, 이것에 관한 한 실질적인 세부 계획과 심리적 기교라는 면에서 1900년대 초반에 번창한 대형 '사기 게임'을 능가하는 것은 없다.[1]

그러나 우리가 지금 논의하고 있는 것은 제대로 알아차리지 못한 채 이중 교류에 참여한 순진한 사람들이 하는 무의식적 게임이다. 그런데 이 게임은 전 세계의 모든 사회 생활에서 가장 중요한 부분을 차지한다. 역동적 속성 때문에 게임은 하나의 입장을 취할 때 생기는 단순하고 정형화된 태도와는 쉽게 구분할 수 있다.

'게임'이라는 용어 때문에 오해해서는 안 되는 것이 있다. 머리말에서 설명한 것처럼 게임이 반드시 재미있거나, 심지어 즐기는 무엇인가를 의미하는 것은 아니다. 아서 밀러(Arthur Miller)가 그의 희곡 〈세일즈맨의 죽음〉에서 분명히 보여주었듯이, 많은 영업사원들은 자신의 일을 재미있게 여기지 않는다. 또 게임이라고 해서 진지함이 떨어지는 것도 아니다. 요즘에는 축구도 아주 진지하게 받아들이는데, 아무리 그래도 '알코올 중독자'나 '3단계 유혹' 같은 교류 게임만큼은 아니다.

진짜 포커 게임에서 '놀아'보거나 오랫동안 증권시장에서 '놀아본' 사람이라면 누구나 알겠지만, '놀이'라는 용어도 마찬가지다. 인류학자들은 게임이나 놀이가 얼마나 심각해질 수 있는지, 그것이 얼마나 중대한 결과를 낳을 수 있는지 잘 알고 있다. 지금까지 존재했던 그 어떤 게임보다 복잡한 게임은 스탕달(Stendhal)이 그의 소설 《파르므의 수도원》에서 잘 보여준 '구애자' 게임인데, 그것은 목숨을 걸린 게임이었다. 물론 가장 무서운 것은 '전쟁' 게임이다.

전형적인 게임

부부 사이에서 가장 흔히 벌어지는 게임은 구어체로 '당신만 아니었으면' 게임이다. 이 게임을 예로 들어 게임의 일반적 특징을 살펴보자.

남편이 자신의 사회 활동을 심하게 구속해서 춤을 배우지 못했다는 게 화이트 부인이 늘 읊어대는 불평이었다. 그런데 부인이 심리 치료를 받으며 태도가 달라지자 남편은 예전보다 누그러져서 아내에게 한결 너그러워졌다. 화이트 부인은 자신의 활동 영역을 자유롭게 넓혀갈 수 있었다. 내친 김에 춤 강습에도 등록했다. 그런데 실망스럽게도 자기가 무대를 병적으로 두려워한다는 사실을 알게 되었고 결국 춤을 배우겠다는 계획을 포기했다.

잘 풀리지 않은 이 모험은 그와 비슷한 다른 여러 모험과 더불어 화이트 부인의 결혼 생활이 안고 있는 몇 가지 중요한 구조적 면모를 드러내주었다. 화이트 부인은 여러 명의 청혼자 중에서 지배적인 성격의 남자를 남편으로 골랐다. 그러면서 '당신만 아니었으면' 뭐든 할 수 있었다고 불평할 수 있는 통행권을 얻었다. 부인의 친구 중에도 지배적인 남편을 둔 사람들이 많았고, 모닝 커피 마시는 시간에 만나기만 하면 '그이만 아니었으면' 게임을 하면서 많은 시간을 보냈다.

그러나 춤 강습에서 드러난 결과를 보니, 부인이 불평하던 것과는 반대로 남편은 아내가 굉장히 두려워하는 무엇인가를 못하게 막음으로써, 또 아내가 자신의 두려움을 인식하지 못하도록 사실상 보호함으로써 실질적인 서비스를 해주고 있었던 것이다. 부인의 아이가 약삭빠르게 그런 남편을 선택했던 이유 가운데 하나도 바로 그것이었다.

그런데 그게 다가 아니었다. 남편의 금지와 아내의 불평은 잦은 싸움으로 이어졌고, 그러다 보니 두 사람의 성생활에 심각한 문제가 생겼다. 남편은 죄책감 때문에 그렇지 않았다면 어림도 없었을 선물을 자주 사들고 들어왔다. 물론 남편이 아내를 더 자유롭게 풀어주면서 그 선물은 내용 면에서나 빈도 면에서 예전만 못해졌다. 부인과 남편은 집안 문제나 아이들 말고는 공통의 화제가 별로 없다 보니 부부 싸움이 중요한 문제로 떠올랐다. 부부가 일상적인 말 말고 대화를 나누는 것은 주로 싸울 때뿐이었으니까. 어쨌든 결혼 생활은 부인이 항상 주장해 온 사실 한 가지만은 확실하게 입증해주었다. 요컨대 남자들이란 모두 비열하고 독재적이라는 것이다. 나중에 확인해보니 이 태도는 어렸을 때부터 부인을 괴롭혀 온 성폭행당하는 상상과 관련이 있었다.

이 게임을 일반적인 용어로 기술하는 데는 다양한 방식이 있다. 이것이 사회 역학(social dynamics)이라는 광범위한 분야에 속한다는 것은 분명하다. 기본적 사실은 화이트와 화이트 부인은 결혼을 하면서 서로 의사 소통할 기회를 얻었다는 것이다. 이 기회를 사회적 접촉이라고 부를 수 있을 것이다. 두 사람이 이 기회를 이용함으로써 이들의 가정은 사회적 집합을 구성한다. 사람들이 같은 공간에서 접촉하지만 서로 소통할 기회가 거의 없어서 비사회적 집합이 되는 뉴욕 지하철 안의 상황과는 그 점에서 대비된다. 화이트 부부가 서로 상대방의 행동과 반응에 끼치는 영향은 사회적 행위를 구성한다. 이러한 사회적 행위는 다양한 분야에서 각기 다른 관점으로 연구할 수 있을 것이다. 여기서 우리는 게임에 관련된 사람들의 개인사와 심리 역학(psycho-dynamics)에 관심이 있기 때문에 이 접근은 사회정신의학적 면모를 보인다. 즉 우리가 살펴보는 게임의 '건강성'을 명시적으로나 암묵적으로 판단하게 된다. 이 부분이 사회학이나 사회심리학의 더 중립적이고 덜 관여적인 태도와 약간 다른 점이다. 정신 의학은 '잠시만!'이라고 말할 권리를 유보하지만 다른 분야는 그렇지 않다. 교류 분석은 사회정신의학의 한 분과이며 게임 분석은 교류 분석의 특수한 한 측면이다.

실제 게임 분석에서는 구체적 상황에서 나타나는 게임 하나하나를 특정한 사례로 다룬다. 이론적 게임 분석에서는 다양한 게임의 특징을 추상화하고 일반화하고자 한다. 그렇게 하면 어떤 게임의 가변적인 언어적 내용이나 문화적 맥락과는 독립적으로 게임을 인식할 수 있다. 예를 들어 부부판 '당신만 아니었으면' 게임의 이론적 분석이라고 한다면, 그 게임의 특성을 똑같이 잘 인식할 수 있도록 기술해야 한다. 이것은 뉴기니 정글 촌락을 대입하든 맨해튼의 펜트하우스를 대입하든, 관련 문제가 결혼 피로연이든 손자에게 낚싯대를 사주는 것과 관련된 금전적 문제든, 사용되는 수들이 부부가 서로 허용할 수 있는 솔직함의 정도의 차원에서 볼 때 얼마나 노골적인지 아니면 얼마나 미묘한지와는 관계없다. 한 사회에서 어떤 게임의 보급률은 사회학과 인류학의 문제다. 사회정신의학의 한 분과로서 게임 분석은 그 게임이 얼마나 널리 퍼져 있느냐와 상관없이 게임이 나타났을 때 그것을 기술하는 데에만 관심을 둔다. 둘을 완벽하게 구분할 수는 없다. 말하자면 공중보건학과 내과학의 구분 문제가 이와 유사하다. 공중보건학은 예컨대 말라리아의 유병률에 관심을 두지만 내과학은 그것이 정글이든 맨해튼이든 일단 말라리아가 출현했을 때 그 사례를 연구한다.

현재로서는 다음에 제시하는 방식이 이론적 게임 분석에 가장 유용한 것으로 확인되었다. 새로운 지식이 축적되면 이 방식은 더 나아질 것이다. 첫 번째 조건은 어떤 특정하고 연속적인 조작이 게임 기준을 충족시킨다는 것을 확인하는 것이다. 그런 다음에는 그 게임의 표본을 최대한 많이 수집해야 한다. 다음에는 수집한 자료의 중요한 특징을 뽑아낸다. 몇 가지 측면이 핵심으로 떠오른다. 그런 다음 각각의 의미와 교훈을 현재의 지식 수준에서 가장 잘 표현할 수 있는 제목을 달아서 분류한다. 분석은 '당신만 아니었으면 달라졌을' 주인공의 관점에서 진행한다. 우리 사례의 경우 화이트 부인이 될 것이다.

핵심 게임을 전반적으로 기술하는 것이다. 여기에는 사건의 즉각적 시퀀스(사회적 수준)와 사건의 심리적 배경, 전개, 중요성 등을 담은 정보(심리적 수준)가 포함된다. 부부판 '당신만 아니었으면' 게임의 경우

앞에서 본 자세한 내용(76~77쪽)으로 충분할 것이다.

반(反)게임 어떤 시퀀스(장면)가 게임을 구성한다는 가정은 실존적으로 정당화되기 전까지는 잠정적일 뿐이다. 게임하기를 거부하거나 게임에서 얻는 보상을 확 줄임으로써 이 정당화가 실행된다. 그렇게 하면 '당신만 아니었으면 달라졌을' 주인공은 게임을 계속 하기 위해 더 열심히 노력할 것이다. 단호한 게임 거부나 확실한 보상 삭감에 맞닥뜨린 사람은 이른바 절망 상태에 빠지게 되어 있다. 절망은 어떤 면에서 우울증과 닮았지만 몇 가지 중요한 면에서 전혀 다르다. 절망은 우울증보다 쓰라리며, 좌절과 당혹감이라는 요소를 담고 있다. 절망은 예를 들면 난처해서 울기 시작하는 행동으로 표출되기도 한다. 성공적인 치료 상황이라면 이 울음이 이내 우스워서 웃는 웃음으로 바뀌면서, 그 사람의 어른이 '내가 또 이렇군!' 하며 깨달았음을 보여주기도 한다. 따라서 절망에는 어른이 관여하는 데 비해 우울함에서 힘을 행사하는 것은 아이임을 알 수 있다. 우울의 반대는 희망, 열정, 자기 주변에 대한 넘치는 관심 같은 것이고, 절망의 반대는 웃음이다. 치료로서 게임 분석이 재미있는 것도 바로 이런 속성 때문이다. '당신만 아니었으면'을 끝낼 반게임은 허용이다. 남편이 억압적인 한 게임은 계속 이어진다. 남편이 "하기만 해봐!" 대신에 "한번 해봐."라고 하면 가면이 벗겨지면서 공포가 드러나고, 화이트 부인의 사례가 보여주듯이 아내는 이제 남편 핑계를 댈 수 없게 된다.

게임을 분명히 이해하려면 반(反)게임을 반드시 알아야 하며 반게임의 효과가 실제로 입증되어야 한다.

목표 게임의 전반적 목적을 진술하는 것이다. 목적이 여러 가지인 경우도 있다. 예컨대 '당신만 아니었으면' 게임의 목표는 안도감('내가 두려워서가 아니라 남편이 못하게 하기 때문이다')일 수도 있고 변호('내가 노력을 안 해서가 아니라 남편이 내 발목을 잡기 때문이다')일 수도 있다. 자기를 안심시키는 기능은 명료화하기 더 쉽고 아내의 안전 욕구와도 더 잘 부합한다. 따라서 '당신만 아니었으면' 게임의 목표는 안도감이라고 보는 것이 가장 간단하다.

역할 앞에서 언급했듯이 자아 상태는 역할이 아니라 현상이다. 따라서 자아 상태와 역할은 명확하게 구분해서 공식화할 필요가 있다. 게임은 그것이 제공하는 역할의 수에 따라 2자, 3자, 다자 등으로 기술할 수 있다. 게임에 관여하는 각자의 자아 상태가 그 사람의 역할과 일치하는 때도 있지만 그렇지 않은 때도 있다.

'당신만 아니었으면' 게임은 2자 게임이며, 위축된 아내와 지배적인 남편이 있어야 한다. 아내는 조심스러운 어른('남편이 하라는 대로 하는 게 최고야')이나 버릇없는 아이 역할을 할 수 있다. 남편은 어른 자아('당신은 내 말대로 하는 게 최고야') 상태를 유지하거나 살짝 바뀌어서 부모 자아('내가 시키는 대로 하는 게 좋을걸') 상태가 될 수도 있다.

심리 역학 각 게임의 이면에서 작동하는 심리 역학적 추진력을 설명하는 방식에는 여러 방안이 있다. 그러나 보통은 해당 상황을 유용하면서도 요령 있고 의미 있게 요약해주는 단 하나의 심리 역학적 개념을 잡아낼 수 있다. 예긴대 '당신만 아니있으면' 게임은 공포라는 원천에서 흘러나온 것으로 설명하는 것이 가장 효과적이다.

사례 어떤 게임의 아동기 기원이나 게임의 유아적 원형은 연구해볼 만한 것이기 때문에 공식적 기술을 할 때는 기원이 같은 게임을 찾아보는 작업을 해봄직하다. '당신만 아니었으면' 게임은 어린아이들도 성인들만큼 자주 하는 게임이기 때문에 엄마 아빠가 독재적인 남편으로 대체되는 것만 제외하고는 아동판도 성인판과 똑같다.

교류 패러다임 전형적 상황에 대한 교류 분석을 제시하고, 겉으로 드러나는 이면 교류의 사회적·심리적 수준을 보여준다. 가장 극적인 형태로 드러난 '당신만 아니었으면'의 사회적 수준은 부모-아이 게임이다.

  화이트 : "당신은 집에 남아서 집안을 돌보시오."
  화이트 부인 : "당신만 아니었다면 나도 나가서 즐거운 시간을 보낼 텐데."

심리적 수준에서 이 관계(이면의 결혼 계약)는 아이-아이의 게임이기 때문에 앞의 경우와는 사뭇 다르다.

  화이트 : "내가 집에 들어오면 당신이 항상 집에 있어야만 하오. 나는 버려지는 것이 끔찍하게 무섭소."
  화이트 부인 : "두려운 상황을 피할 수 있도록 도와준다면 그렇게 하겠어요."

〈그림 7〉은 이 두 수준을 보여준다.

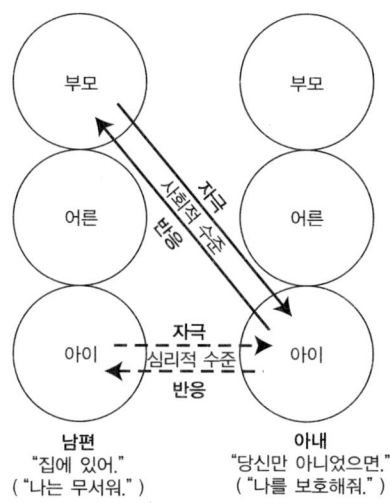

〈그림 7〉 '당신만 아니었으면' 게임

수 게임에서 수는 대략 의례에서 어루만짐에 해당한다. 어떤 게임에서나 그렇듯이 연습을 하면 할수록 능란해지게 마련이다. 쓸데없는 수가 사라지고 한 수 한 수에 점점 더 많은 목적이 집약된다. '아름다운 우정'은 많은 경우, 두 친구가 경제적으로 큰 만족을 주면서 서로 상대를 보완해준다는 데서 싹튼다. 두 사람은 자기들이 하고 있는 게임에서 최소 노력으로 최대 성과를 얻어내는 것이다. 관계가 일정 수준 이상으로 고상한 단계가 되면 매개 수단, 예방 조치, 양보 같은 수는 생략할 수 있다. 방어적 계략에 들일 노력을 아껴서 대신 장식적 화려함에 공을 들일 수 있기 때문에 게임을 하는 사람들, 때로는 지켜보는 사람들까지 만족스러워한다. 게임을 연구해보면 어떤 게임이 진행되는 데 꼭 필요한 최소한의 수가 있다는 것을 관찰할 수 있고, 이 수들은 프로토콜로 정리할 수 있다. 게임을 하는 개인마다 각자의 욕구나 재능이나 바람에 따라 이 정해진 기본 수를 윤색하거나 배가할 수 있다. '당신만 아니었으면' 게임의 기본 구조는 다음과 같다.

(1) 지시─순종('당신은 집에 있으시오.'─ '알겠습니다.')
(2) 지시─항의('이번에도 당신은 집에 있으시오.'─ '당신만 아니었으면')

이득 게임의 일반적인 이득은 안정화(항상성) 기능에 있다. 어루만짐은 생물학적 항상성을 촉진하고 입장 확인은 심리적 안정을 강화한다. 앞에서 언급했듯이 어루만짐은 다양한 형태를 띨 수 있고, 게임의 생물학적 이득은 감각적인 용어로 진술할 수 있다. 예컨대 '당신만 아니었으면' 게임에서 남편의 역할은 손등으로 뺨을 치는 것(손바닥으로 치는 명백하게 모욕적인 동작과는 상당히 다른)을 연상시키고, 아내의 반응은 성깔 있게 정강이를 냅다 차는 것 같은 느낌이다. 따라서 '당신만 아니었으면' 게임에서 얻을 수 있는 생물학적 이득은 호전성─성마름 교환으로부터 나오는 것이다. 이것은 괴롭지만 신경세포의 건강을 유지하는 데 분명히 효과적인 방법이다.

'남자들이란 모두 폭군이다.'라는 아내의 입장 확인에는 실존적 이득이 있다. 이 입장은 공포증에 내포된 포기 욕구에 대한 반응이며, 모든 게임 뒤에 존재하는 일관된 구조를 명확히 보여준다. 이것을 풀어

쓰면 이렇게 될 것이다. '군중 속으로 나 혼자 나가면 나는 포기하고 싶은 유혹에 넘어가고 말 것이다. 집에 있으면 포기하지 않는다. 남편이 포기를 강요한다. 이것으로 남자들은 모두 압제자라는 사실이 입증된다.' 따라서 이 게임은 비현실감으로 고통 받는 여성들이 흔히 하는 게임이다. 비현실감을 느낀다는 것은 유혹이 강한 상황에서 어른의 통제를 유지하기 어렵다는 것을 의미한다. 이 기제를 자세히 설명하는 것은 게임 분석보다는 정신 분석에서 할 일이다. 게임 분석의 주된 관심은 최종 산물이지 그 형성 기제가 아니다.

게임의 심리 내적 이득은 심리적 경제(리비도)에 직접 영향을 끼친다. '당신만 아니었으면' 게임에서 여성은 남편의 권위에 복종한다는, 사회적으로 수용되는 방법을 이용해서 신경증적 두려움을 경험하지 않을 수 있다. 동시에 여성에게 피학증적 욕구가 있다면 복종은 그 욕구도 충족시킨다. 여기서 피학 성향은 자기 부정이라는 의미가 아니라 결핍과 모욕과 고통을 당하는 상황에서 느끼는 성적 흥분을 뜻하는 고전적 의미다. 다시 말해서 아내는 빼앗기고 지배당할 때 흥분하는 것이다.

심리 외적 이득은 게임을 함으로써 두려운 상황을 피할 수 있다는 것이다. 이 점은 가장 뚜렷한 동기가 회피인 '당신만 아니었으면' 게임에서 특히 분명하게 볼 수 있다. 아내는 남편의 엄격한 요구를 따름으로써 자신이 두려워하는 공적 상황을 회피한다.

내적인 사회적 이득은 개인이 친밀한 사람들과 하는 게임에 붙은 이름으로 알 수 있다. 아내는 순종을 이용해서 "당신만 아니었으면"이라고 말할 수 있는 특권을 얻는다. 이 특권은 아내가 남편과 함께 보내야 하는 시간을 구조화하는 데 도움이 된다. 화이트 부인의 경우, 다른 공통 관심사가 부족하기 때문에, 특히 아이들이 태어나기 전과 아이들이 성장해서 집을 떠난 후에는 더욱 이 구조화 욕구가 더 강해진다. 아이들이 자라는 동안에는 아이들이 부모를 대신해서 자기들의 일상적인 시간 구조화 기능을 하기 때문에 게임의 강도와 빈도 모두 낮았다. 아이들은 또 훨씬 더 널리 수용되는 변형 '당신만 아니었으면' 게임인 '바쁜 주부'의 게임거리도 제공해주었다. 미국의 젊은 엄마들이 대부분 정말로 정신 없이 바쁜 것은 사실이지만 이 변형 게임의 분석은 달라질 게 없다. 게임 분석이 아무런 편견 없이 답하고자 하는 질문은 오직 한 가지뿐이다. 즉 '아주 바쁘게 사는 젊은 여성이 있다고 할 때, 그 여성은 그에 대한 보상을 얻으려고 바쁨을 어떻게 집요하게 이용하는가?'이다.

외적인 사회적 이득은 그 상황을 외부의 사회적 접촉에 어떻게 이용하는지를 보면 알 수 있다. '당신만 아니었으면' 게임의 경우, 아내가 남편에게 하는 말인 "당신만 아니었으면"이 아내가 친구들과 만나 모닝 커피를 마실 때 '그이만 아니었으면'이라는 심심풀이 놀이로 바뀔 수 있다. 여기서도 게임이 사회적 동료를 고르는 데 끼치는 영향을 볼 수 있다. 모닝 커피 모임에 신참을 초대할 때는 '그이만 아니었으면' 게임을 하자고 초대하는 것이다. 만약 신참이 제대로 잘해주고 다른 조건이 같다면, 오래지 않아 기존 구성원들과 마음을 터놓는 친구가 될 것이다. 만약 신참이 게임을 거부하고 끝까지 남편을 칭찬하는 소리만

한다면 모임에 오래 참여하지 못한다. 신참은 칵테일 파티에서 끝까지 술을 마시지 않는 사람과 같은 처지에 놓인다. 대부분의 모임에 점차 끼지 못하고 초대자 명단에서 빠진다는 말이다.

이것으로 '당신만 아니었으면' 게임의 공식적인 특성 분석이 끝났다. 이 게임의 절차를 좀 더 분명히 이해하고 싶다면 사회적 모임, 위원회 회의, 세계 각처의 심리 치료 집단에서 가장 흔하게 볼 수 있는 게임인 '이러면 어떨까요?―맞아요, 그런데' 게임 분석(166쪽)을 참조하기 바란다.

게임의 발생

우리 관점에서 보면 육아란, 무슨 게임을 해야 하며, 그것을 어떻게 해야 하는지를 아이에게 가르치는 교육 과정이라고 볼 수 있다. 그 아이가 속한 사회 상황에서 아이에게 적합한 절차, 의례, 심심풀이 놀이도 가르치기는 하지만 이것들은 게임만큼 중요하지 않다. 아이가 익힌 절차, 의례, 심심풀이 놀이 지식과 기술은 다른 조건이 같을 때 아이가 얻을 수 있는 기회를 결정한다. 반면에 게임은 그가 그러한 기회를 어디에 어떻게 이용할지, 또 그에게 딱 맞는 상황의 결과가 어떻게 될지를 결정한다. 그가 즐겨 사용하는 게임은 삶의 대본, 혹은 무의식적인 인생 계획의 일부를 이루는데, (역시 다른 조건이 같다면) 그의 궁극적 운명(예컨대 결혼과 일에서 얻는 이득, 그의 죽음을 둘러싼 상황 등)까지도 결정한다.

자녀들에게 그들 삶의 상황에 맞는 절차, 의례, 심심풀이 놀이를 가르치는 데 상당한 주의를 기울이고, 아이들이 부모에게 배운 것을 강화해줄 학교, 대학, 교회를 선택할 때도 그에 못지않게 세심한 관심을 기울이는 양식 있는 부모들도 게임 문제만은 간과하는 경향이 있다. 실은 게임을 통해 각 가정에 정서적 역학의 기본 구조가 형성되며, 아이들은 아주 어렸을 때부터 일상생활에서 중요한 경험을 하면서 게임을 배우게 된다. 이와 관련된 문제들이 수천 년 동안 다분히 포괄적이고 비조직적인 방식으로 논의되어 왔으며, 현대 교정정신의학(orthopsychiatry) 문헌들에는 좀 더 방법론적 접근을 시도한 연구들도 있다. 그러나 게임이라는 개념 없이는 일관성 있는 조사가 이뤄질 가능성이 거의 없다. 개인의 내적 심리 역학에 관한 이론들은 아직은 인간 관계 문제에 만족스러운 답을 내놓지 못하고 있다. 인간 관계 문제는 교류적 상황이어서, 개인적 동기만을 고려해서는 도출될 수 없는 사회 역학 이론이 필요하다.

아직까지는 아동심리학과 아동정신병리학을 전공한 전문가 가운데 게임 분석 훈련을 받은 전문가가 거의 없어서 게임 발생을 관찰한 것을 거의 찾아볼 수 없다. 그런데 다행스럽게도 다음 에피소드가 전문 교육을 받은 교류 분석가 앞에서 벌어졌다.

일곱 살 된 탄지가 저녁 식탁에 앉았는데 배가 아프기 시작했고, 그래서 밥을 먹지 않겠다고 했다. 부모들은 방에 가서 좀 누워 있으라면서 아이의 말을 들어주었다. 그러자 세 살 난 동생 마이크가 "나도 배아파요."라고 말했다. 누가 봐도 형 같은 배려를 받고 싶어서 부리는 잔꾀였다. 아버지가 마이크를 잠시 쳐다보고는 이렇게 말했다. "게임 하려는 건 아니겠지, 응?" 그러자 마이크가 푸하하 웃음을 터트리며 말했다. "아니오!"

  이 일이 음식이나 소화기 문제에 유난스러운 집에서 일어났다면, 마이크는 놀란 부모 손에 이끌려 침대에 누웠을 것이다. 만약 마이크와 부모가 이런 일을 여러 차례 반복한 상태였다면, 부모가 협조할 때 대개 그렇듯이 이 게임이 마이크 성격의 일부가 되어 있었던 것이라고 예상할 수 있다. 경쟁자에게 특혜를 주는 것에 질투를 느낄 때마다 마이크는 자기도 특혜를 받으려고 아프다는 핑계를 댈 것이다. 이렇게 해서 이면 교류가 구성된다. (사회적 수준) "몸이 좋지 않다." + (심리적 수준) "당신은 나에게도 특혜를 주어야 한다." 하지만 마이크는 이런 건강 염려증적 경로로는 빠지지 않았다. 물론 마이크가 결국에는 다른 더 나쁜 끝을 볼 가능성은 그대로 남아 있다. 그러나 그것은 문제의 본질이 아니다. 중요한 점은, 아버지의 질문으로 그리고 자기가 내놓은 것이 게임이었음을 아이가 솔직히 인정함으로써 막 발생하려던 게임이 그 자리에서 싹이 잘렸다는 것이다.

  이 사례는 어린아이들도 상당히 계획적으로 게임을 주도할 수 있다는 것을 분명히 보여준다. 게임이 자극과 반응의 고정된 유형으로 굳으면, 시간이 흐르면서 기원은 잊혀지고 사회적 안개로 인해 이면의 본질이 흐려진다. 두 가지 모두 적절한 절차, 즉 기원의 경우는 일정한 형식의 분석적 치료, 감춰진 이면의 경우에는 반(反)게임을 통해서만

의식할 수 있다. 이와 관련된 반복적인 임상 경험에 따르면, 게임이란 본질적으로 모방하는 것이며 따라서 아동 성격의 어른 (신 심리적) 측면에 의해 맨 처음 시작되는 것이 분명하다. 게임을 하는 성인에게서 아이 자아 상태를 되살려낼 수 있다면, 이 부문(아이 자아 상태의 어른 측면)의 심리적 태도가 너무도 돋보이고 사람을 다루는 기술이 샘이 날 정도로 능란해서, 이것을 구어체로는 (정신과) '교수님'이라고 부른다. 그래서 게임 분석에 초점을 맞추는 심리 치료 집단에서 이루어지는 비교적 수준 높은 절차 가운데 하나가 각 환자의 어린 '교수님'을 찾아내는 일이다. 집단의 모든 구성원들은 두 살짜리와 여덟 살짜리 사이에서 게임을 시작하는 어린 교수님의 초기 모험을 넋을 놓은 채, 게임이 비극으로 끝나는 경우만 아니라면 많은 경우에 즐겁게 심지어 들뜬 기분으로 귀 기울여 듣는다. 여기에 환자 자신도 정당한 자기 존중과 젠체하는 태도로 참여한다. 그가 일단 '교수' 역할을 할 수 있게 되면, 없는 게 훨씬 나은 것들, 불운한 행동 양식이 될 수도 있는 짓들을 포기하는 길에 한결 가까워진다.

    게임을 공식적으로 기술할 때 언제나 유아기나 아동기 원형을 기술하려고 시도하는 것도 이러한 이유 때문이다.

왜 게임을 하는가

    일상생활에서는 친밀감을 경험할 기회가 거의 없고, 어떤 친밀감은

(강렬한 경우에 특히) 느끼는 것 자체가 많은 사람들에게 심리적으로 불가능하기 때문에, 사람들은 중요한 사회 생활에서 대부분 시간을 게임으로 때운다. 게임은 반드시 필요할 뿐 아니라 해봄직한 매력도 있다. 따라서 문제가 되는 것은 개인이 어떤 게임을 했을 때 그것이 과연 그 사람에게 최선의 결과를 가져다주느냐 아니냐뿐이다. 게임의 핵심 특징은 게임이 가져오는 최종 결과 또는 보상이라는 점을 잊지 말아야 한다. 보상을 얻을 수 있는 상황을 만들자는 것이 예비 수(move)의 기본 목적이다. 그러나 예비 수는 어쨌든 결실, 즉 각 단계에서 얻을 수 있는 최대의 만족을 2차적 산물로 얻기 위한 것이다. 예컨대 '얼간이'(일 저질러놓고 사과하기) 게임이 노리는 보상, 즉 게임의 목적은 사과를 함으로써 강제로 용서를 얻어내자는 것이다. 여기저기서 엎지르고 코 빠뜨리는 멍청한 실수는 보상을 끌어내기 위한 단계일 뿐이다. 물론 얼간이 짓 하나하나에는 나름의 즐거움이 있다. 그러나 멍청한 실수가 주는 즐거움 때문에 그것이 게임이 되는 것은 아니다. 대단원으로 이끄는 결정적 자극은 바로 사과다. 사과가 없다면 실수는 그저 파괴적 절차, 어쩌면 재미있을 수도 있는 비행에 지나지 않을 것이다.

'알코올 중독자' 게임도 마찬가지다. 술을 마시려는 욕구의 생리학적 원인(설령 있다 해도)이 무엇이든, 게임 분석의 입장에서 볼 때 음주는 주변 사람들에게 내미는 게임의 수일 뿐이다. 그저 술을 마시는 데서 오는 즐거움도 분명히 있다. 그러나 그것이 핵심은 아니다. 이것을 잘 보여주는 것이 변형 게임인 '비음주 알코올 중독자' 게임이다. 이 게임은 알코올 중독자 게임과 똑같은 수를 쓰고 똑같은 보상을 얻어내지

만 술을 전혀 마시지 않고 한다는 점에서 다르다.(107쪽)

어떤 부류의 사람들에게는 몇몇 게임들이 시간을 만족스럽게 구조화하는 사회적 기능을 넘어 건강을 유지하는 데 절대적으로 필요하다. 이런 사람들은 심리적으로 매우 불안정하고 자기 입장을 고집스럽게 고수하기 때문에 게임을 못하게 했을 때 회복하기 어려운 절망에 빠질 수 있으며, 심하면 정신 이상 증세를 보일 수도 있다. 이들은 반(反)게임 수에 아주 강하게 반발하고는 한다. 이러한 상황은 한쪽 배우자의 정신과적 호전(즉 파괴적 게임 포기)이 상대 배우자의 급속한 악화를 가져오는 부부 관계에서 흔히 볼 수 있다. 이들 부부가 평형 상태를 유지하는 데 게임이 절대적으로 중요한 역할을 해 왔던 것이다. 그래서 게임 분석은 늘 신중해야 한다.

다행히도, 인생살이의 가장 완벽한 형태인, 아니면 가장 완벽한 형태로 인정해야 마땅할 '게임 없는 친밀한 관계'가 주는 보상이 대단히 만족스럽기 때문에, 아무리 성격 구조가 불안정한 사람일지라도 더 나은 관계를 맺을 수 있는 적당한 상대를 만나기만 하면 자신이 하던 게임을 마음 놓고 기꺼이 포기할 수 있다.

거시적으로 게임은 각 개인의 무의식적 인생 설계, 즉 대본의 핵심적이고 역동적인 요소가 된다. 각 개인이 최후의 완성을 기다리면서 동시에 행동을 해 나가는 그 시간을 채워주는 역할을 하는 것이 게임이다. 대본이 건설적이냐 아니면 파괴적이냐에 따라 대본상 최후의 행동은 기적 또는 대재앙을 불러오게 마련이므로 각 대본에 상응하는 게임 역시 건설적이거나 파괴적이다. 구어체로 '구원자를 기다리며' 식으로 지향된 대본을 가진 사람은 '당신은 나의 멋진 구원자예요!' 같은 게임을 즐겨 하겠지만, '차가운 주검이 될 날만 기다리는' 식의 비극적 대본을 가진 사람은 '너 이번에 딱 걸렸어!' 같은 고약한 게임을 할 것이다.

앞 문장에서 볼 수 있는 구어체 표현이 게임 분석에서 핵심 역할을 하며, 이런 표현이 교류 분석 심리 치료 집단이나 세미나에서 거침없이 사용된다는 점을 주목하기 바란다. '차가운 주검이 될 날만 기다리는'이라는 표현은 '차가운 주검이 되기 전에' 어떤 일들을 하기로 결심하는 꿈을 꾸었던 환자의 꿈 이야기에서 따온 표현이다. 집단 상담 경험이 많은 사람들이 모인 어떤 치료 집단에서는 치료자가 간과한 부분을 환자가 지적한 적도 있었다. 구원자를 기다리는 것이나 죽기를 기다리는 것이나 실질적으로 똑같으니 둘은 동의어라는 말이었다. 구어체 표현은 게임 분석에서 결정적인 중요성을 지니기 때문에 뒤에서 자세히 논의할 것이다.

게임의 분류

이제까지 게임과 심심풀이 놀이를 분석할 때 사용하는 모든 변수들을 언급했다. 이들 가운데 어떤 것이라도 게임과 심심풀이 놀이를 체계적으로 분류하는 데 활용할 수 있다. 비교적 분명한 분류는 다음 요인을 기준으로 한다.

1. 게임 참가자의 수 : 2자 게임('냉담한 여성'), 3자 게임('당신들끼리 싸워보세요'), 5자 게임('알코올 중독자'), 다자 게임('이러면 어떨까요?—맞아요, 그런데')

2. 이용되는 화폐 : 말('정신 의학'), 돈('빚쟁이'), 신체 일부('수술 중독')

3. 임상적 유형 : 히스테리형('유혹'), 강박 장애형('얼간이'), 편집형('왜 나한테는 항상 이런 일이 벌어질까?'), 우울형('내가 또 이렇군')

4. 국부별 : 구강형('알코올 중독자'), 항문형('얼간이'), 남근형('당신들끼리 싸워보세요')

5. 심리 역학 : 역공포증형('당신만 아니었으면'), 외부 투사형('학부모회'), 내부 투사형('정신 의학')

6. 본능별 : 피학형('당신만 아니었으면'), 가학형('얼간이'), 페티시즘('냉담한 남성')

게임 참가자 수 외에 고려하면 유용한 경우가 많은 양적 변수가 세 가지 더 있다.

1. 융통성 : '빚쟁이'나 '수술 중독' 같은 몇몇 게임은 단 한 가지 화폐로만 제대로 할 수 있는 데 반해, 이를테면 노출증적 게임 같은 일부 게임은 사용하는 화폐에 비교적 융통성이 있다.

2. 집요함 : 어떤 사람들은 자기가 하는 게임을 쉽게 포기하지만 어떤 사람들은 쉽게 포기하지 않고 버틴다.

3. 강도 : 어떤 사람들은 느긋하게 게임을 하는 데 비해 어떤 사람들은 좀 더 강하고 공격적으로 한다. 이들이 하는 게임을 각각 순한 게임과 격렬한 게임이라고 부른다.

이 세 가지 변수가 모여서 게임을 순하게 또는 폭력적으로 만든다. 정신 장애가 있는 사람들에게서는 이 점에서 종종 눈에 띄는 발전이 나타나기 때문에 단계로 설명할 수 있다. 예컨대 편집형 정신분열증 환자가 처음에는 융통성 있고 느긋하고 순한 1단계 '정말 너무 심하죠?' 게임을 하다가, 융통성 없고 집요하고 격렬한 3단계 게임을 할 수 있다. 게임의 단계는 다음과 같이 구분된다.

a. 1단계 게임은 게임 행위자가 속한 사회에서 사회적으로 수용되는 것이다.
b. 2단계 게임은 그 게임으로 회복할 수 없는 영구적 손상이 일어나지는 않지만, 게임을 한 사람이 밖으로 알리고 싶어하지는 않는 게임이다.
c. 3단계 게임은 진짜 큰 내기가 걸린 것으로서, 수술이나 법정이나 영안실에서 끝이 나는 게임이다.

게임은 또한 '당신만 아니었으면' 게임 분석에서 논의했던 다른 구체적 요인들, 즉 목표, 역할, 가장 분명한 이득 가운데 어떤 것으로도 분류할 수 있다. 체계적이고 과학적인 분류에 가장 적합한 것은 실존적 입장에 기초한 분류라고 할 수 있지만, 이 요인은 아직 연구가 만족스러울 만큼 진전되지 않았기 때문에 이 분류는 뒤로 미뤄 둘 수밖에 없다. 그것을 제외하고 나면 현재 가장 실용적인 분류는 아마도 사회학적 분류가 될 것이다. 다음 장에서는 이 분류를 사용한다.

제2부

게임 대사전

이 책에 실린 게임들이 현재 시점에서는 이미 알려진 게임들을 완벽하게 모아놓은 것이지만 새로운 게임은 계속 발견되고 있다. 때때로 이미 알려진 게임의 또 다른 예로 보이는 것을 좀 더 면밀히 연구해보면 전혀 새로운 게임으로 확인되기도 하고, 새로운 게임으로 보이는 것이 기존 게임의 변형으로 드러나는 경우도 흔하다. 분석의 각 항목 역시 새로운 지식이 축적됨에 따라 달라진다. 예컨대 심리 역학을 기술하는 몇 가지 가능한 방식 중에서 선택한 진술이 나중에 보면 가장 설득력 있는 선택지가 아닌 것으로 확인될 수도 있다. 그러나 게임의 목록과 분석에 주어진 항목, 두 가지 모두 임상 작업에 적합하다.

　일부 게임은 충분히 논의하고 분석할 것이다. 하지만 더 많은 연구가 필요하거나 흔치 않은 게임이거나, 그 의미가 아주 명백한 게임은 간단히 언급할 것이다. 경험의 주체에 해당하는 사람을 '주인공'으로 부르거나 '화이트'라는 이름을 붙이기도 할 것이며, 게임의 상대에게는 '블랙'이라는 이름을 줄 것이다.

　게임들은 그것이 가장 흔히 일어나는 상황에 따라 다음의 몇 그룹으로 분류하였다. 즉 인생 게임, 아내와 남편 게임, 파티 게임, 성적인 게임, 암흑가 게임 등이다. 그다음에는 전문가를 위한 장에서 상담실 게임을 다루고, 마지막으로 유익한 게임의 예를 제시하겠다.

표기법

분석 프로토콜에는 다음 표기법을 사용한다.

핵심 이것은 되도록 설득력 있는 표현으로 재진술한다.

목표 필자의 경험으로는, 여기에 의미 있는 선택의 여지가 가장 많다.

역할 게임 경험의 주체이면서 게임을 논하는 시점의 주체인 사람의 역할을 맨 먼저 제시한다.

심리 역학 목표와 같다.

사례 (1) 그 게임의 아동기 형태를 보여준다. 아동기 형태는 가장 식별하기 쉬운 적절한 원형이다. (2) 성인의 삶에서 고른 예시.

패러다임 사회적 수준과 심리적 수준에서 결정적인 교류나 교류들을 가장 간단한 형태로 보여준다.

수 실제에서 발견되는 교류 자극과 교류 반응의 최소 개수를 제시한다. 상황이 달라지면서 수들이 무한정 확장되거나 희석되거나 화려해질 수 있다.

이득 (1) 심리 내적 이득—게임이 심리 내적 안정성에 어떻게 기여하는지를 설명하고자 한다. (2) 심리 외적 이득—어떤 불안 유발 상황이나 친밀감이 회피되고 있는지를 설명하고자 한다. (3) 내적인 사회적 이득—친한 사람들과 이 게임을 할 때 사용하는 특정 표현들을 제시한다. (4) 외적인 사회적 이득—덜 친밀한 사람들과 있을 때 하는 파생적 게임이나 심심풀이 놀이에서 사용하는 주요 표현들을 제시한다. (5) 생물학적 이득—게임에 참여한 사람들에게 게임이 제공하는 어루만짐의 특징을 서술한다. (6) 실존적 이득—전형적으로 진행되는 게임에서 게임의 입장을 기술한다.

관련 사항 보완 게임, 부속 게임, 반(反)게임의 이름을 제시한다.

심리 치료 상황에서만 게임을 올바르게 이해할 수 있다. 유익한 게임을 하는 사람들보다는 파괴적 게임을 하는 사람들이 치료자를 더 많이 찾는다. 따라서 이제까지 많이 연구된 게임들은 대부분 기본적으로 파괴적인 게임들이다. 그러나 독자들은 비교적 운이 좋은 사람들이 하는 유익한 게임도 있다는 것을 기억하기 바란다. 많은 정신 의학 관련 용어들이 그랬던 것처럼 게임이라는 개념이 통속화하는 것을 막기 위해서 게임이라는 것이 매우 정교한 개념이라는 사실을 다시 한 번 강조하고 싶다. 게임은 앞에서 제시한 기준에 따라 절차, 의례, 심심풀이 놀이, 조작, 술책, 다양한 입장에서 생기는 태도와 분명히 구분해야 한다. 게임은 어떤 입장에서 하는 것이지만 입장이나 그 입장에 상응하는 태도는 게임이 아니다.

구어체 표현

이 책에서 사용하는 많은 구어체 표현은 환자들에게서 나왔다. 이런 표현들을 시의적절하고 민감하게 사용하면 게임을 하는 사람들이 그 진의를 받아들이고 이해하며 즐긴다. 간혹 어떤 표현들이 무례하게 보이지만 그 얄궂음은 게임을 향한 것이지 게임을 하는 사람을 향한 것이 아니다. 구어체 표현의 첫 번째 요건은 적절함이며, 이 표현들이 재미있게 들린다면 무엇보다도 이들이 정곡을 찌르기 때문이다. 내가 다른 곳에서 구어체 별칭을 논의하면서 말한 바와 같이, 어떤 여자를 두고 '나쁜 년', 아니면 어떤 남자를 두고 '바보 자식'이라고 불렀을 때 거기에 담긴 의미는 혀가 꼬이게 긴 음절의 단어들을 써서 한 페이지를 채워도 다 전달되지 않을 수 있다.[1] 심리학적 진리는 학술적 목적을 위해서 과학의 언어로 진술할 수 있다. 하지만 정서가 실제 생활에서 무엇을 얻으려고 분투하는지를 효과적으로 인식하려면 다른 접근이 필요할지 모른다. 그래서 우리는 '항문기 공격성이 투사된 언어화'보다는 '정말 너무 심하죠?'라고 표현하는 것을 더 좋아한다. 이것이 심리역학적 의미와 효과를 더 많이 담아낼 뿐 아니라 사실 더 정확하다. 또한 사람들은 때때로 어두침침한 방보다는 밝은 방에서 더 빨리 회복하기도 한다.

6장
인생 게임

정상적인 사회 조건에서 모든 게임은 그 게임을 하는 사람의 운명에 중요한, 어쩌면 결정적인 영향을 끼친다. 그러나 어떤 게임들은 다른 것에 비해 그 게임을 평생 지속할 수밖에 없는 기회를 더 많이 제공하며 상대적으로 죄 없는 주변 사람을 끌어들일 가능성이 더 높다. 이런 게임 집단을 간단히 인생 게임이라고 부른다. 여기에는 '알코올 중독자', '빚쟁이', '나 좀 차주세요', '너 이번에 딱 걸렸어', '당신 때문이야'와, 이 게임들의 대표적인 변형 게임들이 포함된다. 인생 게임은 한편으로는 아내와 남편 게임과 다른 한편으로는 암흑가 게임과 합쳐진다.

'알코올 중독자' 게임

게임 분석에는 알코올 중독이나 '알코올 중독인 어떤 사람' 같은 것은 없다. 다만 일정한 유형의 게임에서 알코올 중독자라 불리는 역할이 있을 뿐이다. 과도한 음주의 주된 원인이 생화학적 혹은 생리학적 이상에서 오는 경우라면 (의문의 소지가 여전히 있지만) 그것은 내과학 분야에서 연구할 문제다. 게임 분석에서는 이와는 상당히 다른 것, 즉 폭음과 관련 있는 사회적 교류 유형에 흥미를 보인다. 그것이 '알코올 중독자' 게임이다.

완전한 '알코올 중독자' 게임은 5명이 하는 게임이지만 역할이 압축되어서 2명이 하는 게임으로 출발해서 그대로 종결될 수도 있다. 주역은 화이트가 맡는 (이 게임의 경험 주체) 알코올 중독자 역할이다. 제1조연인 박해자 역은 일반적으로 주역의 반대 성(性)인 사람, 보통은 배우자가 맡는다. 세 번째 역할은 구원자 역으로서 대개 주역과 동성인 사람이 맡게 되는데, 환자와 환자의 음주 문제 모두에 관심을 보이는 좋은 주치의인 경우가 많다. 고전적인 상황에서는 의사가 알코올 중독자의 습관을 고치는 데 성공한다. 화이트가 6개월간 술을 마시지 않았을 때 두 사람은 서로 축하한다. 그리고 다음날 화이트가 술에 취한 모습으로 발견된다.

네 번째 역할은 봉 또는 호구다. 문학 작품에서는 주로 주인공 화이트를 끝까지 믿어주며, 그를 박해하지도 않고 그렇다고 구원하려 들지도 않으면서 외상으로 샌드위치나 커피를 주는 식당 주인으로 나온다. 그러나 실제 삶에서 이 역할은 주로 주인공의 어머니가 맡는 경우가 더 많다. 아들에게 돈을 주기도 하고 아들을 이해해주지 않는 며느리에 대해서 아들을 동정한다. 게임의 이 국면에서 주인공은 돈이 필요한 그럴듯한 이유를 댈 수 있어야 한다. 주인공과 호구 모두 실제로 주인공이 돈을 대부분 어디에 쓰게 될지 알고는 있지만 그렇더라도 두 사람 모두 믿고 싶어하는 계획이 필요한 것이다. 때때로 봉 역은, 도움이 되기는 하지만 필수적이지는 않은 또 다른 역, 즉 부추기는 사람으로 바뀌기도 한다. 부추기는 사람은 요청하지 않아도 "오셔서 같이 한잔 합시다(그래야 당신이 좀 더 빨리 망가질 테니)."라고 말하면서 술을 제공하는 '좋은 녀석'이다.

모든 음주 게임에 부수적인 직업은 바텐더와 주류 판매상이다. '알코올 중독자' 게임에서는 이들이 제5의 역, 연줄을 맡는다. 이 인물은 관련 공급품을 직접 대주는 원천으로서 알코올 중독자의 말을 이해할 뿐 아니라 어떤 면에서 모든 중독자의 삶에서 가장 의미 있는 사람이다. 연줄과 나머지 다른 역할의 차이는 모든 게임에서 프로와 아마추어의 차이와 같다. 프로는 멈춰야 할 때를 안다. 훌륭한 바텐더는 일정한 시점이 되면 알코올 중독자에게 더는 술 팔기를 거부한다. 이제 알코올 중독자는 더 너그러운 연줄을 찾을 때까지는 공급이 끊긴 상태에 놓인다.

'알코올 중독자' 게임의 초기 단계에는 아내가 세 가지 조연을 모두 맡기도 한다. 한밤중에는 봉이 되어 남편의 옷을 벗기고 커피를 타주고 두들겨 패는 대로 맞아주고, 아침이면 박해자가 되어 남편을 호되게 꾸짖다가, 저녁이 되면 구원자가 되어 달라질 것을 간청한다. 후반 단계로 가면 때로는 육체적 기력 저하 때문에라도 박해자와 구원자는 생략될 수 있다. 그러나 이 역할들이 기꺼이 공급의 원천 역도 하려고 한다면 용인할 수 있다. 화이트가 선교 회관을 찾아가서 거기서 무료 식사를 할 수 있다면 구원받을 것이다. 그렇지 않으면 전문가든 아마추어든 가리지 않고 끝에 가서 주는 것만 있다면 그들이 야단치는 소리를 견뎌야만 한다.

지금까지 경험으로 '알코올 중독자' 게임의 보상은 (게임의 일반적 속성이 그러하듯이) 연구자들이 가장 주목하지 않은 측면에서 얻어진다는 것이 드러났다. 이 게임 분석에서 음주는 단순히 부가적인 이득을 주는 우발적인 즐거움이자 진짜 최고점, 즉 술주정 등으로 이끄는 절차에 지나지 않는다. '얼간이' 게임에서도 마찬가지다. 가장 크게 관심을 끄는 멍청한 짓은 화이트를 최고조로, 다시 말해 블랙으로부터 사과를 받아내는 것으로 이끌어가는 유쾌한 과정일 뿐이다.

'알코올 중독자' 게임의 주인공에게 음주의 후유증은 육체적 고통이라기보다는 심리적 고문이다. 술 좋아하는 사람들이 즐겨하는 심심풀이 놀이 두 가지는 '마티니'(얼마나 많이 마셨고, 얼마나 섞어 마셨나)와 '술 마신 다음날'(당신에게 내 음주 문제를 말하게 해주세요)이다. '마티니' 게임은 대부분 사람들과 어울리려고 술을 마시는 사람들이 하는 게임이고, 많은 알코올 중독자들은 심리적인 '술 마신 다음날'이라는 격렬한 게임을 선호한다. '금주자협회' 같은 조직은 무한정으로 이 게임의 기회를 제공해준다.

진탕 마시고 정신과를 찾을 때마다 환자는 자기 자신에게 별별 욕을 다하고는 한다. 의사는 아무 말도 안한다. 화이트는 나중에 치료 집단에서 거들먹거리며 이런 진료에 대해 이야기하면서 자기한테 온갖 욕을 한 사람이 정신과 의사였다고 말한다. 치료 과정에서 많은 알코올 중독자가 말하려는 주된 관심사는 음주 자체가 아니라 음주에 뒤따르는 고통이다. 그들의 박해자에게 복종하는 차원에서 음주를 언급하기는 하지만 말이다. 음주의 교류적 목적은 음주가 주는 개인적 쾌감과는 별도로, 아이가 자기 내면의 부모뿐 아니라 넘치는 성의를 가지고 관심을 보여주는 부모님 같은 모든 주변 인물들로부터 심하게 꾸지람을 들을 수 있는 상황을 설정하는 데 있다. 따라서 이 게임을 치료하려면 음주가 아니라 술 마신 다음의 일들, 스스로 무절제한 자기 처벌에 빠져드는 것에 초점을 맞춰야 한다. 그러나 이런 후유증 없이 폭음하는 유형은 이 범주에 속하지 않는다.

'비음주 알코올 중독자' 게임이라는 것도 있다. 여기서 화이트는 술을 마시지 않으면서 재정적·사회적 타락을 거쳐, '알코올 중독자' 게임과 똑같은 연속되는 수를 쓰고 똑같은 조연을 필요로 한다. 여기서도 다음날 아침이 문제의 최고점이다. 실제 '비음주 알코올 중독자'와 일반적인 '알코올 중독자'가 모두 게임이라는 것을 강조하는 것은 바로 둘 사이의 이런 유사점이다. 예컨대 직장에서 쫓겨나는 과정은 두 게임에서 동일하다. '비음주 알코올 중독자' 게임은 '알코올 중독자'와 비슷하지만 더 불길하고 더 극적이며 더 떠들썩하고 더 빨리 진행된다. 적어도 미국 사회에서 '비음주 알코올 중독자' 게임에서는 봉이나 구원자가 거의 없고, 있다 해도 거리가 먼 상태에서 쉽게 접할 수 있는 박해자에게 더 많이 기대며, 연줄(공급의 원천)이 좀 더 핵심적인 역할을 한다.

'알코올 중독자'가 관여하는 다양한 조직이 있는데, 활동 범위가 국내인 것도 있지만 국제적인 것도 있고 지역적인 것도 있다. 이런 조직들은 게임의 규칙에 관한 책자를 많이 낸다. 거의 모든 출간물에 알코올 중독자 역할을 하는 방법이 설명되어 있다. 아침 식전에 술을 마셔라, 다른 데 써야 할 돈으로 술을 마셔라 등등이다. 구원자의 역할에 대한 설명도 있다. 예를 들어 '금주자협회'는 현실적인 게임을 계속하지만 알코올 중독자가 구원자 역을 맡도록 권유하는 데 집중한다. 여기에는 예전에 알코올 중독자였던 사람이 제격인데, 게임 방법을 알고 있는 데다가 알코올 중독자 게임을 해본 적이 없는 사람들보다는 조연을 맡기에 더 적격이기 때문이다. 어떤 '금주자협회' 지부에서, 치료할 알코올 중독자가 바닥나자 구원할 사람이 없는 상태로는 게임을 계속할 방법이 없어진 회원들이 다시 술을 마시기 시작했다는 사례가 보고되기도 했다.[1]

나머지 게임 참가자들의 운명을 개선하는 데 헌신하는 조직들도 있다. 어떤 조직에서는 배우자들에게 박해자에서 구원자로 역할을 전환하도록 종용한다. 치료의 이론적 이상에 가장 가깝게 다가간 것으로 보이는 한 조직에서는 알코올 중독자의 10대 자녀들을 다룬다. 이 청소년들에게는 단순히 역할을 전환할 것이 아니라 아예 게임에서 빠져나올 것을 장려한다.

알코올 중독자 심리 치료의 핵심도 단순히 이것에서 저것으로 역할을 바꾸는 것이 아니라 그로 하여금 게임을 아예 그만두게 만드는 데 있다. '알코올 중독자' 게임을 하는 사람이 게임을 계속하는 것만큼 흥미를 느낄 만한 다른 어떤 것을 찾는 일이 어렵기는 해도 일부 사례에서 이 방법은 큰 효과를 보여 왔다. '알코올 중독자' 게임을 하는 사람은 전형적으로 친밀감을 두려워하기 때문에 대체 상태는 게임 없는 관계보다는 또 다른 게임을 하는 상태가 되기 쉽다. 이른바 치료된 알코올 중독자들은 친구로 어울리기에 별로 매력적이지 않은 경우가 많으며, 자기 삶에 열정을 느끼지 못해서 계속해서 옛날 습관으로 돌아가고 싶은 유혹을 느낄 가능성이 높다. 진정한 '게임 치료'의 기준은 예전에 '알코올 중독자' 게임을 하던 사람이 자신을 위험에 빠뜨리지 않으면서 사람들과 어울려 술을 마실 수 있느냐 하는 것이다. 게임 분석가라면 흔히 보는 '완전 금주' 치료로는 만족할 수 없다.

이 게임을 기술하는 데 분명히 알 수 있는 것은, 구원자는 '저는 그저 도와드리려는 것뿐입니다' 게임을, 박해자는 '당신이 나한테 무슨 짓을 했는지 똑똑히 보라고!' 게임을, 봉*은 '착한 조' 게임을 하고 싶은 강한 유혹을 느낀다는 점이다. 알코올 중독이 질병이라는 견해를 대중화한 구호 단체들이 떠오르면서 알코올 중독자들은 '의족' 게임을 하도록 교육받아 왔다. 최근에는 그런 사람들에게 특별한 관심을 기울이는 법이 이 현상을 부추기는 경향이 있다. 강조점이 박해자에서 구원자로, '내가 죄인이로소이다'에서 '아픈 사람한테 무엇을 기대하겠나?'로 전환되었다. (이것은 현대 사상이 종교와 멀어지고 과학과 가까워지

봉 암흑가 은어에서 '봉'(patsy)은 한때 괜찮다, 또는 만족스럽다라는 뜻으로 통했다가 나중에는 '밀고자'(pigeon)를 뜻하게 되었다. (저자 주)

는 경향의 일부다.) 실존적 관점에서 이 전환은 의문스럽고, 실용적 관점에서는 폭음하는 사람들의 음주량을 줄이는 데 아무런 역할도 하지 못하는 것으로 보인다. 그렇더라도 '금주자협회'는 아직까지 무절제를 치료하려는 많은 사람들에게 가장 좋은 입회 과정이다.

반(反)게임 잘 알려진 대로 '알코올 중독자' 게임은 대개 격렬한 게임이며 포기하기가 어렵다. 어떤 여성 알코올 중독자의 사례를 보자. 이 여성은 처음에는 치료 집단에 거의 나오지 않다가 자기가 게임을 계속할 수 있을 정도로 집단 구성원들을 잘 알게 되었다고 생각한 뒤에야 적극적으로 참여하기 시작했다. 그때가 돼서야 그 여성은 집단 구성원들에게 자신을 어떻게 생각하느냐고 물었다. 그때까지는 아주 상냥하게 행동했기 때문에 여러 사람이 그녀에게 좋은 말을 해주었다. 그러자 그 여성은 "그건 내가 원하는 게 아니에요. 여러분의 진짜 생각을 알고 싶어요."라고 말하며 반발했다. 그 여성은 혹평을 원하고 있음을 분명히 표현했다. 그런데 다른 구성원들이 그녀를 박해하기를 거부했던 것이다. 그 여성은 집에 돌아와서는 남편에게 만약 자신이 또다시 술을 마시거든 자기와 이혼하든가 아니면 병원에 입원시켜버리라고 말했다. 남편은 그러겠다고 약속했고, 그날 밤 아내가 술에 취하자 그녀를 요양소로 보냈다. 이 사례는 다른 집단 구성원들이 주인공이 맡긴 박해자 역할을 거부한 경우다. 그녀는 이 반게임 행동을 견디지 못했던 것이다. 집에 와서야 그 여성은 자신이 요구하는 역할을 기꺼이 맡아줄 사람을 찾았다.

그러나 다른 사례에서는 환자를 충분히 준비시켜서 게임을 포기하도록 하고, 치료자가 박해자 역할도 구원자 역할도 거부하는 진정한 사회적 치료를 시도할 수 있는 것으로 보인다. 치료자가 환자의 금전적 부담이나 시간 엄수 의무를 면제해줌으로써 봉의 역할을 하는 것도 마찬가지로 치료에 도움이 되지 않는다. 교류 분석적 관점에서 올바른 치료적 접근은 세심하게 예비 작업을 한 다음, 어른의 타협적 입장을 취하고 모든 역할을 거부하며, 환자가 금주를 견디는 것에서 그치지 않고 게임 자체를 절제할 수 있기를 바라는 것이다. 환자가 그렇게 하지 못할 때는 그를 구원자에게 의뢰하는 것이 최선이다.

반게임이 특히 어려운 것은 대부분의 서구 사회에서는 알코올 중독자를 비난하거나 걱정해주거나, 아량을 베풀기 딱 좋은 대상으로 보기 때문이다. 또 이런 역할을 거부하는 사람은 공중의 분노를 사기 때문이다. 합리적 접근은 '알코올 중독자' 게임을 하는 당사자보다 오히려 구원자 게임을 하는 사람에게 더 심한 경계 반응을 일으키며 경우에 따라 치료에 불행한 결과를 초래하기도 한다. 예전에 어떤 임상 상황에서 몇몇 상담가들이 '알코올 중독자' 게임에 깊은 관심을 갖고 단순히 환자를 구원하는 것이 아니라 게임 자체를 끊음으로써 실제 치료 효과를 내려고 시도한 적이 있었다. 이 의도가 분명해지자마자 그 치료 센터를 지원하던 평신도 위원회는 그들의 활동을 정지시켰고, 그 상담가들 가운데 누구도 다시는 환자들의 치료를 돕는 일에 위촉되지 않았다.

관련 사항 '알코올 중독자' 게임의 재미있는 보조 게임으로 '한잔 하죠' 게임이 있다. 이 게임은 관찰력이 뛰어난 한 산업정신의학 연구자가 발견했다. 주인공 화이트와 그의 아내(술을 마시지 않는 박해자)가 블랙 부부(두 사람 모두 봉)와 함께 소풍을 간다. 화이트가 블랙 부부에게 말한다. "한잔 하시죠!" 두 사람이 일단 한 잔을 마시면 그것으로 화이트는 넉 잔, 다섯 잔을 마실 수 있는 허가를 얻는다. 만약 블랙 내외가 거부하면 게임의 실체가 드러난다. 그렇게 되면 음주 규칙에 따라 화이트는 모욕을 당해 마땅한 입장이 되고, 다음 소풍 때는 좀 더 고분고분한 동행을 찾을 것이다. 사회적 수준에서 어른의 배려로 보이는 것이 심리적 수준으로는 무례한 행동인데, 이것은 반대하고 나서기 어려운 화이트 부인의 면전에서 화이트의 아이가 대놓고 뇌물을 써서 블랙으로부터 부모의 너그러움을 얻어내는 것이기 때문이다. 실제 화이트 부인이 이 모든 과정에 동의한 것은 다른 이유에서가 아니라 반대를 '할 수 없는' 입장이 되리라는 점 때문이다. 화이트가 알코올 중독자 역을 맡아 게임을 계속하고 싶어하는 만큼이나 화이트 부인도 자신이 박해자 역을 맡는 게임이 계속되기를 간절히 바라는 것이다. 소풍 다음날 아침 화이트 부인이 남편을 공격하는 장면이 눈에 선하다. 이 변형 게임은 화이트가 블랙의 상사일 경우 한층 더 복잡해질 수 있다.

일반적으로 봉은 그 이름이 암시하는 것만큼 나쁘지만은 않다. 봉은 알코올 중독자에게 친절을 베풂으로써 많은 것을 얻을 수 있는 외로운 사람인 경우가 많다. '착한 조' 역을 하는 식당 주인은 그런 식으로 아는 사람을 많이 만들고, 주변 사람들 사이에서 너그러운 사람일 뿐 아니라 훌륭한 이야기꾼으로서 좋은 평판을 얻을 수 있다.

덧붙여서, '착한 조' 게임의 한 가지 변형은 어떻게 하면 사람을 잘

도울 수 있는지 조언을 구하고 다니는 것이다. 이것은 권장할 만한 유쾌하고 건설적인 게임의 한 예이다. 이 게임의 정반대 게임은 '거친 놈' 게임인데, 폭력을 배우고 사람들에게 상처를 입히는 가장 좋은 방법이 무엇인지 조언을 구하는 것이다. 이 게임을 하는 사람은 실제로 상해를 입히는 경우는 절대 없지만, 진지하게 행동하는 진짜 거친 남자들과 어울릴 수 있는 특권을 누리며 그들의 후광을 빌릴 수 있다.

》 게임 분석 《

핵심 지금까지 내가 얼마나 잘못했던가. 당신이 나를 막을 수 있는지 시험해보라.

목표 자기 처벌

역할 알코올 중독자, 박해자, 구원자, 봉, 연줄

심리 역학 구강기 박탈

사례 (1) 당신이 나를 잡을 수 있는지 어디 한번 해보라. 이 게임은 복잡해서 그 원형적 형태끼리 관련을 짓기가 어렵다. 아이들, 특히 알코올 중독자의 자녀들은 알코올 중독자가 특징적으로 사용하는 많은 수법을 그대로 학습해 되풀이하는 경우가 많다. '당신이 나를 막을 수 있는지 시험해보라'에는 거짓말, 물건 감추기, 혹평 구하기, 도움을 주는 사람 찾기, 인정 많은 이웃 찾기 등이 포함된다. 자기 처벌은 여러 해가 지나서야 나타나는 경우가 많다. (2) 알코올 중독자와 그 주변 인물들

사회적 패러다임 어른-어른

어른 "당신이 나를 어떻게 생각하는지 솔직히 말해주든가 아니면 내가 술을 끊도록 도와주세요."

어른 : "앞으로 당신에게 솔직하겠습니다."

심리적 패러다임 아이-부모

아이 : "당신이 나를 막을 수 있는지 어디 한 번 해보세요."

부모 : "너는 술을 끊어야 해. 왜냐하면……."

수 (1) 도발-비난 혹은 용서 (2) 관대함-분노 혹은 실망

이득 (1) 심리 내적-(a) 절차로서 음주-반항, 열망의 확인과 만족. (b) 게임으로서 '알코올 중독자'-자기 처벌(거의 확실히) (2) 심리 외적-성적 친밀감과 그 밖에 다른 형태의 친밀감 회피 (3) 내적인 사회적-당신이 나를 막을 수 있는지 어디 한번 해보시라. (4) 외적인 사회적-'술 마신 다음날', '마티니', 기타 심심풀이 놀이 (5) 생물학적-사랑과 분노의 상호 교환이 번갈아 나타남. (6) 실존적-모든 사람이 내 권리를 박탈하려 한다.

'빚쟁이' 게임

'빚쟁이'는 그냥 게임이 아니다. 미국에서 이 게임은, 아프리카와 뉴기니의 일부 정글 지역에서 그러하듯이 하나의 대본, 즉 전 생애에 걸친 계획이 되는 경향이 있다.[2] 그 지역에서는 젊은 총각의 친척들이 엄청난 값을 치르고 신부를 사서 그에게 주고, 여러 해에 걸쳐 총각에

게서 그 빚을 받아낸다. 그래도 좀 더 문명이 발달했다고 할 수 있는 여기 미국에서도 똑같은 풍습이 만연하다. 다른 점이 있다면 신붓감이 아니라 집을 마련해야 한다는 것, 친척들에게 바랄 수 있는 게 없다면 은행이 그 역할을 대신해준다는 것뿐이다.

따라서 성공을 보증하기 위해 낡은 손목시계를 귀에 매달고 다니는 뉴기니의 젊은 남자도, 성공을 보증하기 위해 새 손목시계를 팔에 차고 다니는 미국의 젊은 남자도 자기들 인생에 '목표'가 있다고 느낀다. 결혼식이든 집들이든 성대한 축하연은 빚을 청산했을 때가 아니라 빚을 얻었을 때 열린다. 한 예로 텔레비전에서 부각해서 보여주는 것만 해도 마침내 주택 담보 대출금을 모두 갚은 중년 남성이 아니라, 방금 도장 찍은, 그리고 앞으로 그가 경제 활동을 하는 대부분의 기간 동안 그를 구속할 계약서를 휘날리며 가족을 이끌고 새 집으로 이사하는 젊은 남자다. 그가 주택 담보 대출금, 자녀들의 대학 교육비, 자신의 보험금까지 모든 빚을 갚고 나면, 그때부터 그는 사회가 물질적 안위뿐 아니라 새로운 '목표'까지도 제공해주어야 하는 '어르신'이 되어 골칫거리 취급을 받는다. 뉴기니에서와 마찬가지로 그가 정말로 영악하다면 그는 채무자가 아니라 큰손 채권자가 될 수도 있다. 하지만 그런 경우는 상대적으로 드물다.

지금 이 글을 쓰고 있는 책상 위로 쥐며느리 한 마리가 기어간다. 만약 이 녀석이 뒤집어진다면 다시 몸을 뒤집으려고 녀석이 죽을 둥 살둥 발버둥치는 모습을 볼 수 있을 것이다. 그러고 있는 동안 녀석의 삶에는 '목적'이 있다. 녀석이 성공하면, 그 얼굴에서 자랑스러워하는 표정마저 읽을 수 있을 것이다. 멀어져 가는 녀석을 바라보면서 나는 녀석이 맨 처음 만난 쥐며느리에게 자기 얘기를 들려주고, 그런 위업을 달성한 곤충으로서 젊은 세대의 존경을 받는 것을 상상할 수 있다. 그런데 녀석의 내로라하는 태도에는 약간의 실망감이 섞인다. 녀석은 이미 최정상에 올랐으므로 더는 삶에 목적이 없는 것처럼 느낀다. 어쩌면 녀석은 다시 한 번 승리를 맛보기 위해 돌아올지도 모른다. 녀석이 그런 모험을 했을 때 알아볼 수 있도록 녀석의 등에 검은 잉크로 표시를 해 두는 것도 좋을 것이다. 용기 있는 동물, 쥐며느리여. 녀석들이 수백만 년을 생존했다는 것도 놀라울 게 없다.

하지만 미국 젊은이들 대다수는 스트레스를 받을 때만 자신이 받은 주택 담보 대출을 심각하게 생각한다. 우울하거나 경제 사정이 나빠지면, 빚을 갚아야 한다는 의무감이 그들을 계속 움직이게 만들고 일부 젊은이들의 자살을 막아줄 수도 있다. 이 젊은이들은 대체로 '빚만 아니면'이라는 가벼운 게임을 하면서 지내는데, 그때 말고는 즐겁게 살아간다. 극소수만이 일삼아 힘겨운 '빚쟁이' 게임을 한다.

'받아가보시지' 게임은 젊은 부부들이 흔히 하는 게임인데, 어떤 방식으로 진행되더라도 게임을 하는 사람이 '이기'도록 게임이 설정되는 방식을 보여준다. 화이트 부부는 그들의 배경에 따라, 또 부모나 조부모로부터 게임에 대해 어떤 교육을 받았는지에 따라 예쁘거나 사치스러운 온갖 재화와 용역을 신용으로 사들인다. 만약 채권자가 몇 차례 노력 끝에 회수를 포기하면 화이트 부부는 아무런 죗값도 치르지 않고 자신들의 획득을 누릴 수 있다. 결국 그들이 게임에서 이긴 것이다. 만만약 채권자가 좀 더 맹렬하게 회수를 시도한다면 이번에 화이트 부부는 상품 이용은 물론이고 추격전의 쾌감까지 만끽하게 된다. 채권자가 회수를 결심하면 심각한 형태의 게임이 발생한다. 자기 돈을 받아내려면 채권자는 극단적인 수단을 동원해야 한다. 보통 화이트의 고용주를 찾아간다거나 큼지막한 글씨로 '채무 회수 대행'이라고 써 붙인 요란스럽게 치장한 시끄러운 트럭을 몰고 화이트의 집으로 가는 방법 등이 있다.

이때 반전이 일어난다. 화이트는 빚을 갚아야만 한다는 것을 안다. 그러나 대부분의 경우 채권자가 발송한 '최후 통첩'("48시간 내에 당사 사무실로 출두하지 않을 경우……")에 분명히 드러난 고압적인 태도 때문에 화이트는 적반하장으로 자기가 당연히 화를 낼 수 있다고 생각한다. 그래서 변형 '너 이번에 딱 걸렸어' 게임을 시작한다. 이 경우 채권자가 탐욕스럽고 무자비하며 믿지 못할 사람임을 입증하면 화이트가 이긴다. 이 게임에는 두 가지 명백한 이득이 있다. (1) 이것이 화이트의 실존적 입장, 즉 '채권자들이란 모두 갈취하는 것들이다'의 위장된 형태를 강화한다. (2) 화이트는 이제 '착한 조'라는 자신의 입지를 잃지 않으면서 친구들에게 드러내놓고 채권자를 욕할 수 있는 입장이 되었다는 점 때문에, 외적인 사회적 이득을 얻는다. 화이트는 또한 채권자에게 직접 맞섬으로써 더 큰 내적인 사회적 이득까지 얻어낼 수 있다. 게다가 이것은 화이트가 신용 거래 제도를 함부로 이용하는 것을 정당화한다. 한마디로, 화이트가 보여준 대로 채권자들이 이런 식이라면 무엇 때문에 성실하게 채무를 이행하겠냐는 것이다.

'내 돈을 떼먹어?' 형태의 '채권자' 게임은 소규모 임대업자들이 종종 벌이는 게임이다. '받아가보시지' 게임과 '내 돈을 떼먹어?' 게임을 하는 사람들은 서로 상대를 금방 알아보며, 예상되는 이득과 보장된 재미 때문에 내심 반가워하며 쉽게 서로 엮인다. 누가 돈을 따든, 게임이 모두 끝난 시점에는 두 사람 모두 상대방이 '왜 나한테는 항상 이런 일이 일어날까?' 게임을 할 입장을 강화한다.

돈이 관련되는 게임은 아주 심각한 결과를 불러올 수 있다. 이런 설명이, 일부 사람들에게 그렇게 보이듯이, 헛소리처럼 들린다면 그것은 사소한 것을 설명했기 때문이 아니라, 심각한 문제 뒤에 있는 사소한 동기가 드러나서다.

반(反)게임 '받아가보시지' 게임의 분명한 반게임은 즉각 돈을 갚으라는 요청이다. 하지만 선수급 '받아가보시지' 게임 행위자라면 그것을 피할 온갖 수단이 있으며, 비정하기 짝이 없는 채권자만 아니라면 대개 이 방법이 통한다. 본격적인 '받아가보시지', '내 돈을 떼먹어?' 게임 행위자들은 모두 명실상부한 프로들이다. 아마추어가 직업 도박사를 상대할 수 없듯이 아마추어들이 이들을 상대해서 이길 수는 없다. 아마추어는 이 게임에서 이길 가능성이 거의 없지만, 이런 게임에 참여해보았다는 것만으로 재미를 느낄 수는 있다. 두 게임 모두 전통적으로 살벌한 게임이기 때문에 프로로서는 아마추어 희생자로 하여금 결과를 비웃게 만드는 것보다 당황스러운 일은 없다. 금융계에서 이런 일은 완전 '아웃'으로 간주된다. 나에게 어떤 사람이 자기 경우를 털어놓은 바에 따르면, 길에서 우연히 마주친 채무자에게 비웃음을 던지는 일은 '얼간이' 게임을 하는 사람에게 반(反) '얼간이' 게임을 하는 것만큼이나 채무자에겐 당혹스럽고, 기운 빠지고, 황당한 일이라고 한다.

'나좀 차주세요' 게임

이 게임은 사회적 태도가 마치 '제발 저를 차지 말아주세요.'라는 표지를 달고 다니는 듯한 사람들이 하는 게임이다. 이것은 거의 참기 어려운 유혹이고, 결국 당연한 결과가 벌어지면 화이트는 애처롭게 울먹이며 말한다. "그러니까 차지 말라고 써 붙였잖아요." 그러고는 믿기 어렵다는 듯이 덧붙인다. "왜 나한테는 항상 이런 일이 일어나는 걸까요?"(줄여서 '왜 나한테') 임상적으로 '왜 나한테'는 내부로 투사되어 '정신 의학' 게임의 상투적 표현, "스트레스만 받았다 하면 완전히 무너져버립니다."로 위장될 수 있다. '왜 나한테'를 게임으로 만드는 한 가지 요소는 역(逆) 자부심, 즉 '당신보다 내가 더 불행하다'에서 온다. 이 요소는 편집증 환자들한테서 자주 볼 수 있다.

주변 사람들이 모두 마음씨가 고와서, 아니면 '저는 그저 도와드리려는 것뿐입니다' 게임만 해서, 그것도 아니면 사회적 관습이나 조직의 규범 때문에 별 도리가 없어서 주인공을 공격하는 일을 자제할 수도 있다. 그러면 그의 행동은 갈수록 도발적으로 변해서 한계를 넘어서고 결국 사람들이 어쩔 수 없이 공격을 하게 만든다. 이들이 사회에서 추방당하고 이성에게 버림받고 직장에서 쫓겨나는 것은 이렇게 하기 때문이다.

이에 상응하는 여성들의 게임은 '후줄근한'이다. 많은 경우 점잖은 집안 출신인 이들은 일부러 애를 써서 초라해진다. 이 여성들은 '그럴 듯한' 구실을 들어 자신의 소득이 생계 유지 수준을 절대 넘지 않도록 신경 쓴다. 어쩌다 횡재라도 하게 되면, 언제나 청년 사업가가 나타나서 그 돈을 탕진하는 것을 도와주고 대신 보잘것없는 판촉 회사나 그 비슷한 회사의 주식을 준다. 이 여성은 구어체로는 '엄마 친구'라고 불리며, 언제든 현명한 부모의 충고를 할 태세를 갖추고 다른 사람의 경험으로 대리 삶을 산다. 이들의 '왜 나한테' 게임은 침묵의 게임이며, 이들의 용감한 투쟁의 태도는 '왜 나한테는 항상 이런 일이 일어날까?'를 시사해줄 뿐이다.

많은 경우 스스로 기대한 이상으로 갈수록 더 많은 보상을 받고 성공을 거두며 적응을 잘하는 사람들한테서는 '왜 나한테' 게임의 재미 있는 형태를 볼 수 있다. 만약 여기서 '왜 나한테' 게임이 '내가 이런 것을 받을 자격이 있는 걸까?' 형태를 취한다면, 진지하고 건설적인 사고와 좋은 의미에서 개인의 성장을 이끌어낼 수도 있다.

'너 이번에 딱 걸렸어' 게임

이 게임의 고전적 형태는 포커 게임에서 볼 수 있다. 화이트가 이를테면 에이스 네 장 같은 무조건 이기는 패를 들었다 치자. 이때 화이트가 '너 이번에 딱 걸렸어' 게임을 하는 사람이라면 돈을 따는 것보다는 블랙을 완전히 자기 손아귀에 넣는 데 관심이 쏠린다.

하수관을 설치해야 하는 화이트는 배관공에게 일을 맡기기 전에 비용을 꼼꼼히 검토했다. 두 사람은 공사비를 확정하고 추가 비용은 없다는 데 합의했다. 하지만 나중에 배관공이 발급한 청구서에는 예상치 못하게 설치해야 했던 밸브 값이 추가 비용으로 포함되어 있었다. 총 비용 400달러 공사에서 4달러 정도 비용이 추가된 것이었다. 화이트는 불같이 화를 내며 배관공에게 전화해서 경위를 물었다. 배관공도 물러서지 않았다. 화이트는 장문의 편지를 써서 배관공의 도덕성과 성실성을 비난하며 추가 비용을 제하지 않으면 공사비를 지불하지 않겠다고 버텼다. 결국 배관공이 손을 들었다.

여기서 화이트와 배관공 둘 다 게임을 한다는 것을 한눈에 알 수 있다. 두 사람은 이미 타협하는 과정에서 각자 상대방의 가능성을 알아보았다. 배관공은 청구서를 발급하면서 도발적인 수를 던졌다. 화이트는 배관공에게 약속을 받아 둔 상태였기 때문에 배관공이 명백히 잘못한 것이다. 이제 화이트는 상대에게 격렬한 분노를 맘껏 터뜨릴 수 있는 합당한 이유를 손에 쥔 것 같은 기분이 든다. 악의 없는 싫은 소리는 조금 섞일지라도 점잖게 타협하는 것이 화이트 스스로 세운 어른의 기준에 맞는 방식이었다. 그런데도 화이트는 그렇게 하지 않고 추가 비용 건을 꼬투리 잡아 배관공의 삶 전체를 마구 깎아내렸다. 표면적으로 두 사람의 언쟁은 어른 대 어른이 벌이는, 청구액을 놓고 다투는 업무상 정당한 분쟁이었다. 하지만 심리적 수준에서 보면 이것은 부모 대 어른의 교류다. 화이트는 사소하지만 사회적으로 방어할 수 있는 반대 이유(입장)를 이용해서 여러 해 동안 쌓아 두었던 분노를 자기를 속인 상대에게 퍼부었던 것이다. 비슷한 상황에서 화이트의 어머니가 그에게 했을 법한 식으로 말이다. 화이트는 자신의 감춰진 태도('너 이번에 딱 걸렸어')를 금세 알아차렸고 배관공이 자기를 건드렸다 싶을 때 속으로 얼마나 쾌재를 불렀는지 깨달았다. 그러자 자신이 아주 어렸을 때부터 늘 이와 비슷한 부당한 일들을 기다리고 있다가 만나기만 하면 옳거니 하고 덤벼들어 맹렬히 악용해 왔다는 사실이 떠올랐다. 화이트의 기억에 떠오른 사례 가운데 많은 경우에서 그를 도발했던 애초의 사건이 무엇이었는지는 기억도 나지 않았다. 하지만 거기서 불거진 싸움 과정은 시시콜콜히 기억할 수 있었다. 배관공이 '왜 나한테는 항상 이런 일이 일어날까?' 게임의 변형 게임을 벌이고 있었다는 것은 누가 봐도 분명하다.

'너 이번에 딱 걸렸어' 게임은 '정말 너무 심하죠?'와 구별해야 하는 2자 게임이다. '정말 너무 심하죠?' 게임을 하는 사람이 부당한 일을 찾을 때는 제3자에게 그것을 호소하려는 것이다. 따라서 이때는 공격자, 희생자, 털어놓을 사람이 관련되는 3자 게임이 된다. '정말 너무 심하죠?'는 "비참할 땐 친구가 절실하다."라는 표어를 내걸고 진행되는 게임이다. '왜 나한테는 항상 이런 일이 일어날까?'도 3자 게임이지만 가장 비참한 자의 자리를 차지하려는 게임이며, 이 게임을 하는 사람은 다른 사람이 비참함으로 도전해 오는 것을 아주 불쾌하게 여긴다. '너 이번에 딱 걸렸어' 게임은 '미인계'라는 전문적 3자 게임 형태로 상업화되어 있다. 이 게임은 또, 다소 교묘한 형태로 2자 간 부부 게임으로 나타날 수도 있다.

반(反)게임 최선의 반게임은 올바른 행위다. '너 이번에 딱 걸렸어' 게임을 하는 사람과는 관계의 계약 구조를 처음부터 상세히 명시해 두어야 하며, 규칙을 엄격히 따라야 한다. 예를 들어 심리 치료 상황의 경우, 예약 시간을 지키지 않거나 약속을 취소할 때 치료비를 어떻게 할지를 애초에 분명하게 정해야 하고, 장부에 기록하는 데 실수가 없도록 각별히 주의를 기울여야 한다. 만약 예상치 못한 분쟁이 벌어졌다면 필요한 반게임은 언쟁 없이 조금씩 양보하면서 치료자가 게임을 다룰 준비가 될 때까지 시간을 버는 것이다. '너 이번에 딱 걸렸어' 게임을 하는 사람을 상대해야 할 위험은 일상생활에 언제나 도사리고 있다. 이 게임을 하는 사람의 아내는 특히 정중하고 경우 바르게 대해야 하며, 아주 가벼운 희롱이나 지분거림이나 얕보는 태도도 절대 삼가야 한다. 그 남편이 그것을 부추기는 것 같아 보일 때는 더욱 그렇다.

》게임 분석《

핵심 너 이번에 딱 걸렸어! 이 나쁜 놈

목표 정당화

역할 희생자, 공격자

심리 역학 질투 어린 격노

사례 (1) 너 이번에 제대로 걸렸어, (2) 질투하는 남편

사회적 패러다임 어른―어른

어른 : "이것 보라고, 잘못한 것은 당신이야."

어른 : "당신 말을 듣고 보니, 내가 잘못한 것 같군요."

심리적 패러다임 부모-아이

부모 : "내가 너 언젠가는 실수하겠지 하고 바라면서 계속 지켜봤지."

아이 : "이번에 제대로 잡으셨군요."

부모 : "맞아, 그래서 이참에 내가 얼마나 화가 났는지 단단히 보여주려고."

수 (1) 도발-비난 (2) 방어-비난 (3) 방어-처벌

이득 (1) 심리 내적-분노의 정당화 (2) 심리 외적-자기 결함에 대한 직면 회피 (3) 내적인 사회적-'너 이번에 딱 걸렸어' (4) 외적인 사회적-그들은 항상 나를 노리고 있다. (5) 생물학적-보통 동성 간에 이루어지는 호전적 상호 작용 (6) 실존적-사람은 믿을 것이 못 된다.

'당신 때문이야' 게임

이 게임의 고전적 형태는 아내와 남편 게임이며, 사실은 '3성급 결혼 파괴자'이지만, 부모 자식 간이나 직장 생활에서도 나타날 수 있다.

(1) 1단계 '당신 때문이야' : 사람을 상대하는 게 피곤해진 화이트는 사람들을 피해 혼자 할 수 있는 활동에 몰두한다. 이 순간 화이트가 원

하는 것은 단지 혼자 있고 싶다는 것인지도 모른다. 방해꾼, 이를테면 아내나 자녀 가운데 누군가 그에게 어루만짐을 바라고 다가오거나 아니면 "펜치 어디 있는지 아세요?" 같은 걸 물어보려고 그에게 온다. 바로 이런 방해 때문에 화이트가 마침 손을 대고 있던 끌이나 붓, 타자기, 납땜인두에서 손이 미끄러진다. 그러자 화이트가 불같이 화를 내며 방해꾼에게 돌아서며 소리친다. "당신 때문에 이렇게 됐잖아!" 이런 일이 여러 해 동안 반복되면 가족들은 그가 뭔가에 몰두해 있을 때는 그를 절대로 건드리지 않고 혼자 놔두게 된다. 물론 그 실수를 '일으킨' 것은 방해꾼이 아니라 그 자신의 과민함이었으며, 그 일이 벌어졌을 때 그는 방문자를 추방할 수 있는 구실이 생겨 기쁠 따름이었다. 불행하게도 이 게임은 어린아이들이 너무나 쉽게 배우는 게임이라서 한 세대에서 다음 세대로 쉽게 전해진다. 게임이 유혹적으로 진행될수록 이 게임 저변에 있는 만족과 이득이 좀 더 명확히 드러난다.

(2) 2단계 '당신 때문이야' : '당신 때문이야'가 기본 생활 방식이 되면, 화이트는 자기 보호 기제로 이따금 이 게임을 써먹는 정도가 아니라 아예 '저는 그저 도와드리려는 것뿐입니다' 게임이나 그 비슷한 게임을 하는 여성과 결혼한다. 그렇게 해서 화이트는 모든 결정을 손쉽게 아내에게 떠넘길 수 있게 된다. 많은 경우 이런 행동을 자상함이나 남자답게 여성을 배려하는 것으로 위장하기도 한다. 화이트는 외식 장소나 영화를 고를 때 여성을 존중하며 정중하게 상대방이 선택하도록 한다. 결과가 좋으면 그는 그저 즐기면 된다. 결과가 좋지 않으면, '당

신 때문이야'의 단순 변형인 '당신이 가자고 했잖아'를 그대로 말하거나 그런 뉘앙스로 상대를 탓할 수 있다. 다른 경우, 자녀 양육과 관련한 결정을 아내에게 떠넘기고 자기는 감독 역만 할 수도 있다. 아이가 어긋나면 화이트는 전형적인 '너/당신 때문이야' 게임을 할 수 있다. 이것으로, 나중에 아이가 잘못되었을 때 두고두고 아이 엄마 탓을 할 수 있는 기반이 마련된다. 이때의 '당신 때문이야'는 그 자체가 목적이 아니고, '그러게 내가 뭐랬어' 게임이나 '당신이 무슨 짓을 했는지 이제 알겠지' 게임을 할 수 있도록 이끌어주는 일시적 만족을 제공해줄 뿐이다.

심리적 통로를 '당신 때문이야'로 포장한 프로 게임 행위자들은 이 게임을 직장에서도 사용하려고 한다. 직장판 '당신 때문이야' 게임에서는 오래 참아주는 못마땅한 표정이 말을 대신한다. 게임 행위자는 '민주적으로' 또는 '훌륭한 관리'의 일환으로 부하 직원에게 제안을 하도록 권한다. 이런 식으로 그는 부하 직원들을 탓해도 누가 뭐라 할 수 없는 입지를 만드는 것이다. 그가 어떤 실수를 해도 그걸로 부하 탓을 하기 때문에 모두 부하들에게 불리하게 돌아간다. 이 게임을 (자기가 저지른 실수에 상사 탓을 하며) 상사들에게 사용하면, 자기 파괴적인 게임이 되어 해고당하거나 또는 군대에서라면 다른 부대로 전출당할 수 있다. 이 경우 이 게임은 반항적인 사람들에게서는 '왜 나한테는 항상 이런 일이 일어날까?', 우울한 사람들에게서는 '내가 또 이렇군' 게임의 요소가 된다. (두 가지 모두 '나 좀 차주세요' 종류의 게임이다.)

(3) 3단계 '당신 때문이야' : 아무 생각 없이 편집증 환자에게 충고를 했다가는 심각한 형태의 '당신 때문이야' 게임에 휘말릴 수도 있다.('저는 그저 도와드리려는 것뿐입니다' 참조) 그런 경우 이 게임은 위험할 수 있으며 극소수의 경우에는 치명적일 수도 있다.

'당신 때문이야'와 '당신이 했잖아' 게임은 서로 잘 보완해주기 때문에, '당신 때문이야' – '당신이 했잖아' 조합은 많은 결혼 뒤에 감춰진 게임 계약의 고전적 기반이 된다. 다음에 예시하는 연쇄 과정이 이 계약을 잘 보여준다.

화이트 부부는 서로 합의하여 남편은 '숫자에 어두우니' 부인이 집안의 금전 출납부를 관리하며 부부 공동 명의 당좌계좌에서 필요한 지출을 맡기로 정했다. 부부는 몇 달에 한 번꼴로 은행으로부터 초과 인출 통지를 받았고 그때마다 남편이 일을 처리해야 했다. 왜 이런 일이 벌어지는지 알아보니 부인이 남편에게 말하지 않고 비싼 물건들을 사들여 왔다는 것이 드러났다. 이것이 밝혀지면 화이트는 노발대발하며 '당신이 했잖아' 게임을 하게 마련이고 그러면 부인은 눈물을 흘리며 남편의 비난을 받아들이고는 다시는 이런 일이 없을 거라고 약속할 것이다. 한동안 만사가 잘 돌아가는 듯하더니, 어느 날 갑자기 어떤 채권자 대리인이 나타나서는 장기 연체된 채무를 이행해 달라고 요구한다. 이런 채무를 들어보지도 못한 남편은 부인에게 어찌된 일인지 묻는다. 이때 부인은 이게 다 남편 탓이라며 '당신 때문이야' 게임으로 나온다. 남편이 과다 인출을 못하게 하니 가게 수지를 맞추려면 이 큰 건은 해결할 수 없었고 남편한테는 독촉장을 감출 수밖에 없었다는 것이다.

이 게임들은 생길 때마다 이번이 마지막이다, 앞으로 달라질 것이다—실제로 그렇기도 하다, 단 몇 달간은!—하면서 이런 식으로 10년 동안 지속되어 온 상태였다. 치료에서 화이트는 치료자의 아무런 도움 없이도 이 게임을 아주 영리하게 분석했으며, 효과적인 대책까지 생각해냈다. 부부는 서로 합의하여, 모든 당좌예금 계좌와 보통예금 계좌를 남편 이름으로 개설하기로 했다. 금전 출납 관리는 부인이 계속 맡지만 남편이 고지서를 먼저 보고 굵직굵직한 지출을 통제한다. 이렇게 하면 남편이 모르는 빚이나 과다 인출이 생길 수 없고, 재정 관리 부담을 분담할 수도 있다. '당신 때문이야'— '당신이 했잖아' 조합 게임에서 얻는 만족과 이득이 사라지자 화이트 부부는 처음에는 당혹스러워했지만, 서로에게서 좀 더 개방적이고 건설적인 형태의 만족을 찾는 쪽으로 나아갈 수 있었다.

반(反)게임 1단계 '당신 때문이야'의 반게임은 주인공을 혼자 두는 방법이고, 2단계 '당신 때문이야'의 반게임은 결정을 다시 화이트에게 돌리는 방법이다. 1단계 게임을 하는 사람은 버려진 느낌에는 반응하지만 분노에는 거의 반응이 없다. 2단계 게임을 하는 사람은 자기가 주도해야 하는 상황이 되면 심술을 부릴 수 있기 때문에 체계적인 반(反) '당신 때문이야'는 바람직하지 않은 결과를 낳을 수 있다. 3단계 '당신 때문이야'의 반게임은 유능한 전문가의 손에 맡기는 것밖에 없다.

부차적 분석 이 게임의 목표는 변명이다. 심리 역학으로 보았을 때 가벼운 유형은 조루증, 심각한 유형은 '거세' 불안에 뿌리를 둔 분노와 관련이 있을 수 있다. 심리 외적 이득(책임 회피)이 두드러지며, 친밀감이 닥쳐 올 때 느끼는 위협에서 이 게임이 촉발되는 경우가 많다. 왜냐하면 '정당한' 분노는 성관계를 피할 수 있는 좋은 핑계를 제공하기 때문이다. 이 게임의 실존적 입장은 '나는 아무 잘못이 없다'이다.

7장
아내와 남편 게임

거의 모든 게임이 결혼 생활과 가족 생활의 발판이 될 수 있다. 그러나 특히 '당신만 아니었으면' 같은 게임이 활발하게 일어나며, '냉담한 여성' 같은 게임은 계약적 친밀감의 법적 구속력 때문에 특히 오래 용인된다. 성적인 게임과 '아내와 남편' 게임을 별도로 다루는 것은 물론 임의적인 기준일 뿐이다. 특히 결혼 관계를 둘러싸고 많이 나타나는 게임으로는 '궁지로 몰기', '법정 공방', '냉담한 여성', '냉담한 남성', '완벽한 주부', '당신만 아니었으면', '난 죽도록 노력했어요', '닭살 커플' 등이 있다.

'궁지로 몰기' 게임

'궁지로 몰기' 게임은 사람을 조종하려는 의도와 친밀감을 가로막는 장벽이라는 게임 본연의 기능을 다른 어떤 게임보다도 분명하게 보여준다. 역설적으로 이 게임은 상대의 게임에 맞춰주지 않겠다는 음흉한 거부로 이뤄진다.

1. 화이트 부인이 남편에게 영화를 보러 가자고 제안한다. 남편이 이에 동의한다.

2a. 화이트 부인이 '무의식적' 실수를 한다. 대화 중에 아주 자연스럽게 집에 칠을 해야겠다고 말했던 것이다. 칠은 큰 돈이 드는 일이다. 화이트는 얼마 전에 재정 상태가 좋지 않다고 이미 아내에게 말했고, 적어도 다음 달 초까지는 특별한 지출 얘기를 꺼내서 곤란하게 만들거나 화를 돋우지 말아 달라고 부탁까지 해놓은 터였다. 따라서 지금은 집 관리 얘기를 꺼내기에는 안 좋은 시점이었다. 이에 화이트가 거칠게 반응한다.

2b. 대안 : 화이트가 대화를 집 문제로 몰아가서 부인으로 하여금 칠을 해야겠다고 말하고 싶은 유혹을 견디기 어렵게 만든다. 앞의 경우에서처럼 화이트는 거칠게 나온다.

3. 화이트 부인이 공격에 나서며, 남편이 또 기분이 나빠진 거라면 같이 영화 보러 가고 싶지 않으니까 갈 테면 혼자 가라고 말한다. 남편은 당신이 정 그렇다면 혼자 가겠다고 말한다.

4. 화이트가 영화를 보러 나가고 (아니면 아들을 데리고 외출하여) 부인은 혼자 남아 상처 입은 마음을 어루만진다.

이 게임에는 두 가지 가능한 속임수가 있다

A. 화이트 부인은 과거 경험으로 남편의 짜증을 심각하게 받아들여서는 안 된다는 것을 잘 알고 있다. 남편이 정말로 원하는 것은 가족을 먹여 살리려고 자기가 얼마나 열심히 일하고 있는지 조금이라도 알아주는 티를 내주는 것뿐이다. 그랬다면 두 사람은 행복하게 같이 외출할 수 있었을 것이다. 그런데 부인이 그 게임을 거부하는 바람에 남편은 완전히 기운이 빠져 버린다. 화이트는 있는 대로 실망하고 화가 나서 나가버린다. 반면에 부인은 학대를 받은 것처럼 보이지만 남 몰래 승리감을 느끼며 집에 남는다.

B. 화이트는 과거 경험으로 아내의 언짢은 기분을 심각하게 받아들여서는 안 된다는 것을 잘 알고 있다. 아내가 정말로 원하는 것은 몇 마디 달콤한 말로 달래주는 것이다. 그랬다면 두 사람은 같이 행복하게 외출할 수 있었을 것이다. 그런데 화이트는 자신이 아내가 걸어 온 게임을 거부하는 것이 솔직하지 못하다는 것을 알면서도 게임을 거부했다. 아내가 달래주기를 기다린다는 것을 알면서도 남편은 모른 체한다. 화이트는 한 시름을 덜고 의기양양해서 집을 나서지만 푸대접받은 것처럼 보인다. 부인은 실망하고 화가 난 채로 집에 남는다.

순진한 사람이 보기엔 두 경우 모두 승자의 입장이 흠잡을 데 없다. 남편이나 아내가 한 것이라곤 상대의 말을 곧이곧대로 받아들인 것뿐이다. 이것은 함께 외출하지 않겠다는 아내의 말을 화이트가 액면 그대로 받아들인 B의 경우에 더 분명하다. 두 사람 모두 이것이 거짓임을 안다. 하지만 그렇게 말한 것이 부인이기 때문에 부인이 궁지에 몰린다.

이 게임에서 가장 명백한 이득은 심리 외적인 것이다. 두 사람 모두 영화에서 성적인 자극을 받고, 집에 돌아와서 섹스를 하게 되리라는 것을 어느 정도 예상하고 있다. 따라서 어느 쪽이든 친밀감을 피하고 싶은 사람이 (2a)나 (2b)로 흘러가는 게임을 시작한다. 이 게임은 특히 사람의 화를 돋우는 변종 '난리법석'(9장 참조) 게임이다. 푸대접 받은 쪽은 당연히, 누가 봐도 화가 치밀어 오를 만한 상태에서 성관계를 하고 싶지 않은 충분한 이유를 갖게 되며, 궁지에 몰린 배우자는 별다른 도리가 없다.

반(反)게임 화이트 부인에게는 간단한 일이다. 마음을 바꿔서 남편을 두 팔로 끌어안고 웃어주고 같이 외출하면 된다(아이에서 어른 자아 상태로 전환). 그런데 화이트에게는 한층 어렵다. 지금 주도권을 쥔 것은 부인이기 때문이다. 하지만 그가 전체 상황을 잘 살펴본다면, 누군가 달래주자 못 이기는 척하는 샐쭉한 아이로서 아니면 더 바람직하게는 어른으로서 아내를 달래서 같이 외출할 수 있을 것이다.

'궁지로 몰기' 게임은 아이들이 참여하는 가족 게임에서 조금 다른 형태로 나타나기도 한다. 여기서 게임은 그레고리 베이트슨(Gregory Bateson)과 그의 동료들이 '이중 구속'이라고 부른 것과 비슷하다.[1] 여기서는 아이가 궁지에 몰리고, 무슨 일을 해도 다 잘못이 된다. 베이트슨 학파에 따르면 이런 상황은 정신분열증 발병에 중요한 요인이 될 수도 있다. 그렇다면 게임 언어로 말해서 정신분열증이란, '궁지로 몰기' 게임에 대한 아이의 반(反)게임이라 할 수 있다. 성인 정신분열증 환자를 게임 분석으로 치료한 경험이 이 가설을 입증해준다. 즉 가족의 '궁지로 몰기' 게임을 분석해서 정신분열증적 행동이 게임에 대항하려는 특별한 목적으로 시작했던 것이고, 지금도 여전히 같은 태도를 취하고 있다는 것을 보여주면 잘 준비된 환자라면 그 내부에서 부분적이거나 완전한 진정 효과가 나타난다.

온 가족이 참여하는 게임이자 어린 자녀들의 인격 발달에 가장 영향을 끼치기 쉬운 일상생활형 '궁지로 몰기' 게임은 지긋지긋하게 잔소리를 해대는 '부모형' 부모 밑에서 일어난다. 부모는 아이에게 집안일을 더 많이 도우라고 닦달하지만, 막상 아이가 일을 하면 부모는 아이가 한 일에서 흠집을 찾아낸다. '해도 욕먹고 안 해도 욕을 먹는' 상황의 가정형 사례가 될 것이다. 이런 '이중 구속'은 '궁지로 몰기' 게임의 딜레마 유형이라고 부를 수 있다.

'궁지로 몰기' 게임은 때로 천식을 앓는 아동들에게서 유발 요인의 하나로 확인된다.

    어린 여자아이 : "엄마, 엄마는 나 사랑해?"
    엄마 : "사랑이 뭔데?"

이 엄마의 대답은 아이를 아무 대책 없는 상태에 빠뜨린다. 아이는 엄마 이야기를 하고 싶은데 엄마가 주제를 철학으로 돌변시켰고, 아이는 그 문제를 다룰 준비가 되어 있지 않다. 아이는 숨을 쉬기가 어려워지고 엄마는 짜증이 나면서 천식이 시작되는 것이다. 엄마가 사과하면 그때부터 '천식 게임'이 제대로 펼쳐진다. 이러한 '천식' 유형 '궁지로 몰기' 게임은 아직 더 많은 연구가 필요하다.

'궁지로 몰기' 게임이 고상한 형태로 변형된, '러셀-화이트헤드 유형'이라고 불러도 좋을 만한 게임은 치료 집단에서 종종 벌어진다.

블랙 : "글쎄요. 어쨌든 침묵이 흐를 때는 아무도 게임을 안 하고 있는 거네요."
화이트 : "침묵 자체가 게임일 수도 있지요."
레드 : "오늘은 아무도 게임을 안 하고 있었어요."
화이트 : "하지만 게임을 하지 않는 것 자체가 하나의 게임이 될 수도 있어요."

치료적 반(反)게임 역시 동일하게 고상하다. 이것은 논리적 역설을 금지하는 방법이다. 화이트에게서 이 술책을 걷어내고 나면 그의 내면에 깔려 있던 불안이 순식간에 드러난다.

한편으로는 '궁지로 몰기' 게임과 다른 한편으로는 '후줄근한' 게임과 긴밀하게 결합한 아내와 남편 게임으로 '도시락 가방'이 있다. 남편은 얼마든지 고급 식당에서 점심 식사를 할 수 있는 형편인데도 아침마다 손수 샌드위치를 만들어서 종이 쇼핑백에 담아 들고 출근한다. 이렇게 해서 남편은 굳은 식빵, 어제 저녁 식사 후 남은 음식, 아내가 버리지 않고 모아 둔 쇼핑백을 다 없앨 수 있다. 이런 행동은 가정 재정을 안전히 장악하도록 해준다. 도대체 어떤 아내가 이렇게 희생적인 남편을 두고 밍크 숄을 살 수 있겠는가? 남편은 점심을 혼자 먹거나 못 다한 일을 점심시간에 할 수 있는 특혜 따위의 다른 부수적인 이득까지 챙길 수 있다. 여러 면에서 이것은 벤저민 프랭클린(Benjamin Franklin)이 봤더라도 인정했을 만한 건설적인 게임이다. 이 게임이 절약과 근면함과 정확함이란 미덕을 장려하기 때문이다.

'법정 공방' 게임

이 게임은 그 내용을 기술할 때 법률에서 현란한 표현을 찾는 유형에 속하는데, 같은 유형으로 '의족'(심신상실 무죄 주장) 게임과 '빚쟁이'(민사 소송) 게임 따위가 있다. 임상적으로는 부부 상담이나 부부 심리 치료 집단에서 가장 많이 볼 수 있다. 실제 일부 부부 상담과 부부 치료 집단은 아무런 해결 없이, 영원히 계속되는 '법정 공방' 게임으로 이뤄지기도 한다. 게임이 절대 끝나지 않기 때문이다. 그런 경우 상담자나 치료자마저 미처 의식하지 못하고 게임에 깊숙이 관여하고 있음이 분명히 드러난다.

'법정 공방' 게임은 인원수에 관계없이 할 수 있는 게임이지만 기본적으로는 원고, 피고, 판사를 대표하는 남편, 아내, 치료자로 구성되는 3자 게임이다. 치료 집단 혹은 라디오나 텔레비전 방송인 경우 지켜보는 청중이 배심원 역을 맡는다. 남편이 애처롭게 말을 시작한다. "아내가 어제 무슨 짓을 했는지 말씀드리겠습니다. 집사람 때문에……. 어쩌고저쩌고." 그러면 부인이 스스로 변호하며 반발한다. "어떻게 된 건지 말씀드리겠습니다. …… 게다가 남편은 …… 바로 전에 …… 아무튼 그때 우리 두 사람 다……. 어쩌고저쩌고." 남편이 당당하게 말을 보탠다. "네, 저는 여러분들이 양쪽 이야기를 모두 들으실 수 있어서 다행이라고 생각합니다. 저는 오직 공정한 판단을 바랄 뿐입니다." 이 시점에서 상담자가 적절히 판단을 내리며 말한다. "제가 보기에 ……를 고려할 때……. 어쩌고저쩌고." 만약 청중이 있다면 치료자는 이렇게 말하면서 이 역할을 청중에게 돌릴 수도 있다. "다른 분들은 어떻게 생각하시는지 들어보죠." 집단이 이미 훈련이 잘된 경우라면 치료자의 지시가 없어도 집단 스스로 배심원 역할을 할 것이다.

반(反)게임 치료자가 남편에게 이렇게 말하는 것이다. "당신이 전적으로 옳습니다!" 남편이 흡족해서 혹은 의기양양해서 긴장을 풀었을 때, 치료자가 질문을 던진다. "제가 그렇게 말하니까 어떠세요?" 남편이 대답한다. "좋아요." 이때 다시 치료자가 말한다. "사실 저는 선생님 잘못이라고 생각합니다." 만약 남편이 솔직한 사람이라면 이렇게 말할 것이다. "저도 처음부터 알고 있었습니다." 그런데 솔직하지 못한 사람이라면 게임이 계속 진행되고 있다는 것을 분명히 보여주는 반응으로 나올 것이다. 그러면 문제로 좀 더 깊이 들어갈 수 있다. 원고는 겉으로는 득의양양하지만 마음 깊은 곳에서는 자기가 틀렸다고 생각하는데, 이 게임의 요소는 바로 거기에 있다.

상황을 명료하게 파악할 수 있을 만큼 충분한 임상 자료를 수집하면 모든 반게임 가운데 가장 우아한 형태이 술책을 써서 게임을 막을 수 있다. 집단 내에서 (문법적) 3인칭 사용을 금지하는 규칙을 정하는 것이다. 그때부터 집단 구성원들은 서로를 직접 '당신/너'라고만 부를 수 있고 자신을 '저/나'로만 칭할 수 있을 뿐, "그이에 대해서 말씀드리죠."라든지 "집사람에 대해서 말씀드리죠." 같은 말은 할 수 없다. 이 시점에서 부부는 집단에서 하던 모든 게임을 중단하거나, 좀 더 개선된 '닭살 커플' 게임으로 돌아서든가 아니면 전혀 도움이 안 되는 '게다가' 게임으로 빠지기도 한다. '닭살 커플' 게임은 다른 항목에서 설명할 것이다.(154쪽). '게다가' 게임에서는 원고가 피고의 갖가지 죄상을 계속 고발한다. 그럴 때마다 피고는 "어떻게 된 건지 말씀드리죠."로 대응한다. 원고는 피고의 주장을 모두 귓등으로 흘려듣다가 피고가 말을 멈추기가 무섭게 또다시 '게다가'를 붙여서 다음 고발을 쏘아댄다. 그러면 거기에 또 다른 설명이 따른다. 전형적인 부모-아이 상호 작용이다.

'게다가' 게임은 피고가 피해망상일 때 가장 격렬해진다. 편집증적인 사람들은 융통성이 매우 부족하기 때문에, 유머나 은유를 쓰는 사람들은 이들에게 쉽게 좌절을 느낀다. 일반적으로 비유는 '게다가' 게임에서 피해야 할 가장 노골적인 함정이다.

일상생활에서 나타나는 형태로는, 두 형제자매와 부모 사이에 벌어지는 아이들의 3자 게임에서 '법정 공방' 게임을 쉽게 관찰할 수 있다. "엄마, 언니가 내 사탕 뺏어 갔어요." "그치만 얘가 먼저 내 인형 뺏었어요. 아까는 나를 때렸고요. 그리고 사탕은 나눠 먹기로 했단 말이에요."

》게임 분석《

핵심 그들이 내가 옳다고 했다.

목표 안도감

역할 원고, 피고, 판사(경우에 따라 배심원)

심리 역학 형제 간 경쟁

사례 (1) 아이들끼리 싸우고 부모가 개입 (2) '도움'을 찾는 부부

사회적 패러다임 어른-어른

어른 : "이게 그녀가 저에게 한 짓입니다."

어른 : "진짜 사실은 이렇습니다."

심리적 패러다임 아이-부모

아이 : "내가 맞다고 말해주세요."

부모 : "얘가 옳다." 아니면 "너희 둘 다 옳다."

수 (1) 호소의 장-방어의 장 (2) 원고가 반박 증거, 양보, 선의의 제안을 제기 (3) 판사의 결정이나 배심원의 지시 (4) 최종 판결 선고

　이득 (1) 심리 내적-죄책감의 투사 (2) 심리 외적-죄책감의 면책 (3) 내적인 사회적-'닭살 커플', '게다가', '난리법석' 등등 (4) 외적인 사회적-'법정 공방' (5) 생물학적-판사와 배심원의 어루만짐 (6) 실존적-우울증적 입장, 즉 '항상 내가 잘못이지.'

'냉담한 여성' 게임

　이것은 거의 언제나 부부 게임이다. 왜냐하면 비공식적 관계에서는 충분한 기간 동안 이 게임에 필요한 기회나 특권을 제공하거나, 아니면 그런 것이 없는데도 그 관계가 유지될 가능성이 거의 없기 때문이다.

　남편이 아내에게 다가갔다가 퇴짜를 맞는다. 몇 번을 계속 시도하자 아내가 남편에게 남자들은 죄다 짐승이다, 당신은 나를 정말로 사랑하는 게 아니거나 아니면 나를 있는 그대로 사랑하지 않는다, 당신이 생각하는 거라곤 섹스뿐이다 따위의 말을 퍼붓는다. 남편은 한동안 단념했다가 다시 시도하지만 결과는 마찬가지다. 결국 남편이 제풀에 단념하고 더는 접근하지 않는다. 몇 주가 지나고 몇 달이 지나면서 아내는 갈수록 내외하지 않게 되고 때로는 방심 상태가 되기도 한다. 속옷 바람으로 거실을 돌아다니기도 하고 샤워하러 욕실에 들어갈 때 수건을 놓고 들어가서 남편이 가져다주어야 하는 경우도 있다. 아내가 제대로 게임을 하는 사람이라면, 또는 그렇지 않더라도 술을 많이 마시면 파티에서 다른 남자들과 시시덕거릴 수도 있다. 결국 이런 도발에 남편이 반응해서 또다시 도전하고, 다시 한 번 퇴짜를 맞는다. 그러면 이제 두 사람의 최근 행동, 다른 부부들, 시부모와 장인 장모, 집안의 돈 문제, 두 사람의 결점들까지 모두 들먹여지다가 결국 한 사람이 방문을 쾅 닫고 나가버리는 것으로 끝나는 '난리법석' 게임이 시작된다.

　이번에는 남편이 정말 끝내겠다고 결심하고 성관계 없는 '생활 방식'으로 살아보리라 작정한다. 몇 달이 흐른다. 남편은 아내가 속옷 바람으로 퍼레이드를 하든 욕실에서 수건을 찾든 정중히 모른 체한다. 아내는 갈수록 더 도발적으로 허물없이 행동하고 더 도발적으로 무방비 상태를 만들지만 남편은 끝까지 버틴다. 그러던 어느 날 밤, 아내가 아예 남편에게 접근해서 키스한다. 남편은 자기의 결심을 떠올리며 처음에는 반응하지 않지만, 오랫동안 굶주린 상태이기 때문에 이내 자연스럽게 반응을 보이기 시작하고, '이번에는 정말 됐구나' 생각한다. 남편이 처음에 시험 삼아 다가가면 아내는 거부하지 않는다. 이에 남편이 점점 더 대담해진다. 그러다 아주 결정적인 순간에 아내가 물러서며 소리친다. "이것 보라고, 내가 뭐랬어! 남자들은 다 짐승이야, 짐승! 나는 그냥 애정을 원했는데 당신이 생각하는 거라곤 섹스밖에 없잖아!" 이 시점에서 시작되는 '난리법석' 게임에서는 상대방의 최근 행동이나 양가 부모님을 거론하는 예비 단계는 건너뛰고 곧장 돈 문제로 넘어가기도 한다.

여기서 우리는, 자신은 아니라고 주장하지만 남편도 아내만큼이나 성적 친밀감을 두려워하며 그래서 자신의 문제 있는 성적 능력에 지나친 요구를 할 위험을 최소화할 수 있는 짝을 용의주도하게 선택했다는 데 주목해야 한다. 남편은 이제 자신의 성적 능력이 약한 탓을 부인 몫으로 돌릴 수 있다.

이 게임은 일상생활에서는 연령이 다양한 미혼 여성들이 즐기며, 그래서 이 게임을 하는 여성들한테는 흔한 음담패설류 별명이 쉽게 붙는다. 이런 여성들에게서 이 게임은 분노의 게임, 즉 '유혹' 게임과 결합하는 경우가 많다.

반(反)게임 이 게임은 위험한 게임이며, 반게임 역시 그만큼 위험하다. 다른 애인을 만드는 방법은 일종의 도박이다. 자극적인 경쟁자가 등장하면 아내가 게임을 포기하고 정상적인 결혼 생활을 다시 시작하려고 노력할 수도 있지만, 아무래도 너무 늦었다고 봐야 한다. 반대로 아내가 남편의 바람을 이용할 수도 있다. 즉 남편의 바람을 '너 이번에 딱 걸렸어' 게임에서 남편을 공격할 무기로 이용하는 경우인데, 이때 흔히 변호사의 도움을 받기도 한다. 남편만 심리 치료를 받을 경우에도 역시 어떤 결과가 나올지 예측하기 어렵다. 남편이 강해짐에 따라 부인이 벌이는 게임이 무너져서 좀 더 건강하게 적응하는 쪽으로 갈 수도 있지만, 만약 부인이 만만치 않을 경우 남편이 강해지면서 결국 이혼으로 갈 수도 있다. 최선의 해결책은 가능하다면 게임 뒤에 감춰진 여러 이득과 두 사람의 기본적인 성적 병리를 드러내 보여주는 교류 분석을 이용하는 부부 치료 집단에 부부가 함께 참여하는 것이다. 이 참여를 계기로 두 사람 모두 각자의 집중적인 개인 치료에 관심을 보일 수도 있으며, 그것이 두 사람의 심리적 재결합을 이끌지도 모른다. 혹 그렇게까지는 아니더라도 적어도 두 사람이 치료를 받지 않았을 때보다는 더 분별 있게 상황에 적응할 수는 있을 것이다.

이 게임의 점잖은 반게임은 다른 사회적 친구를 찾는 것이다. 심술궂고 더 잔인한 일부 반게임은 부도덕하고 심지어 범죄가 될 수도 있다.

관련 사항 이 게임이 역전된 '냉담한 남성' 게임은 덜 흔하지만 세부 사항이 조금 다른 것만 빼면 전체 진행 과정은 똑같다. 최종 결과는 관련된 두 사람의 인생 각본에 따라 달라진다.

'냉담한 여성' 게임의 결정적 장면은 '난리법석' 게임의 마지막 단계에서 나타난다. 게임이 일단 궤도에 오르면, 양쪽 모두 '난리법석' 게임에서 도착된 만족을 느끼고 두 사람 모두 더는 상대로부터 성적 흥분을 느낄 필요가 없기 때문에 성적 친밀감은 전혀 문제가 되지 않는다. '난리법석' 게임의 용도는 '냉담한 여성' 게임과 '아빠, 저를 때려주세요' 게임에서 서로 다르다. '아빠, 저를 때려주세요'에서 '난리법석' 게임은 전희의 일부이지만 '냉담한 여성'에서 '난리법석' 게임은 성행위를 대신한다. 즉 '아빠, 저를 때려주세요' 게임에서 '난리법석' 게임은 성행위를 위한 조건, 흥분을 고조하는 일종의 성적 대상물인 데 비해 '냉담한 여성' 게임에서는 일단 '난리법석' 게임이 벌어지면 그 에피소드가 종료된다.

아동기에서 '냉담한 여성'과 비슷한 게임은 찰스 디킨스의 소설 《위대한 유산》에 나오는 까탈스러운 여자아이 같은 아이들에게서 볼 수 있다. 뻣뻣이 풀 먹인 옷을 차려입은 여자아이가 남자아이한테 진흙 파이를 만들어 달라고 한다. 그래 놓고는 남자아이의 더러운 손과 옷을 경멸하며 자기가 얼마나 깨끗한지 뽐낸다.

》 게임 분석 《

목표 해명

역할 정숙한 아내, 인정 없는 남편

심리 역학 남근 선망

사례 (1) 이 더러운 녀석아, 진흙 파이 고마워. (2) 도발적인 불감증 아내

사회적 패러다임 부모-아이

부모 : "내가 허락할 테니 진흙 파이를 만들어줘.(키스해주세요.)"

아이 : "물론 해주지."

부모 : "네가 얼마나 더러운지 이제는 알겠지!"

심리적 패러다임 아이-부모

아이 : "할 수 있으면 나를 한번 유혹해보세요."

부모 : "네가 막으면 한번 해보지."

아이 : "잘 보세요. 시작한 건 당신이었어요."

수 (1) 유혹-반응 (2) 거절-단념 (3) 도발-반응 (4) 거절-난리

이득 (1) 심리 내적-가학적 환상에 대한 죄책감으로부터 벗어남 (2) 심리 외적-두려운 표출과 통찰 회피 (3) 내적인 사회적-'소동' (4) 외적인 사회적-더러운 남자아이(남편)와 뭘 하겠는가? (5) 생물학적-억제된 성적 유희와 호전적인 주고받기 (6) 실존적-나는 순결하다.

'완벽한 주부' 게임

이것은 가사에 시달려 지친 주부들이 하는 게임이다. 여기에 필요한

조건은 주부가 열 내지 열두 가지 일에 능숙해야 한다는 것이다. 다른 말로 해서 열에서 열두 가지 역할을 우아하게 해낸다는 말이다. 때때로 이 직업들 혹은 역할들을 반쯤 익살스럽게 나열한 목록이 일요판 신문 섹션에 실리기도 한다. 애인이요, 어머니요, 간호사요, 하녀 등등. 이런 역할들은 보통 서로 충돌해서 진을 빼기 때문에 몇 년 동안 이런 부담을 안고 살면 상징적으로 '주부 무릎'이라고 알려진 상태(아기를 안아서 재우고, 청소하고, 물건 들어 나르고, 운전하느라 무릎을 썼기 때문에)에 이른다. 그 증상은 한마디로 "나는 지쳤어요."라는 호소로 요약할 수 있다.

만약 주부가 자기만의 속도를 정하고 남편과 아이들을 사랑하는 데서 충분히 만족할 수 있다면, 그녀는 자신의 25년을 단지 봉사만 하는 것이 아니라 즐길 수 있을 것이며 막내가 대학에 들어가는 모습을 지켜보며 외로움을 느낄 것이다. 하지만 이 주부가 한편으로는 자기 내면의 부모에게 휘둘리고, 그런 목적으로 선택한 비판적인 남편에게 비난을 당하는 데다, 다른 한편으로는 가족을 사랑하는 데서 충분히 만족을 느끼지 못한다면, 그녀는 갈수록 불행해진다. 처음에는 '당신만 아니었으면'이나 '흠집 찾기' 게임(사실은 어떤 주부라도 형편이 나빠지면 이런 게임에 빠질 수 있다)이 주는 이득으로 스스로를 위로하려고 할 것이다. 그러나 얼마 못 가서 이것만으로는 버틸 수 없게 된다. 그때 다른 출구를 찾게 되는데, 그것이 바로 '완벽한 주부' 게임이다.

이 게임은 간단하다. 주인공은 자기에게 돌아오는 모든 것을 받아들이며, 심지어 기꺼이 떠맡겠다고 나서기도 한다. 남편의 모든 비난을 인정하고 아이들의 모든 요구를 들어준다. 저녁식사 대접을 하게 되면 자기가 대화 전문가이자, 식솔을 거느린 집안의 여주인, 인테리어 전문가, 요리사, 육체파 여성, 순결한 여왕, 외교관이 동시에 되어야 할 것만 같은 느낌을 가질 뿐 아니라, 그날 아침에도 손수 케이크를 굽고 아이들을 치과에 데려가는 일까지 하겠다고 나선다. 그렇지 않아도 지쳤다고 느끼면서도 그날을 더 혹사당하는 날로 만드는 것이다. 그날 오후쯤이면 그녀는 당연히 무너지고 아무것도 제대로 해놓지 못한다. 남편과 아이들과 손님들을 실망시키고, 자기 비난까지 더해서 스스로 비참해진다. 이런 일이 두서너 번 되풀이되면 결혼 생활이 위기를 맞고 아이들은 혼란에 빠진다. 그녀는 빼빼 마르고, 머리 손질도 안하고, 눈이 퀭해지며, 신발을 질질 끌고 다니기 시작한다. 그때 그녀가 입원을 각오하고 심리 치료자 앞에 나타난다.

반(反)게임 논리적 반게임은 간단하다. 화이트 부인은 일주일 동안 자신의 여러 가지 역할 하나하나를 연이어 해내면 된다. 하지만 두 가지 이상의 역할을 동시에 해서는 안 된다. 예를 들어 칵테일 파티를 연다면, 주방장 역을 맡거나 아이를 봐주는 역할 가운데 하나만 할 수 있지 두 가지 모두를 할 수는 없다. '주부 무릎'만 문제인 여성이라면 이 방법으로 자신을 제어할 수 있다.

그러나 실제로 '완벽한 주부' 게임을 하는 경우에는 이 원칙을 지키기가 어렵다. 이런 경우에 여성은 남편을 신중히 따져보고 고른다. 남편감이 되는 남성은 다른 모든 면에서 합리적인 사람이지만 자기 생각에 자기 어머니만큼 아내가 유능하지 못하면 아내를 비난한다. 사실

아내는 남편이 그의 부모 자아 상태에 남아 있는 남편의 어머니 환상(이 환상은 그녀가 지니고 있는 어머니 또는 할머니 환상과 비슷하다)과 결혼한 것이다. 이제 적당한 짝을 찾았으니 그녀의 아이는 자신의 심리적 균형을 유지하는 데 없어서는 안 되는, 시달림당하는 역할에 정착할 수 있다. 그녀는 이 역할을 쉽게 포기하지 않을 것이다. 남편이 직장에서 책임이 무거워질수록 두 사람 모두 그들 관계의 건강하지 못한 측면을 보존해야 할 어른의 이유를 대기가 쉬워진다.

이런 상태를 (많은 경우 불행한 자녀를 도우려는 학교 측의 공식적 개입으로) 더 유지할 수 없게 되었을 때, 정신과 의사를 불러들이면서 3자 게임이 시작된다. 남편이 아내의 역할을 바로잡아주기를 원해서 정신과 의사를 찾거나, 아내가 힘을 합쳐 남편에게 대항할 연합군이 필요해서 정신과 의사를 찾거나 둘 중 하나다. 다음에 펼쳐지는 과정은 정신과 의사의 기술과 민첩함에 달려 있다. 아내의 우울증이 완화되는 1단계는 보통 순조롭게 진행된다. 아내가 '정신 의학' 게임을 선택하면서 '완벽한 주부' 게임을 포기하게 되는 2단계가 결정적 단계다. 이 단계에서 치료는 부부 두 사람 모두에게서 갈수록 강한 반발에 부닥치게 된다. 때로는 이 반발심이 완전히 은폐되어 있다가 한순간에 폭발하는데 그렇다고 예상치 못한 사태로 받아들여지지는 않는다. 이 단계를 버티면 치료자는 게임 분석의 진짜 작업을 진행할 수 있다.

이 게임의 진짜 범인은 부인의 부모, 그녀의 어머니나 할머니라는 사실을 인식할 필요가 있다. 남편은 그저 게임의 역할을 위해 선택된 마네킹에 지나지 않는다. 치료자는 부인의 부모뿐 아니라 남편과도 싸워야 한다. 이 남편으로 말하자면, 최선을 다하기 위해 상당한 노력을 기울이고 있을 뿐 아니라 아내의 순종을 장려하는 사회적 환경도 등에 업고 있다. 주부들이 얼마나 많은 역할을 해내야 하는지라는 기사가 나온 다음 주 일요판 신문 섹션에는 '나는 몇 점?'이 실린다. '나는 몇 점짜리 안주인(아내)(엄마)(주부)(예산 관리자)인가?'를 판정해주는 10개 문항 검사다. '완벽한 주부' 게임을 하는 주부에게 이 검사는 아동용 게임에 달려 나오는 게임 규칙이 적힌 작은 전단과 맞먹는 것이다. 이것 때문에 '완벽한 주부' 게임의 진행이 빨라질 수도 있으며, 만약 이를 저지하지 못하면 '국립병원' 게임("병원에 입원하는 것만은 절대로 싫습니다.")으로 끝이 날 수도 있다.

　이런 부부를 치료할 때 부딪치는 한 가지 실질적인 어려움은 남편이 '난 죽도록 노력했어요' 게임을 넘어서서 치료에 참여하기를 회피하는 경향이 있다는 점이다. 대체로 남편이 스스로 인정하는 것보다 더 많은 문제를 안고 있기 때문이다. 그래서 남편은 부인 귀에 들어갈 것임을 알고 치료자에게 성질을 부리는 식으로 간접적인 메시지를 보내기도 한다. 그렇게 해서 '완벽한 주부' 게임은 금세 3단계 사생결단 이혼 투쟁으로 진행한다. 정신과 의사는, 부인 내면의 부모 그리고 아이와 연합한 남편의 세 가지 자아 상태 모두와 맞서는, 알고 보면 죽음을 각오해야 할 전투에서 교전하고 있는 환자의 지쳐버린 어른의 도움만 받으면서 생명 편에 거의 홀로 서게 된다. 이것은 2 대 5 확률의 극적인 전투이며, 누구보다 게임으로부터 자유로운 전문 치료자의 기술을 시험하는 게임이다. 치료자가 겁을 먹으면 쉬운 길을 택해서 환자를 이혼 법정의 제단에 바칠 수도 있다. 이것은 "저는 포기합니다. 자, 이제 부부끼리 싸워보세요."라고 말하는 것이나 마찬가지다.

'당신만 아니었으면' 게임

이 게임은 이미 5장에서 상세하게 분석했다. 이 게임은 역사적으로 '이러면 어떨까요?—맞아요, 그런데' 게임에 이어 두 번째로 밝혀진 게임이다. '맞아요, 그런데' 게임은 이전에는 그저 재미있는 현상으로만 여겨졌다. 나중에 '당신만 아니었으면' 게임이 밝혀지면서 이면 교류에 기초한 사회적 행동이 분명히 존재한다는 것이 확실해졌다. 그래서 그런 식으로 벌어지는 일을 적극적으로 찾기 시작했고 그 결과가 이 책에 제시한 게임들이다.

요약하면, 한 여성이 자신의 활동을 제한함으로써 자신이 두려워하는 상황으로 들어가는 것을 막아줄 지배적인 성향의 남자와 결혼한다. 이것이 단순한 조작인 경우, 남편이 이런 역할을 수행해주었을 때 부인은 남편에게 감사한다. 그러나 '당신만 아니었으면' 게임에서 부인의 반응은 정반대다. 부인은 제약을 불평하는 데 그 상황을 이용하며, 이것은 배우자의 심기를 불편하게 만들고 그녀에게 온갖 이득을 안겨준다. 이 게임은 내적인 사회적 게임인 것이다. 이 게임의 외적인 사회적 이득은 이 게임에서 파생된 '그이만 아니었으면'으로 그녀가 마음 맞는 여자 친구들과 하는 심심풀이 놀이다.

'난 죽도록 노력했어요' 게임

일반적인 임상적 형태에서 이 게임은 부부 두 사람과 정신과 의사가 하는 3자 게임이다. 남편은 (대개) 절대 그렇지 않다고 요란하게 반발하면서도 이혼을 간절히 원하는 데 비해 아내는 결혼 생활을 유지하고 싶어하는 마음을 좀 더 솔직하게 표현한다. 남편은 마지못해 치료자를 찾아와서는 자기가 협조하고 있다는 것을 아내에게 보여줄 정도까지만 입을 연다. 이런 남편들은 보통 가벼운 정도의 '정신 의학' 게임이나 '법정 공방' 게임을 한다. 시간이 흐르면 남편은 갈수록 골을 내며 치료자에게 가짜-순종이나 호전적인 말싸움 태세를 드러낸다. 집에서도 남편은 처음에는 예전보다는 '이해심'과 자제력을 보여주지만 결국에는 오히려 그전보다도 더 나빠진다. 치료자의 기술에 따라 1회, 혹은 5회, 혹은 10회 상담을 한 뒤에 남편은 치료를 거부하고 대신 낚시나 사냥을 간다. 그러면 부인은 어쩔 수 없이 이혼 신청을 하게 된다. 이제 남편은 아무 잘못이 없다. 부인이 주도한 일이고 그로서는 치료자까지 만나러 감으로써 자신의 훌륭한 신의를 입증했기 때문이다. 이제 남편은 어떤 변호사, 판사, 친구, 친척을 만나도 "난 죽도록 노력했어요."라고 말할 수 있는 유리한 입장에 선 것이다.

반(反)게임 부부를 함께 만난다. 만약 둘 중 한 사람—남편이라고 해두자.—이 분명히 이 게임을 하고 있으면, 다른 한쪽을 개인 치료를 받게 하고, 게임하는 쪽은 아직 치료를 받을 준비가 안 되었다는 타당한 근거에서 스스로 알아서 하도록 내버려둔다. 남편은 어쨌든 그대로 이혼을 할 수도 있지만 자기가 정말 노력하고 있다는 입장은 포기할 각오를 해야 한다. 필요하다면 부인이 이혼 수속을 시작할 수도 있다. 사실 부인이야말로 정말 노력해 왔기 때문에 그녀의 입장이 훨씬 유리해졌다. 이 반게임으로 기대할 수 있는 바람직하고 희망적인 결과는 자신이 하던 게임이 끝나버린 남편이 절망하면서 진실한 동기로 다른 치료자를 찾아가는 것이다.

일상생활에서 이 게임은 아이와 한쪽 부모가 벌이는 2자 게임으로 쉽게 관찰할 수 있다. '나는 아무것도 못한다.' 또는 '나는 아무 잘못이 없다.' 가운데 한 가지 입장에서 게임이 진행된다. 아이가 뭔가를 시도했다가 실패하거나 엉성하게 끝낸다. '못한다' 입장의 아이라면 부모가 그것을 대신 해주어야만 한다. '잘못 없다' 입장의 아이라면 부모가 그 일로 아이를 벌할 만한 합당한 근거가 없다. 여기서 게임의 요소가 드러난다. 부모들은 두 가지 질문, 즉 두 사람 중에 누가 아이에게 이 게임을 가르쳤는지, 이 게임이 지속되게 하는 데 그들이 어떤 역할을 하고 있는지를 찾아내야 한다.

때로 음흉하기도 하지만 재미있는 변형으로 '그때 정말 죽도록 노력하고 있었다고요' 게임이 있는데, 보통 2단계 내지 3단계로 진행되는 더 힘겨운 게임이다. 위궤양을 앓는 근면한 남성의 사례가 좋은 예다. 진행성 신체 장애를 안고 주어진 상황에 대처하려고 최선을 다하는 사람들이 많이 있고, 이런 사람들은 정당한 방법으로 가족의 도움을 얻을 수 있다. 그런데 이런 상황이 감춰진 이면의 목적을 위해 부당하게 이용될 수도 있다.

1단계 : 한 남자가 아내와 친구들에게 자기가 궤양에 걸렸다는 사실을 알린다. 그리고 일을 계속하겠다는 의지도 분명히 밝혀서 듣는 사람들의 경탄을 자아낸다. 고통스럽고 불쾌한 상태에 있는 사람은 그 고통에 대한 작은 보상으로 자기 노력을 좀 과시하더라도 이해를 받을 것이다. 그 남자가 '의족' 게임을 할 수 있는데도 그렇게 하지 않는 것은 응당 인정해주어야 하고, 그가 계속 자기 책임을 다하는 것도 보상을 받을 자격이 있다. 이 경우 '그때 정말 죽도록 노력하고 있었다고요'에 "그래요, 우리 모두 당신의 강인함과 성실함에 감탄하고 있어요."라고 정중히 대답해주어야 한다.

2단계 : 한 남자가 궤양 진단을 받지만 아내와 친구들에게 비밀로 한다. 그는 걱정을 하면서도 평소와 다름없이 열심히 일하다가 어느 날 직장에서 쓰러진다. 소식을 들은 아내는 즉시 메시지를 받는다. 요컨대 '그때 정말 죽도록 노력하고 있었다고요'다. 이제 부인은 전에 없이 남편을 인정할 수밖에 없으며, 자기가 남편에게 했던 모든 못된 말과 행동 때문에 미안한 마음이 들게 마련이다. 요컨대 이전에 아무리 졸라도 꿈쩍 않던 아내가 이제 남편을 사랑하게 된 것이다. 남편에게는 안된 일이지만, 이 시점에서 아내가 보여주는 애정과 위로는 사랑보다는 죄책감에서 나온 것이기 십상이다. 남편이 아내에게 불공정한 수단을 이용했다는 것, 또 병을 숨겨서 유리한 입장을 부당하게 차지했다는 것 때문에 아내의 마음 깊은 곳에서는 남편에게 적의를 느낄 가능성이 높다. 한마디로 구멍 난 위장보다는 다이아몬드 팔찌가 훨씬 더 정직한 구애 수단이라는 말이다. 보석이야 퇴짜를 놓고 돌려줄 수라도 있지만, 궤양에 걸린 남편을 점잖게 저버릴 수는 없는 노릇이다. 갑작스레 남편의 중병에 직면했을 때 아내에게는 이겼다라는 마음보다는 덫에 걸린 느낌이 더 강할 것이다.

이 게임은 환자가 진행 가능성이 있는 병을 앓고 있다는 진단을 처음 받았을 때 즉시 발견할 수 있는 경우가 많다. 그가 이 게임을 시작하려 한다면 그 시점에서 게임의 모든 계획이 섬광처럼 뇌리를 스칠 것이 거의 확실하다. 그 계획은 정신 의학적으로 상황을 세심하게 검토한 끝에 다시 덮어 둘 수 있다. 여기서 다시 덮어서 감추는 것은 자신에게 무기가 있다는 것을 알게 되었을 때, 병 때문에 생길 실제적인 문제들을 어른의 걱정으로 위장하고 남몰래 쾌재를 불렀을 그의 아이다.

3단계 : 더 음흉하고 고약한 게임은 중병을 이유로 아무 말 없이 느닷없이 자살하는 것이다. 궤양이 암으로 진행되고, 어떤 큰 탈이 났다는 말을 전혀 듣지 못한 부인은 어느 날 욕실로 들어서다가 숨진 남편을 발견한다. 유서의 메시지는 분명하다. '그때 정말 죽도록 노력하고 있었다고요.' 만약 어떤 여성이 이런 일을 두 번 겪는다면, 그때는 그녀가 무슨 게임을 하고 있는지 살펴봐야 한다.

》 게임 분석 《

핵심 아무도 나를 함부로 할 수 없다.

목표 정당화

역할 오뚜이, 박해자, 권위자

심리 역학 항문기 수동성

사례 (1) 아이 옷 입히기 (2) 어떻게든 이혼하고 싶어하는 배우자

사회적 패러다임 어른-어른

어른 : "(옷 입을)(정신과에 갈) 시간입니다."

어른 : "알겠습니다. 해보지요."

심리적 패러다임 부모-아이

부모 : "내가 너 (옷 입게)(정신과에 가게) 만들어주마."

아이 : "똑똑히 보세요. 그래봐야 소용없습니다."

수 (1) 제안-저항 (2) 압력-순종 (3) 인정-실패

이득 (1) 심리 내적-공격에 대한 죄책감에서 해방 (2) 심리 외적-집안 문제에 대한 책임 회피 (3) 내적인 사회적-내가 얼마나 노력했는지 보십시오. (4) 외적인 사회적-내적인 사회적 이득과 동일. (5) 생물학적-호전적인 주고받기 (6) 실존적-나는 아무것도 못해요.(아무 잘못이 없어요.)

'닭살 커플' 게임

이 게임이 완전히 무르익은 상태는 부부 치료 집단에서 참가자들이 아직 방어 자세를 풀지 않은 초기 단계에서 볼 수 있다. 이 게임은 또 사교 모임에서도 발견된다. 화이트가 부부의 일화를 말하는 것처럼 하면서 아내의 품위를 살짝 손상시키는 언급을 하고는 이렇게 마무리한다. "그렇지, 여보야?" 화이트 부인은 표면상 두 가지 어른의 이유로 남

편 말에 동의한다. 첫째, 일화 자체가 주요한 부분에서 정확하게 전달되었으며, 중요하지 않은 세부 사항(그러나 교류에서는 이것이 진짜 핵심적인 부분이다)까지 바로잡고 나서면 너무 아는 체하는 것으로 보일 수 있기 때문이다. 둘째는 사람들 앞에서 자신을 '여보야'라고 부르는 남자에게 동의하지 않았다가는 심술궂은 사람으로 비칠 것이기 때문이다. 그러나 부인이 남편에게 맞장구를 치는 심리적 이유는 우울증적 입장이다. 부인이 이 남자와 결혼한 것은 다름이 아니라 자신을 위해서 남편이 바로 이런 역할을 수행해주리라는 것을 알았기 때문이다. 즉 남편이 부인의 결함을 대신 드러내줌으로써 자신이 직접 드러내서 당혹감을 느끼는 일이 없게 해주는 역할이다. 어렸을 때는 부모님이 똑같은 방식으로 부인의 편의를 봐주셨다.

이 게임은 부부 치료 집단에서 '궁지로 몰기' 게임 다음으로 많이 나타나는 게임이다. 상황이 긴박할수록 게임이 그만큼 일찍 드러나며, '여보야' 소리도 그만큼 더 씁쓸하게 들리고 마침내 밑에 깔려 있던 적대감이 분명하게 드러난다. 주의 깊게 생각해보면 이 게임이 '얼간이' 류의 게임이라는 것을 알 수 있다. 왜냐하면 화이트가 드러낸 적의를 아내가 암묵적으로 용서한 것이 중요한 수이기 때문이다. 아내는 이것을 한사코 인식하지 않으려 하지만 말이다. 따라서 반(反) '닭살 커플' 게임은 반(反) '얼간이' 게임과 유사하게 작동한다. "내 얼굴에 먹칠하는 일화를 말하는 것은 당신 마음대로 해도 좋아, 하지만 '여보야'라고 부르지만은 말아줘." 이 게임을 끝내는 방법은 반(反) '얼간이'가 안고 있는 것과 똑같은 위험을 안고 있다. 더 세련되고 위험이 적은 방법은 이렇게 응수하는 것이다. "맞아, 자기!"
 때에 따라 애칭을 실제로 입에 올리지 않는 경우도 있지만 주의 깊게 들어보면 말로 하지 않아도 그것을 들을 수 있다. 이것을 침묵형 '닭살 커플' 게임이라고 한다.

8장
파티 게임

파티는 심심풀이 놀이를 위한 것이고 심심풀이 놀이는 파티(단체 모임이 공식적으로 시작되기 전 얼마 동안을 포함해서)에 제격이지만, 친숙함이 충분히 무르익으면 게임이 출현하기 시작한다. '우리 아빠' 게임을 하는 사람과 '내가 어렸을 때' 게임을 하는 사람들이 서로 그러하듯이 '얼간이' 게임을 하는 사람과 그 게임의 희생자들은 서로를 알아본다. 우리가 많이 보아 온, 그렇지만 위장된 선택 과정이 이 게임에서도 벌어진다. 이 장에서는 사람들이 어울리는 평범한 자리에서 전형적으로 나타나는 네 가지 게임, 즉 '정말 너무 심하죠?', '흠집 찾기', '얼간이', '이러면 어떨까요?—맞아요, 그런데'를 살펴본다.

'정말 너무 심하죠?' 게임

이 게임은 크게 네 가지 형태를 취한다. 부모의 심심풀이 놀이, 어른의 심심풀이 놀이, 아이의 심심풀이 놀이와 아이의 게임이 그것이다. 심심풀이 놀이에는 비난이나 보상은 없지만 부적절한 감정이 개입한다.

1. '요즘 사람들'은 독선적이고 가혹한, 때에 따라 악의적이기까지 한 부모 심심풀이 놀이다. 사회학적으로 이 게임은 어느 정도 자기 수입이 있는 일정한 부류의 중년 여성들한테서 흔히 볼 수 있다. 그런 여성 가운데 한 명은 치료 집단에 던진 첫 번째 수가 자신의 패거리에서 늘 받던 열띤 확증이 아니라 침묵으로 돌아오자 집단에서 탈퇴해버렸다. 화이트가 자기 의견을 말했을 때, 게임 분석에 익숙한 이 경험 많은 치료 집단에서는 그녀에게 공감을 드러내는 사람이 거의 없었다. "사람을 믿지 못하는 문제에 관해 말하자면, 요즈음 사람들을 믿지 못한다는 게 이상한 일일까요? 나는 우리 집에 세 살던 사람을 몰래 지켜본 일이 있는데 내가 뭘 봤는지 알면 놀랄걸요." 화이트는 최근 사회의 모든 문제의 원인과 답을 알고 있다. 예컨대 비행 청소년(요즈음은 부모들이 너무 오냐오냐한다), 이혼(요즈음은 여자들이 너무 할 일이 없다), 범죄(요즈음은 외국인까지 백인 거주 지역으로 이사하고 있다), 물가 상승(요즈음은 기업들이 너무 많은 이익을 챙긴다) 따위 문제들 말이다. 그러면서 그녀는 자신은 게으른 자기 아들에게 녹록지 않으며 임차인에게도 마찬가지라고 분명히 밝혔다.

'요즘 사람들' 놀이는 '놀랄 것 없어'라는 표어를 내세우는 한가한 잡담과 구별된다. 첫마디("플로시가 완전 괴물이라던데요.")는 똑같다. 그런데 '요즘 사람들'에는 분명한 방향과 마무리가 있어서 '설명'이 덧붙는다. 잡담에서는 이야기가 아무런 방향 없이 아무 데로나 튀고는 한다.

2. '유혈낭자' 놀이는 '저런, 딱하기도 하지!'를 표어로 삼는 좀 더 순한 형태의 변형 어른 심심풀이 놀이지만 그것을 지배하는 동기는 똑같이 병적이다. '유혈낭자' 놀이는 주로 실제로 피를 보는 상황을 다루는데, 이 놀이는 본질적으로 비공식 임상 사례 토론이다. 누구라도 사례를 제시할 수 있으며, 끔찍하면 끔찍할수록 더 좋고, 아주 세밀하게 열심히 설명해야 한다. 얼굴에 입은 타격, 복부 수술, 난산 같은 것이 안성맞춤인 주제다. 여기서 한가한 잡담과 구별할 수 있는 기준은 경쟁과 수준 높은 외과적 교양에 있다. 병리해부학, 진단, 예후, 비교 사례 연구 등을 체계적으로 살펴나간다. 한가한 잡담에서는 예후가 좋은 것이 환영받지만, '유혈낭자' 놀이에서 계속해서 희망적인 전망을 내놓았다가는, 누가 봐도 거짓이 아닌 다음에는 비밀리에 자격 심사 위원회에 회부될 수도 있다. 그런 사람은 공범이 되기를 거부한 사람이기 때문이다.

3. '티타임'은 아이 심심풀이 놀이이며, '그들이 지금 우리한테 어떻게 하고 있는지 똑똑히 보십시오.'를 표어로 내세운다. 이것은 조직 생활에 맞춰진 변형 심심풀이 놀이인데, 해가 진 후에는 '대폿집 의자'라 불리는 좀 더 순하고 경제적인 형태로 진행되기도 한다. 실제 이 놀이는 '그들'이라 불리는, 종종 그림자처럼 모호한 인물들이 주인공을 맡는 3자 게임이다.

4. 게임으로서 '정말 너무 심하죠?'의 가장 극적인 표현은 수술 중독

환자들에게서 볼 수 있으며, 이들의 교류는 이 게임의 특성을 잘 보여 준다. 수술 중독자들은 의료진이 분명한 이유로 반대하는데도 적극적으로 수술을 원하며 이 의사, 저 의사를 찾아다니는 사람들이다. 이들은 입원과 수술이라는 경험 자체에서 이득을 얻는다. 심리 내적 이득은 몸을 손상시킨다는 데서 오며, 심리 외적 이득은 의사에 대한 절대적 복종을 제외하면 어떤 친밀감이나 책임도 회피할 수 있다는 데 있다. 생물학적 이득은 간호받는 보살핌으로 대표된다. 내적인 사회적 이득은 의료진과 간호진, 다른 환자들한테서 얻는다. 환자가 퇴원하면 그가 불러일으키는 동정심과 경탄으로부터 외적인 사회적 이득을 챙길 수 있다.

이 게임의 극단적인 형태는 사기꾼이나 의료 과실 배상 청구인들이 주로 한다. 이들은 고의로 또는 기회주의적으로 장애를 입음으로써 생계를 유지할 수도 있다. 이들은 아마추어처럼 동정만 요구하는 것이 아니라 보상금까지 요구한다. 주인공이 겉으로는 고통을 호소하지만 속으로 자신의 불운으로부터 챙길 수 있을 것으로 기대되는 보상금을 즐거워한다면, 그때부터 '정말 너무 심하죠?'는 게임이 된다.

일반적으로 불운을 겪는 사람들은 크게 세 부류로 나뉜다.

1. 우연히, 원치 않은 고생을 하게 된 사람들이 있다. 이들은 사람들이 선뜻 보여주는 동정을 이용해 먹을 수도 있고 그러지 않을 수도 있다. 어느 정도 이용하는 것은 충분히 자연스러운 일이며, 일반적인 예의범절 차원에서 다룰 수 있다.

2. 뜻하지 않게 괴로움을 겪게 되었지만, 그것을 이용할 수 있는 기

회를 생각해서 고맙게 받아들이는 사람들이 있다. 이 경우 게임은 사후의 일이며, 프로이트 식으로 말해서 '이차적 이득'이다.

3. 고생을 찾아다니는 사람들이 있다. 이들은 수술해줄 의사를 찾아 이 병원 저 병원을 전전하는 수술 중독자 같은 사람들이다. 이 경우에는 게임이 주요 관심사가 된다.

'흠집 찾기' 게임

일상생활에서 벌어지는 작은 충돌의 많은 부분이 이 게임에서 비롯된다. 이것은 '나는 잘나지 못했다'라는 우울한 아이의 입장에서 하는 게임인데, 방어적으로 '저들은 잘나지 못했다'라는 부모 입장으로 전환된다. 그렇게 되면 이 게임을 하는 사람이 교류에서 해결해야 할 문제는 두 번째 명제를 증명하는 것이다. 따라서 '흠집 찾기' 게임을 하는 사람들은 새로운 인물을 만났을 때 그 사람의 흠을 찾기 전까지는 편하지 않다. 이 게임이 극도로 심각해지면 '권위주의적' 성격을 지닌 인물이 하는 전제주의적 정치 게임이 될 수도 있으며, 그럴 경우 심각한 역사적 반향을 불러일으킬 수도 있다. 이 점에서 이 게임이 '요즘 사람들' 놀이와 밀접하게 관련된다는 것이 분명해진다. 도시 변두리 사회에서 '내가 잘하고 있는 걸까' 게임을 하면 긍정적 확언을 얻을 수 있지만, '흠집 찾기' 게임을 하면 부정적 확언이 돌아온다. 추가 분석을 하면 이 게임의 몇 가지 요소를 밝혀낼 수 있다.

흠집의 전제가 되는 것은 아주 사소하고 본론과 상관 없는 것('지난해에 썼던 모자')에서부터 아주 냉소적인 것('은행에 7천 달러도 없다'), 음험한 것('순수한 아리안 혈통이 아니다'), 전문가들에게만 의미가 있는 것('릴케도 읽지 않았다'), 아주 사적인 것('발기를 유지하지 못한다'), 약아빠진 것('그 사람은 무엇을 보여주려는 속셈일까?')에 이르기까지 범위가 넓다. 심리 역학으로 볼 때 이 게임은 대개 성적인 불안에 기초를 두고 있으며, 그 목표는 안도감이다. 교류적 측면에서 볼 때 이 게임에는 염탐과 병적 호기심이나 경계심이 내포되어 있으며, 이때 부모나 어른이 자애로운 염려로 아이의 의욕을 차단하는 경우도 종종 있다. 이 게임에는 우울증을 떨쳐버릴 수 있다는 심리 내적 이득이 있으며, 자신의 흠집이 드러날 수도 있는 친밀한 관계를 피할 수 있다는 심리 외적 이득이 있다. 화이트는 촌스러운 여자, 재정적 후원이 없는 남자, 비아리안, 무식한 사람, 발기 불능인 사람, 성격이 불안정한 사람들을 멀리할 이유가 충분하다고 생각한다. 한편 염탐은 생물학적 이득과 함께 내적인 사회적 활동도 제공해준다. 외적인 사회적 이득은 '정말 너무 심하죠?' 계열의 게임인 '친절한 이웃'이다.

덧붙여 한 가지 재미있는 점은 화이트가 선택하는 전제가 그의 지적 능력이나 외형적인 교양 수준과 관계 없다는 사실이다. 그래서 외무부 관리직에 있는 사람이 좌중에게, 어떤 나라 사람들은 열등한데 그 이유는 무엇보다 그 나라 남자들이 소매가 너무 긴 웃옷을 입기 때문이라고 말하는 일이 벌어지는 것이다. 어른 자아 상태에서 이 남자는 상당히 유능한 사람이다. 다만 '흠집 찾기' 같은 부모 게임을 할 때는 이런 엉뚱한 말을 늘어놓고는 하는 것이다.

'얼간이' 게임

'얼간이(schlemiel)'라는 용어는 샤미소*가 쓴 소설1)의 주인공 그림자 없는 남자를 가리키는 것이 아니라, 교활함을 뜻하는 독일어와 네덜란드어 단어와 결합된 잘 알려진 이디시어 단어를 가리킨다. 얼간이의 희생자는 코크(Charles Paul de Kock)의 소설에 나오는 '천성 착한 녀석'과 비슷한 인물인데,2) 구어체 표현으로는 '헛똑똑이'라고 불린다. '얼간이' 게임의 전형적인 수들은 다음과 같다.

1화이트 : 화이트가 초대받은 집에 가서 안주인의 이브닝드레스에 위스키를 쏟는다.

1블랙 : 블랙(집주인)은 처음에는 화가 치밀지만, 밖으로 내비치면 화이트가 이기는 거라고 (많은 경우 희미하게) 느낀다. 따라서 블랙은 자제하는데, 이 행동이 블랙으로 하여금 자기가 이겼다고 착각하게 만든다.

2화이트 : 화이트가 말한다. "죄송합니다."

2블랙 : 블랙은 머뭇거리거나 괜찮다고 소리 높여 말한다. 자신이 이겼

샤미소(Adelbert von Chamisso, 1781~1838) 프랑스 태생의 독일 시인. 여기서 그림자 없는 남자는 '샤미소가 쓴 《페터 슐레밀의 놀라운 이야기》의 남자 주인공 '슐레밀(Schlemihls)'을 말한다.(역주)

다는 착각이 강화된다.

3화이트 : 화이트는 이제 계속해서 블랙의 물건에 또 다른 피해를 입힌다. 물건을 깨고 음식을 엎지르고 온갖 사고를 친다. 테이블보에 담뱃재로 구멍을 내는가 하면 레이스 커튼을 실수로 찢어놓고 고깃국물을 흘려서 양탄자를 버려놓는다. 화이트의 아이는 이 모든 사고를 저지르는 과정에서 한껏 재미를 느꼈을 뿐만 아니라 용서까지 받았으므로 환호한다. 한편 블랙은 내내 가까스로 자기 통제를 유지하며 즐거운 표정을 짓고 있다. 따라서 두 사람 모두 이 불행한 사태로부터 이득을 얻은 것이며, 블랙이 꼭 화이트와 우정을 끝내고 싶어하는 것도 아니다.

다른 많은 게임에서 그렇듯이, 어떻게 해도 첫 번째 수를 두는 화이트가 이기게 되어 있다. 만약 블랙이 화를 내면 화이트는 블랙에게 분노로 되갚아주어도 당연하다고 여길 것이다. 만약 블랙이 자제하면 화이트는 자기에게 주어진 기회를 만끽할 수 있다. 그러나 이 게임의 진짜 보상은 파괴가 주는 즐거움이 아니다. 그것은 화이트에게는 그저 보너스에 지나지 않는다. 진짜는 용서*를 받는다는 점이다. 여기서 바로 반(反)게임이 나온다.

반(反)게임 반(反) '얼간이'는 게임에서 요구하는 면죄부를 주지 않는 것이다. 화이트가 "죄송합니다."라고 말했을 때 블랙은 "괜찮습니다."

---

*이 게임과 다음 게임('이러면 어떨까요?-맞아요, 그런데')에 제시된 예들은 이전에 필자의 책 《교류 분석(Transactional Analysis)》에 제시했던 것을 따른다.(저자 주)

하며 머뭇거릴 것이 아니라 이렇게 말해야 한다. "선생님은 오늘 밤 제 아내를 당황스럽게 만들든 가구를 부수든 양탄자를 버려놓든 마음대로 하셔도 됩니다. 하지만 '죄송합니다.'라는 말만은 하지 말아주십시오." 이렇게 해서 블랙은 용서하는 부모에서, 애초에 화이트를 초대했던 것에 완전한 책임을 지는 객관적인 어른으로 바뀐다.

화이트가 하는 게임의 강도는 그의 반응으로 드러나는데, 이 반응은 상당히 폭발적일 수 있다. 반(反) '얼간이' 게임을 하려면 즉각적인 보복 또는 적을 만드는 위험을 감수해야 한다.

아이들은 용서를 보장받을 수는 없지만 적어도 사고를 치는 데서 즐거움은 얻을 수 있는 초기 단계의 '얼간이' 게임을 한다. 그러나 사회적으로 행동하는 법을 배우면서 늘어가는 세련미를 이용해서, 교양 있는 성인 모임에서 이 게임을 하는 주목적인 용서를 얻어낼 수 있게 된다.

》 게임 분석 《

핵심 나는 파괴적으로 행동하고도 용서받을 수 있다.

목표 면책

역할 공격자, 희생자(구어체 표현으로는 '얼간이'와 '헛똑똑이')

심리 역학 항문기 공격성

사례 (1) 사고뭉치 아이 (2) 실수투성이 손님

사회적 패러다임 어른-어른

어른 : "내가 공손하니 당신도 공손해야 합니다."

어른 : "좋습니다. 당신을 용서합니다."

심리적 패러다임 아이-부모

아이 : "우발적인 것으로 보이는 사고는 용서해주셔야 해요."

부모 : "네 말이 맞아. 나는 너한테 바른 예절이 뭔지 보여줘야 한단다."

수 (1) 도발-적의 (2) 사과-용서

이득 (1) 심리 내적-사고 치는 즐거움 (2) 심리 외적-처벌 회피 (3) 내적인 사회적-'얼간이' (4) 외적인 사회적-'헛똑똑이' (5) 생물학적-도발적이면서 부드러운 어루만짐 (6) 실존적-나는 아무 잘못이 없다.

'이러면 어떨까요?-맞아요, 그런데' 게임

'이러면 어떨까요?-맞아요, 그런데' 게임은 게임이라는 개념의 원천이 된 자극이었다는 점에서 게임 분석에서 중요한 자리를 차지한다. 이 게임은 사회적 맥락에서 분리해낸 첫 번째 게임이었고, 게임 분석에서 가장 먼저 논의한 주제라서 가장 정확히 이해된 게임 가운데 하나다. 이 게임은 또한 심리 치료 집단을 포함해서 온갖 집단과 파티에서 가장 흔히 하는 게임이기도 하다. 다음의 사례가 이 게임의 주된 특징을 예시적으로 보여준다.

화이트 : "우리 남편은 집안의 모든 수리를 직접 하자는 주의예요. 그런

데 뭐 하나 제대로 하는 게 없지요."

블랙 : "남편께서 목공 강좌를 들어보는 건 어떨까요?"

화이트 : "맞아요, 그런데 그이가 시간이 없어요."

블랙 : "남편에게 좀 좋은 공구를 사드리면 어떨까요?"

화이트 : "맞아요, 그런데 남편은 어차피 쓸 줄을 몰라요."

블랙 : "사람을 불러서 일을 시키면 어떨까요?"

화이트 : "맞아요, 그런데 그러면 돈이 너무 많이 들 것 같아요."

블랙 : "남편이 하시는 대로 놔두면 어떨까요?"

화이트 : "맞아요, 그런데 그랬다가는 다 무너져내릴지도 몰라요."

전형적으로 이런 주고 받기가 오가다가 결국 침묵이 따른다. 이 침묵은 그린 씨가 다음과 비슷한 말로 입을 열 때에야 비로소 깨진다. "그게 당신이 원하는 남자들이로군요. 항상 자기가 얼마나 유능한지 보여주려고 애쓰는 사람들 말이에요."

'맞아요, 그런데'는 사람 수에 관계없이 할 수 있는 게임이다. 주체가 되는 사람이 문제를 꺼내놓는다. 그러면 나머지 사람들은 "……면 어떨까요?"로 끝나는 해결책을 내놓기 시작한다. 해결책이 나올 때마다 화이트는 "맞아요, 그런데……."로 기각한다. 이 게임에 능한 사람이라면 다른 사람들의 제안을 무한정으로 기각해서 결국 그들이 포기하게 만들며, 그러면 화이트가 이기는 것이다. 많은 경우 주인공은 자신의 승리를 알리는 풀 죽은 침묵을 끌어내기까지 십여 가지 해결책을 처리해야 한다. 그러면 앞에서 만들어진 패러다임을 가지고 다음 게임을 할 수 있는 장이 열리면서 그린이 불량 남편형 '학부모회'로 화제를 바꾼다.

극소수만 제외하고는 해결책을 모두 기각하는 것으로 보아 이 게임이 무언가 다른 감춰진 목적에 기여하고 있음이 분명하다. '맞아요, 그런데'는 그 표면적 목적(정보나 해결책을 구하는 어른 목적) 때문에 하는 게임이 아니고, 아이 자아를 안심시키고 즐겁게 하기 위한 게임이다. 대화만 보면 어른의 교류 같지만 게임이 진행되는 생생한 과정을 보면 화이트가 상황에 대처하기에 무력한 아이로서 자기를 드러내고 있다는 것을 관찰할 수 있다. 이러면 다른 사람들은 현명한 부모로 전환해서 화이트를 위해 열심히 자신의 지혜 보따리를 푸는 것이다.

〈그림 8〉은 이것을 보여준다. 이 게임이 진행될 수 있는 것은 자극과

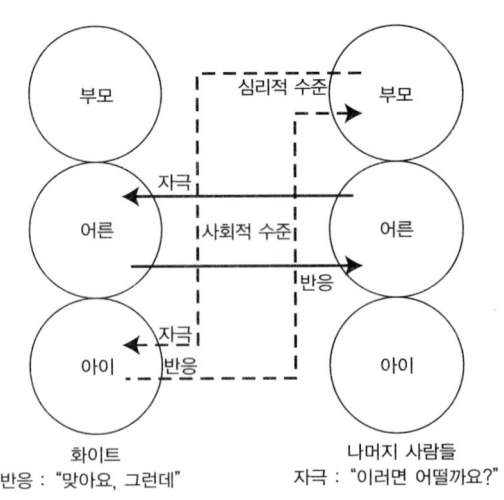

〈그림 8〉 '이러면 어떨까요?-맞아요, 그런데' 게임

반응 모두가 사회적 수준에서 어른 대 어른이고, 심리적 수준 역시 보완적으로 아이에 대한 부모 자극('……면 어떨까요?')이 부모에 대한 아이 반응('맞아요, 그런데')을 끌어내는 구도이기 때문이다. 심리적 수준은 양쪽 모두에서 대개 무의식적이지만, 예리한 관찰자라면 자세, 근육 긴장도, 목소리, 어휘 등의 변화를 보고 자아 상태의 교체(화이트의 입장에서는 어른에서 '무력한' 아이로, 나머지 사람들 입장에서는 어른에서 '지혜로운' 부모로)를 감지해낼 수 있다.

함축된 의미를 보기 위해서 앞의 사례를 끝까지 쫓아가보자.

치료자: "지금까지 당신이 생각해본 적이 없는 것을 제안한 사람이 있나요?"

화이트: "아니오, 한 분도 안 계셨어요. 사실은 지금 제안받은 것들은 거의 다 이미 해봤습니다. 남편한테 공구도 사줬고, 그이는 목공 강좌도 이미 들었어요."

여기서 화이트는 이 변론을 액면 그대로 받아들여서는 안 되는 두 가지 이유를 증명해 보인다. 첫째, 대부분의 경우에 화이트는 함께한 어느 누구에 못지않을 만큼 똑똑하며, 따라서 화이트가 생각해보지 못한 해결책을 다른 사람이 제시할 가능성은 매우 낮다. 만약 누군가가 어찌어찌해서 참신한 제안을 내놓았을 경우, 화이트가 공정하게 게임을 하는 사람이라면 고맙게 받아들일 것이다. 다시 말해서 그 자리에 있는 누군가가 화이트의 어른을 자극할 만큼 기발한 착상을 내놓는다면 무력한 화이트의 아이가 물러설 것이다. 그러나 위 사례의 화이트처럼 습관적으로 '맞아요, 그런데'를 쓰는 사람들이 공정하게 게임하는 경우는 거의 없다. 한편 제안을 너무 쉽게 받아들여도 '맞아요, 그런데'가 그 밑에 '바보' 게임을 감추고 있는 것은 아닌가 하는 의문을 불러일으킨다.

앞서 든 예가 특히 극적인 것은 이 사례가 두 번째 요지를 분명하게 보여주기 때문이다. 화이트는 사람들이 애써 내놓은 제안을 앞으로 실제로 시험해보게 될지 몰라도 그래도 역시 제안은 거부할 것이다. 이 게임의 목적은 제안을 얻자는 게 아니라 그런 제안을 기각하는 데 있다.

이 게임이 시간 구조화에 기여하는 가치 때문에 누구라도 멍석만 깔아주면 이 게임을 하게 마련이지만, 이 게임을 특히 즐겨 하는 사람을 주의 깊게 연구한 결과, 몇 가지 재미있는 특징이 밝혀졌다. 첫째, 그들은 이 게임의 어느 쪽 역할이든 똑같이 쉽게 할 수 있고 또 기꺼이 하려고 한다. 이러한 역할 전환 가능성은 모든 게임에 다 적용된다. 게임하는 사람들이 어떤 역을 그 상대역보다 더 선호할 수는 있지만, 서로 역할을 바꿀 수 있을 뿐 아니라 어떤 이유에서든 그렇게 할 필요가 생기면 얼마든지 같은 게임의 다른 역할을 맡는다(예컨대 '알코올 중독자' 게임에서 음주자에서 구원자로 전환하는 것을 비교해보라).

둘째, 임상 치료에서 '맞아요, 그런데' 게임을 즐겨 쓰는 사람들은 나중에 가서 치료를 빨리 끝내려는 수단으로 최면이나 최면 유도 주사 같은 것을 요구하는 집단에 속하는 환자들이라는 것이 확인되었다. 이 게임을 하고 있을 때 그들의 목표는 누구도 그들이 받아들일 만한 제안을 할 수 없다는 것을 입증하는 것이다. 다시 말해서 절대로 굴복하지 않겠다는 것이다. 그러면서도 치료자에게는 완전히 복종하는 상태로 만들 수 있는 처치를 요구하는 것이다. 그러므로 '맞아요, 그런데'는 복종을 둘러싼 갈등에 대한 사회적 해결책을 대표하는 게임이라는 것을 알 수 있다.

좀 더 구체적으로 이 게임은 다음의 치료적 대화가 보여주는 바와 같이 얼굴 붉어지는 것에 두려움을 느끼는 사람들 사이에서 흔하다.

치료자 : "속임수인지 알면서도 왜 '이러면 어떨까요?―맞아요, 그런데' 게임을 하는 겁니까?"

화이트 : "내가 누군가에게 이야기를 하는 중이라면 나는 다음에 무슨 말을 할지 계속 생각하고 있어야만 합니다. 안 그랬다가는 얼굴이 붉어져요. 나는 어두운 곳에 있을 때 빼고는 침묵을 견딜 수가 없어요. 그걸 나도 알고 남편도 알고 있어요. 나한테도 늘 자기가 알고 있다고 말했어요."

치료자 : "당신의 어른을 쉴새없이 바삐 움직이게 하지 않으면 당신의 아이가 불쑥 튀어나와서 당신을 당황스럽게 한다는 말인가요?"

화이트 : "그거예요. 그러니까 누군가에게 제안을 해줄 수 있거나 아니면 그쪽에서 나에게 제안을 해주도록 할 수만 있다면 그때는 괜찮은 거죠, 내가 보호받는 거니까. 내가 어른의 통제를 유지하는 동안은 어쨌든 망신을 피할 수 있는 거지요."

여기서 화이트는 하릴없는 빈 시간을 두려워한다는 것을 분명히 보여준다. 사회적 상황에서 어른이 바삐 움직이는 한, 아이를 광고하는 망신을 막을 수 있는데, 게임이 바로 그 어른 기능에 적당한 상황을 제공해주는 것이다. 그러나 화이트의 흥미를 유지하려면 게임이 적당하게 동기화되어야만 한다. 화이트가 '맞아요, 그런데' 게임을 선택하는 데는 경제성의 원리가 작용한다. 즉 이 게임은 신체적 수동성을 두고 화이트의 아이가 겪는 갈등에 최대의 내적·외적 이득을 가져오기 때문이다. 화이트는 누구의 지배도 거부하는 약삭빠른 아이 역이거나 아니면 타인의 내면의 아이를 지배하려고 드는 노련한 부모 역이든 똑같은 열정으로 할 수 있을지 모른다. 그런데 실패하게 되어 있다. '맞아요, 그런데'의 기본 원리가 '어떤 제안도 받아들이지 않는다'이기 때문에 부모는 절대 성공할 수 없다. 그래서 이런 표어가 나온다. "겁먹지 말자, 부모는 절대 성공 못한다."

요약하면, 한 수 한 수가 화이트에게 흥미진진하고 제안을 기각하는 행위 자체에서 오는 작은 즐거움도 있지만, 진짜 보상은 나머지 모든 사람들이 그럴듯한 해결책을 생각해내느라 머리를 쥐어짜다가 지쳐 나가떨어질 때 따라오는 침묵이나 가려진 침묵이다. 이 침묵은 화이트와 나머지 사람들에게, 무력한 사람은 화이트가 아니라 그들이라는 것을 입증함으로써 화이트가 이겼음을 알려주는 신호다. 이 침묵은 무엇인가로 가려지지만 않으면 몇 분이고 지속될 수 있다. 앞의 예에서는 그린이 자기 게임을 시작하고 싶은 열망 때문에 화이트가 누리는 승리의 기쁨을 중간에서 끊어버렸다. 사실은 이 열망 때문에 그린은 게임에 참여하지 않고 있었다. 이 회기의 후반에 화이트는 자신이 누릴 승리의 시간을 단축시킨 것 때문에 그린에게 적의를 드러냈다.

'맞아요, 그런데' 게임의 또 다른 흥미로운 특징은 역할이 바뀌는 것 말고는 외적 게임과 내적 게임이 정확히 똑같은 방식으로 진행된다는 점이다. 임상에서 관찰되는 외적 형태에서는 다자 게임 상황에서 무력한 도움 요청자 역으로 화이트의 아이가 나선다. 집에서 남편과 하는 좀 더 친밀한 2자 게임인 내적 형태에서는 화이트의 부모가 지혜롭고 유능한 제안자로 나선다. 그러나 연애 시절에는 화이트가 무력한 아이 역을 했고 밀월 기간이 끝난 다음에야 남을 휘두르는 화이트의 부모가 표면으로 떠오르기 시작한 것을 고려했을 때, 이런 역전은 보통 이차적인 것이다. 결혼식이 다가올수록 몇 번의 예고편이 있었을 테지만 자기가 신중하게 고른 신부와 빨리 결혼해서 정착하고 싶은 마음밖에 없는 약혼자는 그것들을 간과하게 마련이다. 만약 약혼자가 그것을 간과하지 않으면 약혼은 '충분한 이유'로 취소될 수 있고, 더 슬퍼졌을 뿐 지혜로워지지는 않은* 화이트는 다시 적당한 짝을 찾아 나설 것이다.

반(反)게임 화이트의 첫 번째 수, 즉 화이트가 '문제'를 제시하는 데 반응하는 사람들이 '저는 그저 도와드리려는 것뿐입니다' 게임을 한다는 것은 분명하다. 사실 '맞아요, 그런데'는 '저는 그저 도와드리려는

---

* 통찰 치료에서 내담자가 현실을 있는 그대로 받아들일 만큼 성숙하면 인간의 실존적 조건을 더 명확히 인식하기 때문에 더 많은 슬픔을 느끼지만 그만큼 더 지혜로워진다는 뜻으로 'sadder but wiser'라는 표현이 있는데 이것을 빗대어 'sadder but no wiser'라고 써서 심리적 성숙이 전혀 없음을 재치있게 강조하고 있다.(역주)

것뿐입니다'의 역전이다. '저는 그저 도와드리려는 것뿐입니다'에서는 치료자 한 명에 여러 명의 내담자가 있지만, '맞아요, 그런데'에서는 내담자 한 명에 여러 명의 치료자가 있다. 그러므로 '맞아요, 그런데'에 대한 임상적 반게임은 '저는 그저 도와드리려는 것뿐입니다'를 하지 않는 것이다. 처음 시작이 "만약 ······이라면 당신은 어떻게 하시겠어요?" 형태라면 이런 반응이 좋다. "어려운 문제로군요. 당신은 어떻게 하실 건데요?" "X는 별 효과가 없었어요."라는 형태로 시작될 때는 "그것 참 딱하군요."*라고 반응해야 한다. 이 두 반응 모두 화이트가 난감해질 수밖에 없을 만큼, 아니면 적어도 교차 교류를 일으킬 만큼 정중하기 때문에 그의 좌절감이 드러나기 시작할 것이며, 그러면 그것을 탐색할 수 있다. 치료 집단에서는 영향을 받기 쉬운 환자가 '저는 그저 도와드리려는 것뿐입니다' 게임에 초대받았을 때 참여하지 않고 버티도록 하는 것이 좋다. 그러면 화이트뿐 아니라 나머지 집단 구성원들까지도 반(反) '저는 그저 도와드리려는 것뿐입니다'의 다른 일면에 지나지 않는 반(反) '맞아요, 그런데' 게임으로부터 배울 수 있다.

사회적 상황에서 게임이 우호적이고 해롭지 않다면 이 게임에 참여하지 않을 까닭이 없다. 전문 지식을 착취하려는 의도로 하는 게임이라면 반게임 수를 쓸 필요가 있다. 그러나 그런 경우 화이트의 아이가 노출되기 때문에 반감이 일어난다. 그런 상황에서 최선의 방법은 맨 처음 수가 나올 때부터 멀리 달아나서 1단계 '유혹' 게임 같은 흥미로

---

* 현재 시제로만 반응할 것을 강조하고 있다.(역주)

운 게임을 찾는 것이다.

관련 사항 '이러면 어떨까요?-맞아요, 그런데'는 그 반대 게임인 '왜 그러셨어요?-안 되죠, 그런데'와 구분해야 한다. '안 되죠, 그런데'에서는 이기는 쪽이 부모이고 혼란스러워하다가 결국 물러나는 것은 방어적인 아이다. 여기서도 주고받는 대사의 내용만 보면 사실적이고 합리적인 어른 대 어른의 교류처럼 들린다. '안 되죠, 그런데' 게임은 '게다가' 게임과 긴밀히 관련된다.

'맞아요, 그런데'의 반대 게임은 언뜻 보면 '순박한 시골 여자' 게임과 비슷하다. 여기서 화이트는 치료자를 유혹해서 제안을 하도록 만들고는 그 제안을 거부하는 게 아니라 즉각적으로 받아들인다. 치료자는 깊이 개입하고 나서야 화이트가 그에게 등을 돌리고 있다는 것을 깨닫는다. 처음에 '순박한 시골 여자' 같아 보이던 게임이 나중에는 지적인 '유혹' 게임으로 끝을 맺는다. 이 게임의 고전적 형태는 정통 정신 분석에서 긍정적 전이가 부정적 전이로 돌변하는 것이다.

'맞아요, 그런데'는 또한 '나 좀 어떻게 해봐'라는, 2단계에 해당하는 심각한 형태로 나타날 수도 있다. 예를 들어 환자가 집안일을 거부하면서 매일 저녁 남편이 집에 돌아오면 '맞아요, 그런데' 게임이 펼쳐진다. 그렇지만 남편이 무슨 말을 해도 그녀는 골을 내며 전혀 달라지지 않는다. 이렇게 뿌루퉁하게 골내는 게 악성이어서 자세한 정신과적 진단을 필요로 하는 경우도 있다. 그러나 게임의 측면도 반드시 고려해야 한다. 왜냐하면 이 남편이 왜 그런 배우자를 선택했는지, 이 상황에 이르기까지 남편이 어떤 기여를 했는지 의문이 일기 때문이다.

》게임 분석《

핵심 내가 흠잡을 수 없는 해결책을 내놓을 수 있다면 어디 한번 해보시지.

목표 안도감

역할 무기력한 사람, 조언자

심리 역학 복종 갈등(구강기)

사례 (1) 알았어요, 그런데 지금은 …… 때문에 숙제를 할 수가 없어요. (2) 무력한 부인

사회적 패러다임 어른-어른

어른 : "……라면 당신은 어떻게 하시겠어요?"

어른 : "……하면 어떨까요?"

어른 : "좋아요, 그런데……."

심리적 패러다임 부모-아이

부모 : "나는 네가 내 도움에 고마워하게 만들 수 있어."

아이 : "좋아요, 얼마든지 해보시죠."

수 (1) 문제-해결책 (2) 기각-해결책 (3) 거부-당황

이득 (1) 심리 내적-안도감 (2) 심리 외적-복종 회피 (3) 내적인 사회적-'안 되죠, 그런데', 부모 역할 (4) 외적인 사회적-'맞아요, 그런데', 아이 역할 (5) 생물학적-이성적인 논의 (6) 실존적-사람들은 모두 나를 지배하려고 한다.

9장
성적인 게임

일부 게임들은 성적 충동을 착취하거나 이겨내려는 게임들이다. 사실상 이런 게임들은 모두 성적 행동이 아니라 게임의 보상을 구성하는 중대한 교류에서 만족을 느끼는 쪽으로 성적 본능이 왜곡된 것이다. 이 명제를 항상 자신 있게 증명할 수는 없다. 이런 게임은 보통 사적인 공간에서 진행되기 때문에 관련된 임상 정보를 간접적으로 수집할 수밖에 없고 정보 제공자가 지닌 선입견을 항상 만족할 만한 수준으로 평가할 수도 없기 때문이다. 한 예로 동성애에 관한 정신 의학적 개념*이 심하게 왜곡된 이유는 공격적이고 성공적인 '선수'들은 대개 정신과 치료를 받으러 오지 않으며, 대부분 수동적인 파트너들에 관한 자료만 얻을 수 있기 때문이다.

이 장에 포함된 게임들은 '당신들끼리 싸워보세요', '페티시·사

---

* 동성애는 미국심리학회가 발간하는 《정신 장애 분류 및 진단 편람》의 1987년 개정판(DSM-III-R)부터 항목에서 삭제되었고, 현재는 정신 장애로 분류되지 않는다.(역주)

드·마조흐', '유혹', '스타킹', '난리법석' 게임 등이다. 대다수 게임에서 주체는 여성인데 그 이유는 남성이 주체가 되는 심각한 형태의 성적 게임은 범죄에 가깝거나 범죄를 구성하는 것으로서 '암흑가 게임' 장에서 다루는 것이 더 적절하기 때문이다. 반면에 성적인 게임과 아내와 남편 게임은 중복된다. 그러나 이 장에서 설명하는 게임들은 배우자 관계뿐 아니라 결혼하지 않은 사람들 사이에도 쉽게 적용할 수 있다.

'당신들끼리 싸워보세요' 게임

이것은 계략으로, 의례로, 게임으로 모두 가능하다. 어떤 경우든 그 심리학은 기본적으로 여성과 관련된다. 극적인 특성 덕분에 이 게임은 수많은 문학 작품의 바탕이 되었다. 훌륭한 작품과 조악한 작품 모두에서.

1. 계략으로 쓰일 때 이 게임은 낭만적이다. 여성이 자기는 승리자에게 가겠다고 암시하거나 약속하면서 두 남자가 싸우도록 계략을 쓰거나 시합을 건다. 결판이 나면 그녀는 약속을 이행한다. 이 계략은 정직한 교류이며, 두 사람이 그 후로 오래오래 행복하게 살았으리라고 추정할 수 있다.

2. 의례일 때 이 게임은 비극적인 편이다. 여성이 두 남자의 싸움을 원하지 않고, 심지어 여성이 이미 마음을 정했어도, 관습상 두 남자는

한 여자를 두고 싸워야 한다. 마음에 없는 남자가 이기면 여자는 어쩔 수 없이 그 남자를 선택해야 한다. 이 경우 이 게임을 시작한 것은 그 여자가 아니라 사회다. 여자가 기꺼이 하겠다고 나서면 정직한 교류가 된다. 여자가 원치 않거나 실망을 느끼는 경우, 이 결과는 그녀에게 '등치기' 게임 같은 여러 가지 게임을 할 수 있는 다양한 선택권을 제공한다.

3. 게임일 때 이것은 코미디다. 여자가 경쟁을 붙여놓고 두 남자가 싸우는 동안 제3의 인물과 도망친다. 여자와 제3의 남자가 심리 내적·외적으로 얻는 이득은 '어리석은 자들이나 정직한 경쟁을 한다'라는 견해에서 나온다. 그들이 만들어낸 코미디 같은 실화는 내적인 사회적 이득과 외적인 사회적 이득의 토대를 이룬다.

'페티시·사드·마조흐' 게임

페티시즘, 사디즘, 마조히즘 같은 이성을 상대로 한 성도착증은 내면의 아이가 혼란에 빠졌음을 보여주는 증상이며, 치료도 그에 맞춰 한다. 그러나 실제 성적 상황에서 표출되는 성도착증의 교류 측면은 게임 분석으로 다룰 수 있다. 그러면 사회적 통제가 가능해진다. 따라서 감춰진 성충동은 변하지 않고 그대로 남아 있더라도 적어도 방종한 실제 행동은 중화될 것이다.

가벼운 가학적 혹은 피학적 도착으로 고통받는 사람들은 말하자면 정신 건강이 미성숙한 경향이 있다. 자신은 성욕이 강하고, 그렇기 때문에 장기간 금욕했다가는 심각한 사태를 부를 수 있다는 식이다. 이 결론들 모두 반드시 참은 아니다. 그런데도 이런 결론을 바탕으로 "나처럼 성욕이 강한 사람한테 뭘 기대할 수 있겠는가?"를 구실로 삼아 '의족' 게임이 형성된다.

반(反)게임 자기 자신과 상대에 대한 일상적인 예의의 범위를 확장하는 것이다. 다시 말해서 언어적·신체적 채찍질을 자제하고 좀 더 전통적인 형태의 성교만을 하는 것이다. 화이트가 진짜 성도착증 환자라면, 이렇게 했을 때 게임의 두 번째 요소가 드러날 것이다. 이 요소는 환자의 꿈에 분명히 표현되는 경우가 많다. 성교 자체는 환자에게 큰 관심거리가 아니다. 그는 스스로 굴욕적으로 느끼는 전희에서 진정한 만족을 느낀다. 이것이야말로 그가 인정하고 싶지 않은 것이다. 그러나 이제 그의 불만은 "모든 일을 다 했는데 아직 섹스를 못했어."라는 것이 그 자신에게도 분명해진다. 이 시점이 되면 특정한 심리 치료에 훨씬 호의적으로 반응하며, 변명과 요리조리 빠져나가는 교활함도 대부분 포기한 상태가 된다. 이것은 실제 치료 장면에서 보게 되는 평범한 '성적 정신병리'에 적용되는 것이고, 악성 정신분열증 혹은 범죄적 성도착증 환자나 환상 속에서만 성행위를 하는 사람들에게는 적용되지 않는다.

'동성애' 게임은, 어떤 국가들에서 의례적 행위가 되었듯이, 이제 많은 국가에서 하위 문화로 자리 잡았다. 동성애에서 유래하는 많은 장애는 사실 동성애를 게임으로 만드는 데서 기인한다. '경찰과 강도',

'왜 나한테는 항상 이런 일이 일어날까', '세상은 다 그래', '위대한 사람 치고' 따위의 게임을 낳는 도발적 행동은 대체로 사회적 통제로 변화시킬 여지가 있으며, 그것은 동성애에서 비롯하는 장애를 최소한으로 줄여준다. '프로 동성애자'는 다른 목적에 쓸 수 있는 많은 에너지와 시간을 낭비한다. 게임 분석은 그가 자신만의 '정말 너무 심하죠?' 변형 게임에 몰두하는 대신 부르주아 사회가 제공하는 여러 혜택을 마음껏 누리며 살 수 있게 해줄 조용한 살림을 꾸리는 데 도움을 줄 수 있다.

'유혹' 게임

이것은 한 남자와 한 여자가 하는 게임이며, 적어도 비교적 온건한 형태는 좀 더 점잖게 '은밀한 거절'이나 '분개' 게임이라고 부를 수도 있을 것이다. 게임은 다양한 수준의 강도로 펼쳐질 수 있다.

1. 1단계 '유혹' 또는 '은밀한 거절'은 사회적 모임에서 인기가 있으며, 기본적으로 가벼운 희롱으로 이뤄진다. 화이트가 자기는 혼자이며 남자들이 쫓아오는 것을 좋아한다는 신호를 보낸다. 남자가 화이트에게 약속을 하는 순간 게임은 끝난다. 예의 바른 여성이라면, "좋게 보아주시니 진심으로 감사합니다. 정말 고맙습니다."라고 솔직히 말하고 돌아서서 새로운 정복에 나설 것이다. 그렇게까지 자비롭지 않다면 남자를 버려둔 채 그냥 가버릴 것이다. 능숙한 선수라면 큰 사회 집단에

서 자주 위치를 바꿈으로써, 남자가 눈에 띄지 않게 이 여성을 추적하려면 복잡한 계략을 써야만 하는 상황을 만들면서 이 게임을 오랫동안 계속할 수도 있다.

2. 2단계 '유혹 또는 '분개' 게임에서 화이트는 블랙의 접근으로부터 이차적 만족을 얻을 뿐이다. 화이트의 일차적 만족은 블랙을 거부하는 데서 온다. 그래서 이 게임은 구어체 표현으로 '전화 끊어라, 애송아'라고도 알려져 있다. 여기서 화이트는 블랙을 유도해서 1단계 '유혹'의 가벼운 유희보다 훨씬 더 진지한 약속을 하게 만들고는, 그가 퇴짜를 맞고 당황하는 모습을 지켜보며 즐거워한다. 물론 블랙도 보기만큼 무력한 사람은 아니다. 이렇게 되기까지 아마도 많은 어려움을 겪어 왔을 것이다. 보통 블랙은 '나 좀 차주세요' 게임의 변형 게임을 하는 경우가 많다.

3. 3단계 '유혹' 게임은 살인, 자살, 재판으로 끝이 날 수도 있는 악성 게임이다. 여기서 화이트는 위태로운 신체 접촉으로 블랙을 유인한 다음, 성폭행을 당했다거나 심각한 피해를 입었다고 주장한다. 가장 나쁜 유형은 블랙에게 증거를 들이대고 몰아세우기 전에 화이트가 실제로 모든 성적 행동을 허락하고 그것을 즐기는 경우다.

대결은 사실과는 달리 강간 피해처럼 보이도록 비명을 지르는 경우처럼 즉각적일 수도 있고, 오래 연애 관계를 유지하다가 살인이나 자살로 이어지는 경우처럼 많은 시간이 지난 후에 나타날 수도 있다. 만약 화이트가 이 게임을 성폭행 범죄로 몰고 가려 한다면, 언론이나 경찰, 심리 상담가, 일가친척 같은 구원병 혹은 병적으로 관심을 보이는 동맹을 쉽게 구할 수 있을 것이다. 하지만 때때로 이러한 제3자들이 냉소적으로 화이트에게서 등을 돌리는 경우가 있는데, 이럴 경우 그녀는 모든 주도권을 잃고 그들이 하는 게임의 도구로 전락하고 만다.

제3자들이 좀 다른 역할을 하는 경우도 있다. 그들은 '당신들끼리 싸워보세요' 게임을 원하기 때문에 화이트가 내켜하지 않아도 무조건 게임이 계속 진행되도록 밀어붙인다. 그들은 자신의 명예를 위해서라도 강간을 주장하지 않을 수 없는 상황으로 화이트를 몰아넣는다. 특히 미성년이 관련되면 이런 상황이 벌어지기 쉽다. 미성년자들은 비밀스러운 관계를 지속할 의사도 있지만 일단 발각되거나 화제의 주인공이 되면 그동안의 낭만적 관계를 3단계 '유혹' 게임으로 바꾸지 않을 수 없는 입장에 몰린다.

잘 알려진 상황을 하나 보자. 신중한 요셉이 '유혹' 게임에 말려들지 않고 거절하자 보디발의 아내는 게임을 '당신들끼리 싸워보세요'로 바꾸어버리는 고전적인 반응을 보인다.* 이 이야기는 격렬하게 게임하는 사람들이 게임 거부에 어떻게 반응하는지, 게임을 거부한 사람들이 어떤 위험에 처하게 되는지를 보여주는 탁월한 예다. 이 두 게임이 잘 결합하면 유명한 '미인계' 게임이 된다. '미인계'에서는 여성이 블랙을 유혹한 다음 강간당했다고 주장한다. 그러면 그때부터는 남편이 나서서

---

* 구약성서에 나오는 요셉의 일화. 형들의 계략으로 이집트에 노예로 팔려간 요셉이 바로 왕의 친위대장 보디발에게 신임을 받고 그 집에서 일할 때 친위대장의 아내가 요셉을 유혹한다. 요셉이 이를 뿌리치자 앙심을 품은 안주인의 모략으로 요셉은 감옥에 갇히게 된다.(역주)

돈을 뜯어낼 목적으로 블랙을 괴롭힌다.

가장 불행하고 가장 격렬한 형태의 3단계 '유혹' 게임은 모르는 사람 사이의 동성애 관계에서 비교적 자주 발생한다. 이 게임에서는 불과 몇 시간 만에 게임이 살인으로 이어질 수도 있다. 이 게임이 냉소적이고 범죄적인 형태로 변형된 결과들이 선정적 신문의 많은 지면을 채운다.

'유혹' 게임의 아동기 원형은 '냉담한 여성' 게임의 경우와 같다. '냉담한 여성'에서는 서머싯 몸(Somerset Maugham)이 《인간의 굴레》에서 그렸고, 이미 앞에서 말했듯이 찰스 디킨스가 《위대한 유산》에서 전형적으로 보여주는 대로, 어린 여자아이가 남자아이를 유인해서 굴욕적인 행동을 하거나 스스로 더럽히게 만들어놓고는 그렇게 되었다고 비웃는다. 이것은 2단계 게임이다. 험한 동네로 가면 3단계에 가까운, 좀 더 과격한 게임을 볼 수 있다.

반(反)게임 남자가 이 게임에 휘말리는 것을 피하거나 게임을 하더라도 스스로 통제할 수 있는 상태를 유지할 수 있느냐 없느냐는 진정한 감정 표현과 게임 속의 수를 구분할 수 있는 능력에 달렸다. 남자에게 사회적 통제를 행사할 능력이 있다면 장난 삼아 '은밀한 거절'을 하면서 대단히 큰 즐거움을 얻을 수도 있다. 그러나 '보디발의 아내' 계략에 맞설 만한 안전한 방법이란 아무런 흔적도 남기지 않고 종료 시간 전에 떠나는 것 말고는 찾기 어렵다. 나는 1938년 시리아의 큰 도시인 알레포에서 나이 들어가는 '요셉' 한 명을 만난 적이 있다. 그는 32년 전 자신이 사업차 일디즈 하렘에 갔을 때 술탄의 여인 한 명 때문에 궁지에 빠졌다가 콘스탄티노플에서 급히 떠나야 했던 이야기를 들려주었다. 그는 가게는 포기할 수밖에 없었지만 모아둔 금화만은 챙길 수 있었고 다시는 돌아가지 않았다고 했다.

관련 사항 '유혹' 게임의 남성판 변형들이 벌어지는 것으로 악명 높은 몇몇 상업적 상황이 있다. '캐스팅 빙자 간음'(후 그녀는 배역을 받지 못하고), '포옹'(후 그녀는 해고당하는) 등이다.

》 게임 분석 《

다음은 3단계 '유혹' 게임을 분석한 것이다. 3단계 '유혹' 게임이 이 게임의 요소를 좀 더 극적으로 보여주기 때문이다.

목표 악의적 보복

역할 남자를 유혹하는 여자, 늑대

심리 역학 (3단계) 남근 선망, 구강기 폭력. '거절'은 남근기인 데 반해 '분개'에는 강한 항문기적 요소가 있다.

사례 (1) 내가 다 일러줄 테다, 이 더러운 꼬마 녀석아! (2) 학대받은 여자

사회적 패러다임 어른-어른

어른(남성) : "내가 당신이 원했던 것보다 지나치게 행동했다면 죄송합니다."

어른(여성) : "당신은 나를 범했고 마땅한 대가를 치러야 합니다."

심리적 패러다임 아이-아이

아이(남성) : "내가 얼마나 거부할 수 없이 매력적인지 똑똑히 봐."

아이(여성) : "너 이번에 딱 걸렸어."

수 (1) 여성 : 유혹, 남성 : 역-유혹 (2) 여성 : 굴복, 남성 : 승리 (3) 여성 : 정면 대결, 남성 : 실추

이득 (1) 심리 내적—증오 표현과 죄책감 투사 (2) 심리 외적—정서적인 성적 친밀감 회피 (3) 내적인 사회적—'너 이번에 딱 걸렸어' (4) 외적인 사회적—'정말 너무 심하죠?', '법정 공방', '당신들끼리 싸워보세요' (5) 생물학적—성적이고 호전적인 주고받기 (6) 실존적—나는 잘못이 없다.

'스타킹' 게임

'유혹' 계열 게임으로서 '스타킹' 게임의 가장 뚜렷한 특징은 노출증이다. 노출증은 본질적으로 히스테리적이다. 한 여자가 처음 보는 사람들의 모임에 끼어 들어서는 얼마 지나지 않아 다리를 들어올려서 도발적인 자세로 몸을 드러내며 말한다. "어쩌면 좋아, 스타킹 올이 풀렸네." 남자들을 성적으로 자극하고 다른 여자들을 화나게 만들려는 계산된 행동이다. 어떤 형태로든 화이트에게 그 속셈을 대면하게 하면 화이트는 곧바로 그런 의도가 전혀 없었다고 반박하거나 아니면 반격으로 나온다. 이것이 바로 고전적 '유혹' 게임과 닮은 점이다. 중요한 것은 화이트에게는 응용력이 부족하다는 점이다. 화이트는 자기가 지금 어떤 유형의 사람을 상대하고 있는지 또는 계략을 펼칠 적절한 시기

가 언제인지를 판단할 수 있을 정도로 기다리는 법이 거의 없다. 결국 화이트의 계략은 눈에 띄게 부적절하고 주변 사람들과의 관계에 나쁜 영향을 끼친다. 겉으로는 웬만큼 '교양' 있어 보이지만 인간 본성을 지나치게 냉소적으로 판단하는 것 때문에 화이트는 자기 인생에서 무슨 일이 벌어지고 있는지 이해하지 못한다. 게임의 목표는 남들이 음탕한 생각을 품고 있음을 증명하는 것이며, 화이트의 어른은 아이와 부모(대개 음탕한 어머니)의 속임수에 넘어가서 자신의 도발성과 자기가 만나는 많은 사람들의 선량한 양식을 무시한다. 따라서 게임은 자기 파괴적 경향이 있다.

　이 게임은 기저에 깔린 병리에 따라 내용이 달라지는 남근기적 변형 게임이라고 볼 수 있다. '구강기' 변형은 매우 병적이고 가슴이 풍만한 여자들에게서 볼 수 있다. 그런 여성들은 앉아 있을 때 가슴을 앞으로 내밀 듯이 두 손을 머리 뒤로 가져가고는 한다. 가슴 크기 아니면 수술이나 멍울 같은 건강 이상을 언급하면서 부러 관심을 끌기도 한다. 우물쭈물하는 행동도 항문기 변형이기 쉽다. 이 게임의 함의는 이 여성이 성적으로 접근 가능하다는 점이다. 따라서 진실하지 않게 과부 생활을 '내비치는' 미망인들이 좀 더 상징적인 형태로 이 게임을 할 수도 있다.

　반(反)게임 이 여성들은 응용력만 부족한 게 아니라 게임을 끝내려는 어떤 시도에도 거의 관용을 보이지 않는다. 예를 들어 수준 높은 심리 치료 집단에서 게임을 무시하거나 속셈을 대면시키면 화이트는 집단을 떠날 수도 있다. 이 게임에서는 반게임과 앙갚음을 세심하게 구분해야 한다. 앙갚음은 화이트가 이겼음을 알려주는 것이기 때문에 그렇다. '스타킹' 게임에서는 게임을 깨서 사실상 별로 얻을 게 없는 남자들보다는 여자들이 반격의 수에 더 능하다. 따라서 반(反)게임은 자리를 같이한 다른 여성에게 맡겨 두는 것이 최선이다.

'난리법석' 게임

이 게임의 고전적 형태는 지배적인 아버지와 10대 딸들 사이에서 나타나며, 거기에는 성적으로 억압된 어머니가 있다. 퇴근해서 집에 돌아온 아버지가 딸을 붙들고 잔소리를 하고 딸은 건방지게 대꾸한다. 아니면 딸이 먼저 건방지게 굴어서 아버지가 나무라기 시작한다. 두 사람의 언성이 높아지고 충돌은 갈수록 격렬해진다. 결과는 누가 주도권을 쥐었느냐에 달렸다. 세 가지 가능성이 있다. 첫째, 아버지가 문을 쾅 닫고 안방으로 들어가버리거나, 둘째, 딸이 문을 쾅 닫고 자기 방으로 들어가버리거나, 셋째, 두 사람 모두 문을 쾅 닫고 각자 자기 방으로 들어가버리는 것이다. 어떤 경우든 쾅 닫히는 문이 '난리법석' 게임이 끝났다는 표시다. '난리법석' 게임은 일부 집안에서 일어나는 아버지와 10대 딸 사이의 성적인 문제를 해결할 수 있는, 괴롭지만 효과적인 방법을 제공한다. 그런 상황에서 많은 경우 아버지와 딸들은 서로 으르렁거려야만 한집에 살 수 있다. 문을 쾅 닫으면서 각자의 침실이 따로 있다는 사실을 서로 강조하는 것이다.

성적 기강이 무너진 집안에서는 이 게임이 더 음험하고 역겨운 형태로 진행될 수도 있다. 아버지가 데이트 나간 딸을 기다리고 있다가 딸이 집 안으로 들어서면 성관계를 하지 않았음을 확인하려고 딸의 몸과 옷을 샅샅이 살핀다. 아주 사소한 의심이라도 들 만한 꼬투리를 잡으면 극도로 폭력적인 언쟁이 일어나고, 결국 딸이 한밤중에 집에서 쫓겨나는 것으로 끝이 나기 십상이다. 어쨌든 결국은 그렇게 끝나게 되어 있다. 그날 밤이 아니라면 그 다음날 밤, 다음날도 아니라면 그 다음 다음날에라도 그렇게 된다. 그리고 나면 이 모든 과정을 '무기력하게' 지켜보기만 하던 어머니에게 아버지가 설명해주는 내용대로 아버지의 의심은 '정당화'된다.

그러나 일반적으로 '난리법석' 게임은 성적 친밀감을 피하고자 하는 사람들 사이라면 어떤 관계에서도 일어날 수 있다. 예컨대 이 게임은 '냉담한 여성'의 마지막 단계에서 흔히 나타난다. 이 게임이 10대 남자 청소년과 여성 친척들 사이에서 벌어지는 경우는 상대적으로 드문데, 남자 청소년들은 나머지 가족 구성원에 비해 밤에 집을 빠져나가기가 쉽기 때문이다. 좀 더 어린 남매들끼리는 몸싸움을 통해 효과적으로 벽을 쌓고 부분적 만족을 얻을 수 있다. 이런 양상은 나이에 따라 다양한 동기에서 벌어질 수 있으며, 미국에서는 이것이 텔레비전과 교육 전문가나 소아과 전문의들이 인정하는 반쯤 의례적인 '난리법석'의 형태로 자리 잡았다. 영국 상류층에서는 이 게임이 나쁜 것으로 간주되며(또는 더었으며), 그에 상응하는 에너지가 운동 경기장에서 잘 통제된 형태의 '난리법석' 게임으로 표출된다.

반(反)게임 사실 이 게임은 아버지가 믿고 싶어하는 만큼 그에게 그렇게 불쾌한 것만은 아니며, 게임을 깨뜨리는 수를 두는 것은 주로 딸이다. 여기서 딸이 내놓는 수는 많은 경우 너무 이른 결혼 또는 어쩔 수 없어서 하는 결혼이다. 심리적으로 가능하기만 하다면 어머니가 자신의 상대적 혹은 절대적 불감증을 포기함으로써 게임을 깰 수도 있다. 아버지가 집 밖에서 성적 흥미를 찾을 경우 게임이 진정될 수도 있지만, 이 경우에는 다른 부작용을 부를 수 있다. 부부의 경우, 이 게임의 반게임은 '냉담한 여성'이나 '냉담한 남성'의 경우와 같다.

적절한 여건이 마련되면 '난리법석' 게임은 아주 자연스럽게 '법정 공방' 게임으로 이어진다.

10장
암흑가 게임

'도움을 주는' 전문가들이 법정과 보호관찰소와 교정 시설에 깊이 관여하게 되었고, 범죄학자들과 법 집행관들의 수준이 갈수록 높아지기 때문에 이 분야 관련자들은 이제 감옥 안팎의 암흑 세계에 만연한 대표적인 게임들을 알아야만 한다. 이런 게임으로는 '경찰과 강도', '모범수', '등치기' 등이 있다.

'경찰과 강도' 게임

범죄자들은 대개 경찰을 혐오하기 때문에 머리 싸움에서 경찰을 이겼을 때 범행에 성공한 것만큼이나, 혹은 그보다 더 큰 만족을 느끼는 것 같다. 어른의 수준에서 볼 때 그들의 범죄는 물질적 보상을 바라고 하는 게임이지만, 아이의 수준에서 볼 때 범죄의 참맛은 도주와 따돌리기라는 추격전에서 오는 전율이다.

흥미롭게도 '경찰과 강도' 게임의 아동기 원형은 경찰-도둑 놀이가 아니라 숨바꼭질이며, 숨바꼭질의 묘미는 술래한테 들켰을 때 느끼는 애석함에 있다. 어린아이들은 이 점을 감추지 않는다. 만약 아빠가 너무 쉽게 아이를 찾아버리면 재미가 사라지고 애석함만 남는다. 그러나 잘 놀아주는 아빠라면 자기가 어떻게 해야 하는지 안다. 못 찾는 척 시간을 끌면 아이는 소리를 내거나 뭔가를 떨어뜨리거나 발을 굴러서 단서를 던져준다. 그런 식으로 아빠가 자기를 찾게 만들어놓고는 찾으면 애석해서 어쩔 줄 모르겠다는 듯이 군다. 이럴 때 아이는 앞의 경우보다 더 큰 재미를 느끼는데 그것은 바로 긴장감이 커졌기 때문이다. 아빠가 못 찾겠다고 포기하면 아이는 승리보다는 실망을 느끼는 게 보통이다. 아빠가 포기해도 숨어 있는 데서 오는 즐거움이 사라진 것은 아니니 문제는 그것이 아님이 분명하다. 실망은 들키지 않았다는 사실에서 온다. 게임의 규칙을 아는 아버지는 숨는 차례가 되었을 때도 아이를 너무 오랫동안 골탕 먹이면 안 된다는 것을 안다. 딱 재미있을 정도까지만 숨어 있으면 된다. 그리고 아이가 찾아냈을 때 애석해서 어쩔 줄 몰라하는 표정을 짓는 것도 잊지 않는다. 발각되는 것이야말로 반드시 필요한 클라이맥스라는 사실이 곧 확실해진다.

그래서 숨바꼭질이 단순한 심심풀이 놀이가 아니고 진정한 게임이 될 수 있는 것이다. 사회적 수준에서 볼 때 숨바꼭질은 머리 싸움이며, 게임에 참여하는 각자의 어른이 최선을 다할 때 가장 큰 만족을 느낄 수 있다. 그러나 심리적 수준에서 볼 때 그것은 화이트의 아이가 이기도록 하기 위해서 어른이 져야 하는 중독성 도박과 같은 설정이다. 들키지 않는 것이 실질적인 반(反)게임이다. 조금 큰 아이들 사이에서는 아무도 찾을 수 없는 장소를 찾아낸 아이는 제대로 놀 줄 모르는 아이로 몰린다. 그애가 게임을 망쳐버렸기 때문이다. 그런 아이는 게임에서 아이 요소를 모두 제거하고 모든 과정을 어른의 절차로 바꿔버린다. 그 아이는 이제 재미로 게임하지 않는다. 오히려 카지노 업소의 주인이나 일부 전문 범죄자들과 같은 부류가 된 것이다. 그들이 추구하는 것은 오락이 아니라 돈이다.

상습 범죄자에는 두 가지 부류가 있는 것으로 보인다. 주로 이득을 노리고 범행을 저지르는 부류와 주로 게임을 하려고 범행을 저지르는 부류이다. 그리고 둘 중 어느 쪽이라도 가능한 대다수 사람들이 두 부류 사이에 끼어 있다. 보고에 따르면, '승자 강박관념'이 있는 부류, 즉 아이가 정말로 잡히는 것을 원치 않는 큰손은 매우 드물다. 아무도 그를 잡을 수 없다. 어떤 경우라도 그는 빠져나간다. 반면에 '패자 강박관념'이 있는 부류, 즉 '경찰과 강도' 게임을 하는 부류가 재정적으로 풍족한 경우는 거의 없다. 가끔 예외가 있더라도 기술 덕이 아니라 운으로 그렇게 된 경우가 많은 것 같다. 운이 좋은 치들도 결국에는 대개 그들의 아이의 요구대로 끝난다. 잘나가는 게 아니라 불평만 구시렁대면서.

'경찰과 강도' 게임을 하는 사람들은 어떤 면에서 알코올 중독자와 닮았다. 그는 강도에서 경찰로, 경찰에서 강도로 역할을 전환할 수 있다. 어떤 경우에는 낮에는 부모 같은 경찰을 하다가 밤이 되면 아이 같은 강도가 되기도 한다. 강도가 여럿에다 경찰이 한 명인 게임도 있고,

경찰이 여럿에다 강도가 한 명인 게임도 있다. 범죄자가 '개심'하면 구원자 역할을 맡아서 사회복지사나 선교사가 될 수도 있다. 그러나 이 게임의 구원자는 '알코올 중독자' 게임의 구원자에 비하면 훨씬 덜 중요하다. 하지만 이 게임에서 강도 역할을 맡는 것은 보통 거의 운명적이며, 발각당했을 때 각자 자기만의 '처리 방식'이 있다. 경찰에게 만만한 유형이 있는가 하면 골치 아픈 유형도 있다.

  도박꾼들도 상황은 비슷하다. 사회적 혹은 사회학적 수준에서 볼 때 '전문' 도박꾼이란 인생에서 도박에 가장 큰 관심을 쏟는 사람들이다. 그러나 심리적 수준에서 보면 전문 도박꾼에는 두 가지 유형이 있다. 우선, 게임을 하면서 시간을 보내는 사람들이 있다. 다시 말해서 운명을 가지고 노는 사람들이며, 이들의 어른이 이기고 싶어하는 욕망의 세기를 넘어설 수 있는 것은 지고 싶어하는 아이의 욕구뿐이다. 다음으로, 도박장을 운영하여 실제로 생계를 꾸려 가는 사람들이 있다. 이들은 도박꾼들에게 기회를 제공하는 방법으로 많은 경우 아주 풍요로운 생활을 영위한다. 이들은 게임을 하지 않는다. 물론 진짜 범죄자가 가끔 '경찰과 강도' 게임을 하듯이 일정한 조건이 되면 이들도 게임에 빠져들어 즐기기도 하지만 기본적으로는 게임을 회피한다.

  이것은 지금까지 사회학과 심리학의 범죄 연구들이 왜 대체로 모호하고 비생산적이었는지를 이해할 수 있는 실마리를 던져준다. 연구자들은 일반적인 이론적 혹은 경험적 구조로는 적절히 변별하기 어려운 완전히 다른 두 부류의 사람들을 상대하고 있었던 것이다. 도박꾼 연구도 마찬가지다. 교류 분석과 게임 분석은 이에 대한 즉각적인 해결책을 제공한다. 교류 분석과 게임 분석에서는 사회적 수준 아래로 들어가서 '게임하는 사람들'과 '진짜 프로들'을 교류 수준에서 구분함으로써 그러한 모호함을 걷어낸다.

이제 이런 일반적 명제에서 구체적 사례로 넘어가보자. 진짜 강도들은 자기가 해야 할 일 외에 쓸데없는 짓은 하지 않는다. 그러나 '경찰과 강도' 게임을 하는 강도들은 배설물이나 분비물을 묻혀서 비싼 옷가지를 버려놓는다거나 하는 불필요한 파괴 행위로 자기가 다녀간 흔적을 남긴다. 보고에 따르면 제대로 된 은행 강도는 폭력을 피하려고 갖은 노력을 기울인다고 한다. 반면에 '경찰과 강도' 게임으로 은행 강도를 하는 사람은 오직 자기 분노를 터뜨릴 구실을 찾을 뿐이다. 프로들이 으레 그렇듯이 진짜 범죄자라면 상황이 허락하는 한 가장 깨끗하게 범행을 마치기를 원한다. 그러나 '경찰과 강도' 게임을 하는 범죄자는 범행 과정에서 자기 울분을 토해내야만 직성이 풀린다.

진정한 프로는 모든 대책을 마련하기 전까지는 절대 움직이지 않는데 비해 게임하는 사람들은 무작정 법을 어기고 보자는 식이다. 진짜 프로들은 그들 나름으로 '경찰과 강도' 게임을 잘 알고 있다. 만약 조직원 중 한 사람이 일을 그르칠 위험이 생길 정도로 게임에 몰두하는 것으로 보이면, 그래서 체포되고 싶은 욕구까지 드러내면, 진짜 프로들은 재발을 막으려고 과감한 조치를 취한다. 진짜 프로들이 웬만해서는 체포되는 경우가 거의 없는 것도 그들이 '경찰과 강도' 게임을 하지 않기 때문인지도 모른다. 그러므로 이들에 대한 사회학적 · 심리학적 · 정신 의학적 연구 역시 드물 수밖에 없다. 도박꾼들의 경우도 마찬가지다. 우리가 지금 범죄자나 도박꾼들에 대해 알고 있는 것은 대부분 진짜 프로들에 대한 것이 아니라 게임하는 사람들에 대한 정보라는 말이다.

(전문 털이범과 대비되는) 절도광*은 사소한 '경찰과 강도' 게임이 어느 정도까지 이상해질 수 있는지 보여주는 좋은 예다. 적어도 서양인들 중에는 수많은 사람들이 '경찰과 강도' 게임에 환상을 품고 있는데, 신문이 팔리는 것도 바로 그 환상 때문이다. 이 환상은 그야말로 생각할 수 있는 가장 고도의 게임으로 경찰을 완전히 골탕 먹이는 '완벽한 살인'을 꿈꾸는 형태로 자주 나타난다.

'경찰과 강도'의 변형으로는 '경찰과 강도' 게임과 똑같은 규칙과 보상을 따라 횡령범들이 하는 게임인 '회계감사와 강도', 밀수범들이 하는 게임인 '관세사와 강도' 등이 있다. 특히 흥미로운 게임은 '법정 공방' 게임의 범죄형 변형이다. 아무리 사전 대비를 철저히 한다고 해도 프로 범죄자도 때로는 체포되어 법정에 설 수 있다. 그런데 그에게는 '법정 공방' 게임이 법률 자문의 지시에 따라 수행하는 하나의 절차다. 한편 변호사, 특히 이겨야 직성이 풀리는 승리 강박관념이 있는 변호사에게 '법정 공방' 게임은 기본적으로 배심원을 상대로 하는 지는 게 아니라 이기는 것이 목적인 게임이다. 그리고 이 게임은 사회적으로 널리 건설적인 게임으로 여겨진다.

....

* 일반적인 강도와 달리 물건이나 돈이 필요하거나 갖고 싶어서가 아니라 훔치기 전의 긴장감이나 훔치고 나서 느끼는 희열 때문에 훔치는, 일종의 충동 장애이다.(역주)

반(反)게임 이것은 정신과 의사가 아니라 자격을 갖춘 범죄학자와 결부되는 문제다. 경찰과 사법 조직은 사회가 구축해놓은 규칙에 따라 이 게임에서 그들의 역할을 하고 있을 뿐이다.

그런데 여기서 한 가지 강조해 두어야 할 것이 있다. 어떤 범죄자들은 추격을 즐기기라도 하는 듯이, 잡히고 싶어하는 듯이 행동하기도 하고, 범죄 심리서를 읽고 이 책 정말 대단하다고 고개를 끄덕이기도 한다고 범죄학 분야 연구자들끼리 우스갯소리를 할 수도 있다. 그러나 범죄자들이 자신의 '중대한' 작업에서 그러한 '학문적' 요인을 심각하게 고려하는 경우는 거의 볼 수 없다. 우선 표준화된 심리학적 연구 방법으로는 그런 요소를 파헤칠 수가 없다. 따라서 연구자는 자신의 연구 방식으로는 다룰 수 없는 결정적 요소를 간과하거나 아니면 자신의 연구 도구를 바꾸는 수밖에 없다. 그런데 문제는 그러한 도구들이 지금까지는 범죄학 분야의 어떤 문제에도 분명한 해결책을 내놓지 못했다는 것이다. 따라서 연구자들은 기존 방식을 포기하고 문제를 새로운 관점에서 접근할 때 더 좋은 결과를 얻을지도 모른다. '경찰과 강도' 게임이 흥미로운 예외가 아니라 상당히 많은 사례에서 문제의 핵심이라는 것을 인식하지 못하는 한, 범죄학 연구는 핵심에서 벗어난 사소한 것들, 학설들, 주변적인 문제만을 다루는 데 머물 수밖에 없다.[1]

》게임 분석《

핵심 나를 잡을 수 있으면 어디 한번 해보시지

목표 안도감

역할 강도, 경찰 (판사)

심리 역학 남근기적 침입, 예컨대 (1) 숨바꼭질, 술래잡기 (2) 범죄

사회적 패러다임 부모-아이

아이 : "저를 잡을 수 있으면 어디 한번 해보세요."

부모 : "그게 바로 내 전공이지."

심리적 패러다임 부모-아이

아이 : "저를 잡으셔야 하는 거예요."

부모 : "아, 너 거기 있었구나."

수 (1) 화이트 : 도전, 블랙 : 분개 (2) 화이트 : 은닉, 블랙 : 좌절 (3) 화이트 : 도발, 블랙 : 승리

이득 (1) 심리 내적-오래 묻어 둔 잘못에 대한 물질적 보상 (2) 심리 외적-역공포 (3) 내적인 사회적-잡을 수 있으면 어디 한번 해보시지. (4) 외적인 사회적-그때 내가 거의 완전 범죄에 가까운 일을 했다.(심심풀이 놀이 : 그때 그들은 거의 완전 범죄를 저질렀다.) (5) 생물학적-악명 (6) 실존적-나는 늘 실패자였다.

'모범수' 게임

역사적 증거에 따르면, 감옥에서 가장 훌륭하게 살아남는 자들은 주어진 시간을 활동과 심심풀이 놀이와 게임으로 메운 사람들이다. 이 사실을 누구보다 잘 아는 사람들은 정치경찰임에 틀림없다. 이들은 죄

수들의 사회적 접촉을 모조리 박탈하고 오랫동안 비활동적으로 만들어버리는 간단한 수법으로 일부 죄수들을 무너뜨린다고 한다.

독방 수감자들이 가장 좋아하는 활동은 독서나 글 쓰기이고, 가장 좋아하는 심심풀이 놀이는 탈출인데, 카사노바나 트렌크 남작같이 유명한 탈옥수들도 있다.

이들이 즐겨하는 게임은 '모범수' 게임인데, 국립병원에서도 볼 수 있는 게임이다. 이 게임을 '품행방정'이라고 알려진 같은 이름의 조작(73쪽을 보라.)과 구분해야 한다. 정말로 출소를 원하는 수감자라면 가능한 빨리 풀려나려면 책임자들에게 어떻게 맞춰야 하는지를 곧 알아내게 마련이다. 오늘날에는 '정신 의학' 게임의 집단 상담을 충실히 하는 것도 한 가지 방법이 되는 경우가 많다. 그러나 '모범수' 게임을 하는 자들은 그들의 아이가 밖으로 나가기를 원치 않는 죄수나 환자들이다. 이들은 '품행방정'을 흉내 내지만 결정적 순간에 스스로 배반해서 석방을 막는다. 다시 말해서 '품행방정'에서는 부모, 어른, 아이가 석방을 위해 협조하지만, '모범수' 게임에서는 부모와 어른이 예정된 움직임대로 잘 하다가 결정적 순간에, 미지의 세계로 나아가야 하는 다가오는 모험에 겁을 집어먹은 아이가 나서서 일을 망친다. '모범수' 게임은 1930년대 후반 독일에서 미국으로 막 이민 와서 정신병에 걸린 사람들 사이에서 흔했다. 그들은 일단 입원해서 증세가 호전되면 퇴원시켜 달라고 조른다. 그러나 막상 자유의 날이 다가오면 정신 이상 증상이 재발하고는 했다.

반(反)게임 예민한 관리자라면 '품행방정'과 '모범수' 게임 둘 다 알아볼 수 있으며, 관리 차원에서 처리할 수 있다. 그러나 집단 치료 초보자는 쉽게 걸려든다. 두 게임이 정신 치료를 시행하는 감옥에서 가장 흔히 볼 수 있는 수법이라는 것을 아는 경험 많은 집단 치료자라면 이들을 예의 주시했다가 초반에 반드시 가려낼 것이다. '품행방정'은 정직한 조작이기 때문에 그렇게 다루면 되고, 그것을 드러내놓고 이야기해도 해롭지 않다. 반면에 '모범수' 게임의 경우 겁 먹은 재소자를 재활시키려면 적극적으로 치료해야 한다.

관련 사항 '모범수' 게임의 가까운 친척은 '제 말 좀 들어보세요'라는 조작이다. 여기서 시설 수용자나 사회 기관 이용자는 불만을 제기할 권리를 요구한다. 그가 제기하는 불만이란 대개 엉뚱한 것들이다. 그의 주된 목적은 당국이 자신의 말에 귀 기울인다는 것을 확인하려는 것이다. 만약 당국이 그가 불만을 처리해주기를 기대한다고 착각해서 무리한 요구를 한다며 그를 무시한다면 그때부터 문제가 생길 수 있다. 또 당국이 요구를 들어주면 그는 더 큰 것을 요구할 것이다. 반면에 당국이 관심을 보이며 인내심을 발휘해 그가 하는 말을 귀 기울여 들어주기만 해도 '제 말 좀 들어보세요' 게임을 하는 사람은 만족해하며 협조하고, 아무것도 더 요구하지 않을 것이다. 관리자는 '제 말 좀 들어보세요'와 진지한 개선책 요구를 분간할 줄 알아야 한다.[2]

'무고죄' 게임은 이 게임계에 속하는 또 다른 게임이다. 진짜 범죄자는 출옥하려는 진지한 노력으로 '무고죄'를 외칠 수 있다. 그러나 '무고죄'를 게임으로 하는 재소자는 감옥에서 나가는 데 압력을 행사하려는 의도로 그 게임을 이용하지 않는다. 만약 감옥을 나간다면 더는 소리를 높일 구실이 없어질 터이기 때문이다.

'등치기' 게임

이 게임의 원형은 유쾌한 사기 게임인 '백화점'*이지만 많은 소규모 야바위와 미인계도 이 게임에 속한다. 절도범의 피가 흐르는 사람이 아닌 이상 '등치기' 게임에서 질 사람은 아무도 없다. 블랙이 맨 먼저 해야 할 일이란 '얼빠지고 순진한 늙은 조이'가 속아 넘어가려고 아예 대기하고 있다고 말해주는 것이기 때문이다. 화이트가 정말로 정직한 사람이라면 조이에게 경고를 하거나 아니면 그 시도를 막아야 옳지만 그는 그렇게 하지 않는다. 조이가 빚을 갚으려 할 때 뭔가 일이 잘못되고, 화이트는 투자액을 날렸음을 알게 된다. 미인계 게임의 경우라면 조이가 불륜 관계를 가지려는 순간 화이트가 들이닥치는 식이 된다. 그러면 나름대로 정직하게 자기가 세운 규칙에 따라 게임을 하고 있던 화이트는 이제 조이의 규칙을 따르지 않을 수 없음을 깨닫게 되는데, 그 규칙들이란 괴롭게 마련이다.

흥미로운 점은 이 게임의 봉이 '등치기'의 규칙을 알고 철저히 따르게 되어 있다는 것이다. 정직한 밀고는 이미 사기 집단이 계산해 둔 위험이다. 그들은 그런 일로 화이트를 원망하지 않을 뿐 아니라 자기가

---

* 백화점을 구하기 위해 사설탐정과 고객이 펼치는 코미디 영화, 1941년작.(역주)

살기 위해서 경찰에 어느 정도 거짓말을 하는 것까지 허용한다. 하지만 화이트가 사기 정도의 사건을 강도 사건이라고 거짓 고발한다면 그들은 분개한다. 다른 한편으로, 술 취한 봉을 속여서 문제를 일으킨 사기꾼에게는 가차 없다. 아무리 사기꾼이라도 그 정도는 지켜야 한다는 것이다. 유머 감각이 있는 사람을 봉으로 선택할 정도로 어리석은 경우도 같은 원칙이 적용된다. 그런 사람은 '등치기' 게임에서 직선적인 남자 역을 맡아 '경찰과 강도' 게임의 마지막 단계까지 해나갈 것으로 기대하기 어렵다는 것은 잘 알려진 사실이기 때문이다. 경험 많은 사기꾼이라면 당한 다음에 웃는 표적들이 무서운 줄 안다.

  짓궂은 장난(practical joke)은 '등치기' 게임이 아니라는 것에 주목하기 바란다. 짓궂은 장난에서 당하는 사람은 조이이지만 '등치기'에서는 조이가 우위에 있고 당하는 사람은 화이트이다. 짓궂은 장난은 심심풀이 놀이지만 '등치기'는 역발을 위해 농담을 이용하는 게임이다.

  '등치기'가 3자 게임, 혹은 경찰이 네 번째 역할을 맡는 4자 게임이라는 것, 그래서 이 게임이 '당신들끼리 싸워보세요'와 관련된다는 것은 쉽게 알 수 있을 것이다.

11장
상담실 게임

치료 상황에서 끈질기게 나타나는 게임들은 게임 분석 전문가들이 인식하고 있어야 할 가장 중요한 게임이다. '이 게임들은 상담실에서 직접 연구하기에 가장 좋은 게임이기도 한다. 누가 주체가 되느냐에 따라 세 가지 유형으로 나뉜다.

첫째, 심리 치료자와 치료 보조원들이 하는 게임 : '저는 그저 도와드리려는 것뿐입니다', '정신 의학' 등.

둘째, 전문적 훈련을 받은 사람들이 집단치료에서 환자로 참석해서 하는 게임 : '심리 진단'

셋째, 일반인 환자와 내담자들이 하는 게임 : '궁핍이 좋아', '순박한 시골 여자', '바보', '의족'

'심리 진단' 게임

이 게임은 '정신 의학' 게임의 한 변형인데, 임상심리학 전공자 같은 젊은 사회과학도들이 가장 열심히 하는 게임이다. 이 부류의 젊은이들은 동료들끼리 모였을 때 우스갯소리로 "지금 너의 적개심이 드러나고 있어."라든지 "방어기제가 정말 어찌나 자동적으로 작동하던지!" 같은 표현을 써 가며 '정신 분석'을 하고는 한다. 이것은 대개 무해하면서 즐거운 심심풀이 놀이다. 이런 놀이는 배우는 과정에서 나타나는 정상적 과정이기도 하고 참신한 표현을 만들어낼 줄 아는 소수가 끼어 있다면 아주 재미있어질 수도 있다. (내가 즐기는 놀이는 "여기 '전국 착각증 주간'이 또 열렸군."이다.) 이들 가운데 일부는 심리 치료 집단에 환자로 참여했을 때 이러한 상호 비판에 더 열정적으로 빠져들기 쉽다. 그러나 그런 상황에서는 별로 생산적이지 않은 행동이므로 치료자가 처음부터 제지해야 하는 경우도 있다. 그렇게 되면 이 과정은 '심리 진단' 게임으로 바뀔 수 있다.

최근 '배운 사람들' 사이에서는 '진짜 감정'이라고 하는 것을 지나치게 존중하는 경향이 강하다. 진짜 감정이 나올 것이라는 선언에 뒤이어 그런 감정이 진짜 표출되기도 한다. 선언에 이어, 감정이 경외심을 품고 바라보아야만 할 희귀 품종의 꽃이라도 되는 양, 집단 앞에 그 감정을 묘사한다기보다는 아예 정식으로 내놓는다. 다른 집단 구성원들의 반응은 매우 진지하게 받아들여지며, 구성원들의 태도에서는 식물 전문가 같은 분위기가 느껴진다. 그런데 게임 분석 용어로 말해서 이것이 과연 '전국 감정 페스티벌'에 나갈 만한 것이냐가 문제로 보인다. 이들은 치료자가 질문을 하면서 개입하려고 하면, 희귀한 용설란의 상하기 쉬운 꽃받침을 함부로 다루는 바보를 대하듯이 강한 거부감을 드러낸다. 치료자는 당연히 어떤 식물의 해부학적 구조와 생리를 이해하려면 그것을 해부할 수밖에 없다고 생각한다.

반(反)게임 치료적 진전에 도움이 되는 결정적인 반게임은 위에서 설명한 역설이다. 이 게임은 그냥 두면 몇 년이고 변함 없이 계속될 수 있다. 그렇게 시간이 지나고 나면 환자는 자신이 '치료 경험'을 했다고 믿게 된다. 그 경험을 통해 '적개심을 표현'해보기도 하고, '자기 감정과 대면하기'라는 흔치 않은 행운도 누렸다고 믿는 것이다. 그동안 심리 역학적으로 의미 있는 사건은 거의 일어나지 않고, 투자한 시간은 치료 성과를 극대화하는 데 활용되지 못한다.

처음에 설명한 역설은 환자들이 아니라 교육자들과 그러한 과장된 까다로움을 조장하는 문화 환경을 겨냥한 것이다. 시의적절한 회의적 언급으로 그들을 겉멋 부리는 부모의 영향에서 떼어내서 자의식이 덜한 건강한 상호 교류로 이끌 수 있다. 감정은 온실 같은 분위기에서 배양하는 것이 아니라, 자연스럽게 자라나다가 충분히 익었을 때 딸 수 있도록 해야 한다.

이 게임의 가장 뚜렷한 이득은 심리 외적 이득이다. 이 게임에서는 감정을 표현할 수 있는 특별한 조건과 그 자리에 있는 사람들의 반응에 특정한 제한을 가함으로써 친밀감을 피할 수 있기 때문이다.

'저는 그저 도와드리려는 것뿐입니다' 게임

　이 게임은 어떤 전문 직업 상황에서도 일어날 수 있으며 심리 치료자나 사회복지사만 하는 게임은 아니다. 그렇지만 이 게임이 특정한 훈련을 받은 사회복지사들 사이에서 가장 흔하게, 또 가장 화려한 형태로 나타나는 것이 사실이다. 내가 이 게임을 명확하게 분석할 수 있었던 것은 흥미진진한 상황을 겪으면서였다.
　포커 게임에서 두 사람만 빼고 모두 패를 내려놓았다. 두 사람은 각각 조사연구심리학자와 사업가였다. 높은 패를 들고 있던 사업가가 배팅을 했고, 절대 질 수 없는 패를 들고 있던 심리학자는 더 걸었다. 사업가가 당황하는 눈치를 보이자 심리학자가 약을 올리듯이 장난스럽게 말했다. "이봐, 그렇게 화내지 마. 나는 그냥 자넬 도와주려는 거니까!" 사업가는 망설이다가 결국 칩을 걸었다. 심리학자가 쥐고 있던 높은 패를 까자 상대는 씁쓸한 표정으로 자기 패를 던져버렸다. 같이 있던 사람들은 그제야 심리학자의 농담에 마음껏 웃음을 터뜨리기 시작했고 패자는 억울하다는 듯이 후회를 실어 말했다. "정말 큰 도움이 되는군!" 심리학자는 나에게 찡끗 눈짓을 하며 그 농담이 정신 의학자로서 전문성을 희생하고 던진 것이었음을 암시했다. 바로 그 순간 나는 이 게임의 구조를 분명히 이해했다.
　전공이 무엇이든 상담자나 심리 치료자는 내담자 혹은 환자에게 조언을 해준다. 환자가 다시 찾아와서 그 제안이 기대한 효과를 보지 못했다고 보고한다. 상담자는 체념하는 심정으로 자신의 실패에 어깨를 한번 으쓱하고는 머리에서 떨쳐버리고 다시 시도한다. 그가 좀 더 예민한 사람이라면 이 시점에서 좌절에서 오는 아픔을 느낄 수도 있지만 어쨌든 다시 한 번 시도는 할 것이다. 상담자는 보통 자신의 동기를 의심해보아야 할 필요는 거의 느끼지 못한다. 자기와 비슷한 훈련을 받은 많은 동료들도 그렇게 하고 있고, 자신은 지금 '정확한' 절차를 따르고 있으며 슈퍼바이저로부터 전적으로 지지를 받고 있음을 잘 알고 있기 때문이다.

적대적인 강박증 환자 같은 힘든 상대를 만나면 상담자가 자신이 무력하다는 느낌을 외면하기가 갈수록 점점 더 어려워진다. 그때부터 상담자는 곤란한 처지에 놓이고 상황은 천천히 악화된다. 최악의 경우 상담자는 격분해서 사무실로 들이닥치며 "당신 때문에 내가 어떻게 되었는지 똑똑히 봐!"라고 소리치는 분노한 편집증 환자와 맞닥뜨릴 수도 있다. 이때 상담자는 입 밖으로 내어 말로 표현하든 안 하든 상당히 큰 좌절감을 느낄 것이다. "하지만 난 그저 당신을 도와주려고 했을 뿐이라고요!" 배은망덕 앞에서 상담자는 당혹감을 느끼면서 상당한 고통을 맛보는데, 이것이 자신의 행동 이면에 있는 복잡한 동기들을 볼 수 있도록 해준다. 당혹감은 그 대가다.

게임으로 '저는 그저 도와드리려는 것뿐입니다'를 하는 사람과 명실상부한 조력자를 혼동하면 안 된다. "제가 보기에는 뭔가 시도해볼 만한 게 있을 것 같습니다", "그건 제가 할 수 있습니다", "제 임무는 당신을 돕는 것입니다", "저의 수임료는……," 등은 "저는 당신을 도우려는 것뿐입니다."와는 다르다. 앞의 네 가지는 전문적 능력을 고통당하는 환자나 내담자가 마음대로 쓸 수 있도록 성실하게 제공하는 어른을 대표한다. 반면에 '저는 그저 도와드리려는 것뿐입니다' 게임에는 결과를 결정하는 데 전문 기술보다 더 중요한 감춰진 이면의 동기가 있다. 이 동기는 사람이란 은혜를 모르며 실망을 주는 존재라는 입장에서 나온다. 성공이 예상되면 전문가의 부모는 경계하면서 태업을 시작한다. 왜냐하면 성공하면 자신의 입장이 위태로워지기 때문이다. 이 게임을 하는 사람들은 자기가 아무리 열심히 도와주어도 상대가 그것을 도움으로 받아들이지 않게 되어 있음을 확인해야만 안심한다. 내담자는 '그때 정말 죽도록 노력하고 있었다고요'나 '당신이 나한테 해줄 수 있는 것은 아무것도 없습니다' 같은 게임으로 반응한다. 좀 더 유연한 상담자는 타협을 할 수도 있다. 즉 사람들이 실제로 도움을 받기까지 많은 시간이 걸린다면 그 경우에는 도움을 받아도 좋다는 것이다. 따라서 임상 의사들은 너무 빨리 성과가 나타나면 상담가들에게 미안한 마음을 느낀다. 담당자 회의 때 비판적으로 나올 동료들이 있을 것임을 잘 알기 때문이다. 사회복지사들 중에서 찾아볼 수 있는 골수 게임 참가자들의 정반대 축에는 개인적 관여나 감상 없이 의뢰인을 돕는 훌륭한 변호사들이 있다. 이 경우에는 전문성이 보이지 않는 분투를 대신한다.

일부 사회복지 교육기관들은 '저는 그저 도와드리려는 것뿐입니다' 게임 전문가 양성을 주 목표로 하는 학원 같다. 그런 기관의 졸업생들이 이 게임을 단념하기란 쉽지 않다. 위의 지적을 예시적으로 보여줄 예를 이 게임의 보완적 게임인 '궁핍이 좋아'를 설명하면서 볼 것이다.

'저는 그저 도와드리려는 것뿐입니다'와 그 변형 게임들은 일상생활에서 볼 수 있다. 이 게임은 가족이 아는 친구와 친척들(예컨대, '도맷값으로 드리지요'*) 이 할 수도 있고, 지역 사회에서 어린이들을 위해 일하는 어른들이 할 수도 있다. 이 게임은 많은 부모들이 즐겨 사용하며 그 자녀들이 하는 보완 게임은 대개 '당신 때문에 내가 어떻게 되었는지 똑똑히 보십시오'다. 사회적으로 이 게임은 충동적이어서가 아니라 도와주려다가 해를 끼치는 '얼간이' 게임의 변형으로 볼 수도 있다. 이 경우 의뢰인은 '왜 나한테는 항상 이런 일이 벌어질까'나 그 변형 중 하나를 선택하는 희생자로 대표된다.

반(反)게임 이 게임을 부르는 작전에 맞서서 치료자가 선택할 수 있는 몇 가지 수단이 있는데, 어떤 것을 선택할지는 환자와 치료자의 관계, 특히 환자의 아이가 보이는 태도에 달려 있다.

1. 고전 정신분석학적 반게임은 가장 철저하며 환자로서는 가장 견디기 어렵다. 게임으로 이끄는 유혹을 철저히 무시하는 것이다. 그러면 환자는 점점 더 과격한 시도를 한다. 결국 실망에 빠진 환자는 분노나 우울증을 표출하는데, 이 증상은 게임이 좌절되었음을 알려주는 전형적인 신호다. 이런 상황은 유익한 직면으로 이어질 수 있다.

2. 좀 더 정중하게 (그러나 점잔 빼지 않으면서) 직면시키려면 첫 번째 초대부터 바로 들어갈 수도 있다. 치료자가 환자에게 나는 당신의 치

---

* 〈도맷값으로 드리지요(I Can Get It For You Wholesale)〉는 1962년 브로드웨이 뮤지컬 세목이나. 1930년내 뉴욕 의류 업세를 배정으로 성공을 위해 가족노 친구노 배반하는 야심만만한 청년이 결국 파산하고 가족의 진실한 사랑을 발견하는 내용이다.(역주)

료자이지 매니저가 아니라고 분명히 말하는 것이다.

3. 더 정중한 절차는 환자를 치료 집단에 소개해서 다른 환자들이 처리하게 하는 방법이다.

4. 심한 혼란에 빠진 환자의 경우는 초기 단계에 환자에 맞춰서 게임을 해주는 것이 필요할 수도 있다. 이런 환자는 반드시 약물과 적절한 위생 수단 모두를 처방할 수 있는 정신과 의사가 치료해야만 한다. 진정제가 흔해진 요즘에도 위생 수단은 여전히 이런 환자를 치료하는 데 중요하다. 의사가 목욕, 운동, 휴식 시간, 규칙적인 식사 등이 포함된 위생 처방을 내리면 환자는 (1) 그런 처방을 따라서 회복되거나 (2) 처방을 철저히 따르고는 처방이 별 도움이 안 된다고 호소하거나 (3) 지시를 따르는 것을 깜박했다거나 아무 도움이 안 되서 포기했다는 말만 늘 되풀이한다. 두 번째와 세 번째인 경우 그 시점에서 환자가 게임 분석에 적당한지 혹은 심리 치료를 계속 받게 하려면 다른 치료 형태를 고려해보아야 하는지를 결정할 사람은 정신과 의사다. 여기서 정신과 의사는 이후의 치료 과정을 결정하기에 앞서 처방이 적절한지, 그리고 환자가 그 처방을 이용해 게임을 하려는 성향이 있는지 면밀히 평가해야 한다.

한편 환자에게 반게임은 "내가 스스로 도우려면 어떻게 해야 하는지 가르치려 들지 마십시오. 당신들이 나를 도우려면 어떻게 해야 하는지 내가 알려줄 테니."다. 치료자가 얼간이로 알려져 있다면 환자가 사용하기에 알맞은 반게임은 "나를 도울 게 아니라 저 사람을 도와주십시오."다. 그런데 진지하게 '저는 그저 도와드리려는 것뿐입니다' 게임을 하는 사람들은 대개 유머 감각이 부족하다. 그래서 환자가 꺼내는 수는 대부분 탐탁지 않게 받아들여지고 결국 그런 수를 쓴 환자는 치료자에게 평생의 적으로 남을 수도 있다. 끝까지 가차 없이 밀고 나가 어떤 결과라도 달게 받아들일 각오가 되어 있지 않다면 일상생활에서 이 수를 먼저 두어서는 안 된다. 예컨대 '도맷값으로 드리지요' 게임을 하는 친척을 문전 박대했다가는 심각한 집안 문제가 일어날 수 있다.

》게임 분석《

핵심 내 말대로 하는 사람은 절대 아무도 없다.

목표 죄책감 덜기

역할 도움을 주는 사람, 의뢰인

심리 역학 마조히즘

사례 (1) 아이들의 학습과 부모의 간섭 (2) 사회복지사와 의뢰인

사회적 패러다임 부모-아이

아이 : "이제 나 뭐 하지?"

부모 : "옛다, 이걸 하렴."

심리적 패러다임 부모-아이

부모 : "내가 얼마나 적임인지 보십시오."

아이 : "부적격한 사람같이 느끼게 해드리지요."

수 (1) 지시 요구-지시 하달 (2) 절차를 망가뜨림-책망 (3) 절차의 하자 입증-암묵적 사과

이득 (1) 심리 내적-선의의 수난 (2) 심리 외적-무능함에 대한 직

면 회피 (3) 내적인 사회적 – '학부모회', 투사형, 배은망덕 (4) 외적인 사회적 – '정신 의학', 투사형 (5) 생물학적 – 의뢰인에게 뺨 맞고 슈퍼바이저에게 어루만짐 받기 (6) 실존적 – 모든 인간은 은혜를 모른다.

'궁핍이 좋아' 게임

이 게임의 내용은 헨리 밀러(Henry Miller)의 소설 《마루시의 거상(The Colossus of Maroussi)》에서 가장 잘 언급하고 있다. "그 사건은 내가 일을 찾고 싶은 생각은 눈곱만큼도 없이 직장을 찾고 있던 해에 벌어졌던 게 틀림없다. 지금 떠오르기로는, 그때 나는 스스로 절박하다고 생각하면서도 신문의 구인란을 들여다볼 생각조차 하지 않았다."

이 게임은 사회복지사가 하는 '저는 그저 도와드리려는 것뿐입니다' 게임을 보완하는 게임이다. '궁핍이 좋아' 게임은 이런 식으로 생계를 유지하는 의뢰인들이 전문적으로 하는 게임이다. 나의 우수한 제자가 들려준 다음 사례는 이 게임의 속성과 그것이 우리 사회에서 차지하는 위치를 잘 보여준다.

블랙은 극빈자의 경제적 재활, 즉 그들이 일자리를 찾아서 유지할 수 있도록 돕는 것을 사명으로 내걸고 정부 지원금을 받는 한 복지단체에서 일하는 사회복지사였다. 공식 보고에 따르면 이 기관에 가입한 회원들은 지속적으로 '진전'을 보였지만 실제로 '재활한' 사람은 거의 없었다. 기관에서는 그럴 수밖에 없다고 주장했다. 기관에 등록된 극빈자들 대부분이 몇 년째 복지 수혜 대상자였으며, 이 기관 저 기관을 전전하며 때로 한 번에 대여섯 개 기관에 복수로 등록되어 있기도 한, 다시 말하면 '곤란한 사례'들이기 때문이라는 것이었다.

　게임 분석 훈련을 받았던 블랙은 자기가 일하는 복지 기관의 상담자들이 상습적으로 '저는 그저 도와드리려는 것뿐입니다' 게임을 하고 있다는 것을 이내 깨달았고, 기관을 이용하는 회원들은 여기에 어떻게 반응하는지가 궁금해졌다. 블랙은 자신이 담당하는 회원들에게 매주 일자리를 실제로 몇 개나 찾아봤는지 물었다. 블랙은 매우 흥미로운 결과를 발견했다. 이론적으로 그들은 매일 매일 열심히 일자리를 찾아보아야 했지만 사실은 별다른 노력을 기울이지 않고 있었으며 그나마 때로 시늉이라도 내느라고 찾아본 일들은 자신과 맞지 않는 특징을 지닌 것이었다. 적어도 하루에 한 건은 신문 구인 광고를 찾아본다고 말한 한 남자의 경우를 예로 들어보자. "어떤 일이지요?" 블랙이 물었다. 그는 영업직에 들어가고 싶다고 했다. 블랙이 다시 물었다. "그런 구인 광고에만 전화를 해보신 건가요?" 그는 그렇다고 말했는데, 참으로 딱한 노릇인 것이 그는 사실 말더듬이라서 자신이 원하는 직업에는 적합하지 않았다. 그즈음 감독관이 블랙이 회원들에게 이런 질문을 한다는 것에 주목하고는 회원들에게 '불필요한 부담'을 준다며 블랙을 질책했다.

　블랙은 이에 굴하지 않고 회원들의 재활을 계속 돕겠다고 결심했다. 블랙은 몸도 건강하고 복지 지원금을 계속 받을 만한 합당한 이유가 없어 보이는 대상자들을 추려냈다. 이 집단을 상대로 블랙은 '저는 그저 도와드리려는 것뿐입니다' 게임과 '궁핍이 좋아' 게임을 설명했다. 그들이 이야기의 요지를 수긍하기 시작하자, 블랙은 그들에게 일자리를 찾지 않으면 복지 지원금 지급을 중단하고 그들을 다른 기관으로 넘기겠다고 말했다. 몇몇은 거의 곧바로 일자리를 찾았는데, 그중 일부는 몇 년 만에 처음으로 일자리를 구한 것이었다. 하지만 그들은 블랙의 태도에 화가 났고 그들 중 일부가 감독관에게 불만을 토로하는 편지를 썼다. 감독관은 블랙을 불러들여서 그녀가 맡았던 회원들이 일을 하고는 있어도 그것이 '진정한 재활'은 아니라면서 이전보다 더 심하게 질책했다. 감독관은 블랙을 계속 기관에 둘지 고민하고 있다는 말까지 비쳤다. 블랙은 자리를 잃을 위험에 빠지지 않을 만큼만 조심하면서 기관에서는 어떤 상태를 '진정한 재활'로 보는지 구체적인 입장을 확인하려고 노력했다. 그런데 기관의 입장이라는 것이 명료하지 않았다. 대신 블랙이 사람들에게 '쓸데없는 압력'을 가했으며, 그들이 몇 년 만에 처음으로 가족을 부양하는 것도 절대 그녀의 공로로 볼 수 없다는 말을 들었을 뿐이다.

　블랙은 일자리가 필요했고 그것이 위태로운 지경이었기 때문에 이번에는 친구들이 블랙을 도우려고 나섰다. 한 정신병원의 존경받는 책임자가 블랙의 감독관에게 편지를 보내 블랙이 복지 수혜자들을 대상으로 특별히 인상적인 일을 했다고 들었는데 블랙이 그의 병원에 와서 그 사례를 소개하고 토론하도록 해줄 수 있는지 물었다. 감독관은 허락하지 않았다.

　이 사례에서는 공동체의 '저는 그저 도와드리려는 것뿐입니다' 게임 규칙을 보완하는 기관이 '궁핍이 좋아' 게임의 규칙을 설정했다. 사회복지사와 복지 수혜 대상자는 다음과 같은 암묵적 합의를 하고 있다.

    사회복지사 : (당신이 좋아지지 않는다는 조건으로) 우리는 당신을 도와줄 것입니다.
    대상자 : (제가 직장을 꼭 찾아야만 할 필요는 없다는 조건으로) 일자리를 찾아보겠습니다.

만약 수혜 대상자가 일자리를 찾음으로써 합의를 깨면 기관은 회원을 잃고, 수혜 대상자는 복지 지원금을 잃으므로, 둘 다 손해 본 느낌이 든다. 만약 블랙처럼 사회복지사가 복지 수혜 대상자가 실제로 일자리를 찾게 만듦으로써 합의를 깬다면, 기관은 수혜 대상자들의 고충 민원으로 곤란해지고, 그 일로 다시 고위 책임자들의 주목을 받게 된다. 한편 수혜 대상자 역시 복지 지원금을 잃게 된다.

기관과 수혜 대상자가 암묵적 규칙에 순응하기만 하면 양쪽 다 원하는 것을 얻을 수 있다. 대상자는 혜택을 받고, 그에 대한 보상으로 기관이 무엇을 원하는지도 곧 알게 된다. 즉 기관은 ('저는 그저 도와드리려는 것뿐입니다' 게임의 일환으로) '찾아갈' 기회와 더불어 ('내담자 중심' 상담 사례 회의에 내놓을) '임상 자료'를 구할 기회를 원하는 것이다. 대상자는 이런 요구에 응할 수 있다는 것에 흡족해한다. 그도 그런 요구들로부터 기관만큼이나 큰 만족을 얻을 수 있기 때문이다. 따라서 이들은 서로 잘 지내며 둘 중 어느 쪽도 이런 만족스러운 관계를 끝내고 싶은 마음이 전혀 없다. 그런데 블랙은 '찾아가는' 것이 아니라 '찾아들어' 갔으며, '내담자 중심' 사례 회의가 아니라 '공동체 중심' 사례 회의를 제안했던 것이다. 그래서 블랙이 분명히 규정에 있는 목표를 따랐을 뿐인데도 모든 관련자들이 싫어했던 것이다.

여기서 두 가지를 주목해야 한다. 첫째, 신체적·정신적·경제적 장애에서 비롯된 조건으로서 궁핍이 아니라 게임으로서 '궁핍'을 경험하는 사람들은 복지 수혜자 가운데 제한된 일부에 지나지 않는다. 둘째, 이 게임은 '저는 그저 도와드리려는 것뿐입니다' 게임을 하도록 훈련받은 사회복지사들만 지지한다. 다른 사회복지사들은 이 게임을 언제까지고 용납하지는 않을 것이다.

이 게임과 동맹 관계에 있는 게임으로는 '참전용사' 게임과 '임상 실습' 게임이 있다. '참전용사' 게임에서도 이 게임과 똑같은 공생 관계가 나타나는데, 다만 그 관계가 재향군인관리국, 관련 단체와 상이용사들에게 주는 적법한 혜택을 같이 받는 일부 '직업적 참전용사'들 사이라는 것이 다르다. '임상 실습'은 대형 종합병원에서 외래 환자로 치료를 받는 일부 환자들이 하는 게임이다. '궁핍이 좋아'나 '참전용사' 게임과 달리 '임상 실습' 게임에는 금전적 보상이 없다. 대신 다른 혜택을 얻는다. '임상 실습' 게임을 하는 사람들은 의료인 훈련에 기꺼이 참여해서 질병 진행 연구에 협력하고 있기 때문에 사회적 목적에 기여하는 것이다. 이들은 여기서 '궁핍이 좋아'나 '참전용사' 게임에서는 얻을 수 없는 어른의 적법한 만족을 얻을 수 있다.

반(反)게임 이 게임에서 벗어나는 방법은 혜택을 철회하는 데 있다.

그런데 다른 대부분 경우와 달리 이 게임에서는 게임을 깨뜨리기 어려운 이유가 주로 게임을 하는 당사자 때문이 아니라, 이 게임 자체의 속성 때문이다. 이 게임에 보조적으로 참여하는 '저는 단지 도와드리려는 것뿐입니다' 게임 행위자가 그 게임에 동조하고 그 게임을 뒷받침하는 것이다. 즉 게임을 중단하고자 할 때 전문가 동료 집단과 예민한 여론, 정부 단체, 보호자 단체의 위협에 부딪치게 된다. 즉, '궁핍이 좋아' 게임을 깨뜨리려는 단호한 시도에 뒤이어 여기저기서 불평불만이 터져 나오면 곧바로 "좋아요, 좋아, 그럼 저건 어떤가요?" 식의 시끄러운 반응이 나오게 되는데, 이런 반응은 대개는 아주 건강하고 건설적인 조처, 혹은 놀이로 여겨진다. 실제로는 그럼 반응들이 거리낌 없이 진실을 이야기하려는 용기를 꺾는데도 말이다. 사실, 민주적 자유라는 미국 정치 체제 자체가 그런 식의 의문을 허용하는 데 기초하고 있다. 그것이 허용되지 않는다면 인도주의에 입각한 사회 진보가 심각하게 방해받을 것이다.

'순박한 시골 여자' 게임

'순박한 시골 여자' 게임의 원형은 관절염을 고치러 수도 소피아에 있는 대학 병원을 찾아갈 여비를 마련하려고 하나뿐인 암소를 파는 불가리아의 시골 아낙 이야기에서 볼 수 있다. 시골 아낙을 진찰한 대학 병원의 교수는 그녀의 사례를 매우 흥미롭게 여겨 의대생들의 임상 실습 시간에 그녀를 사례로 제시한다. 교수는 병리와 증상, 진단은 말할 것도 없고 치료 방법까지 설명한다. 시골 아낙은 이 모든 과정이 오직 놀라울 따름이다. 그곳을 떠나기 전에, 교수는 아낙에게 처방을 써주면서 어떻게 치료해야 하는지 더 자세히 설명해준다. 아낙은 교수의 학식에 너무나 감탄해서 말한다. "세상에, 정말 대단하십니다, 교수님!" 그러나 아낙은 처방전대로 약을 조제하지 못한다. 우선 아낙이 사는 시골에는 약국이 없고, 둘째 설령 약국이 있다 할지라도 그녀가 그렇게 소중한 서류를 약국에 넘겨주었을 리 없다. 또 처방전 외에 식이 요법, 수치 요법 등 나머지 처방을 따를 처지도 못되었다. 아낙은 예전처럼 다리를 절면서 살지만 이제는 행복하다. 왜냐하면 만나는 사람마다 붙들고 소피아에 계신 대단한 교수님이 내려주신 처방을 자랑할 수 있기 때문이다. 물론 아낙은 잠들기 전 감사 기도 때마다 그분을 기억하며 감사한다.

몇 년 후, 그 교수가 우연히 그 마을을 지나게 된다. 부유하지만 요구가 까다로운 환자를 진료하려고 불편한 마음으로 왕진 가는 중이었다. 그때 시골 아낙이 교수에게 달려와서 손에 입을 맞추며 오래전에 그가 그녀에게 엄청나게 대단한 처방을 내려주었던 것을 상기시키자, 교수도 기억이 떠올랐다. 교수는 아낙의 존경을 정중하게 받아들이며, 자신이 내려준 처방이 정말 큰 효험이 있었다는 말에 특히 만족스러워한다. 사실 교수는 너무나 우쭐한 나머지 아낙이 예전과 다름없이 절뚝거린다는 사실을 미처 알아채지도 못한다.

사회적으로 '순박한 시골 여자' 게임은 순진함이나 순진을 가장한 형태로 나타날 수 있으며, 두 경우 모두 '당신은 나의 멋진 구원자예요!'를 표어로 삼는다. 순진한 형태에서 구원자는 멋지다. 그는 재능 있는 시인이거나 화가이거나 자선가이거나 과학자이며, 순진한 젊은 여성들은 때로 그를 만나 숭배하는 마음으로 그에게 복종하며 그의 결점마저 인간적 매력으로 연모할 수 있는 기회를 얻으려고 먼 길 마다않고 그를 찾고는 한다. 그런 남자와 연애 관계를 맺거나 결혼을 하려고 세심하게 공을 들이는 좀 더 영리한 여성이라면 그녀가 진심으로 존중하고 높이 평가하는 그 남성의 약점을 충분히 인식할 수도 있다. 심지어 그녀는 자기가 원하는 것을 얻으려고 그런 약점을 이용할 수도 있다. 이 두 가지 유형의 여성들로부터 게임이 생겨나는 것은 남자의 결점을 인간적 매력으로 낭만적으로 보거나 아니면 반대로 그것을 이용하는 데서부터다. 반면에 그들의 순진함은 그녀들이 정확히 평가할 수 있는 그 남성의 성취에 대한 진심 어린 존경에 있다.

한편 순진을 가장한 형태에서 구원자는 대단한 사람일 수도 있지만 그렇지 않을 수도 있다. 그는 그 자신에 대해서 어떤 면으로나 정확히 평가할 능력이 없는 여성을 상대한다. 그녀는 고급 창녀일 수도 있다. 그녀는 '내가 어렸을 때' 게임을 하며, 목적한 바를 이루려고 순전히 아첨으로 '나의 구원자'를 이용한다. 그녀는 속으로 그 남자로 인해 당황하거나 그렇지 않으면 그 남자를 비웃고 있다. 어쨌든 그녀는 그 남자에게 마음이 없다. 그녀가 원하는 것은 그와 함께 따라오는 부수적인 이익일 뿐이다.

임상에서 '순박한 시골 여자' 게임도 두 가지 비슷한 형태로 나타나는데, 그 표어는 '교수님은 정말 대단하세요!'다. 순진한 형태에서는 환자가 '대단한 교수님'을 신뢰하는 한 그는 잘 지내며, 그로 인해 교수인 치료자는 공적으로나 사적으로 행실을 바르게 하지 않을 수 없는 입장이다. 순진함을 가장한 형태에서 환자는 치료자가 그녀의 '대단한 교수님'에 잘 어울리기를 바라면서 '당신은 특별히 통찰력이 뛰어나시군요'라고 생각한다. 환자가 치료자를 일단 이런 위치에 올려놓으면 환자는 치료자를 바보로 만들고 다른 치료자한테 갈 수 있다. 만약 치료자가 그렇게 쉽게 속여 넘길 수 있는 사람이 아니라면 그는 정말로 환자를 치료할 수 있다.

환자가 '교수님은 정말 대단하세요!' 게임에서 이기는 가장 간단한 방법은 병세가 호전되지 않는 것이다. 환자가 더 악의적이라면 치료자를 바보로 만드는 적극적인 단계까지 나아갈 수도 있다. 예전에 한 여성이 증상이 전혀 좋아지지 않으면서 치료자와 '교수님은 정말 대단하세요!' 게임을 하더니 결국에는 허리를 굽혀 여러 번 죄송하다는 인사의 말을 남기고 치료를 그만두었다. 그러고는 존경하는 목사를 찾아가 도움을 청하고 그와 함께 '목사님은 정말 대단하세요' 게임을 했다. 몇 주 후 환자는 목사를 2단계 '유혹' 게임에 끌어들였다. 그러고 나서는 이웃 사람에게 댁만 알고 있으라면서, 어떻게 목사님처럼 훌륭하신 분이 자기처럼 순진하고 조신한 여자한테, 그것도 가장 연약한 상태일 때 수작을 걸 수 있느냐고, 정말 실망스럽다고 자신의 심정을 털어놓았다. 그 사모님까지 아는 처지이니 목사님을 용서할 수도 있다, 하지만 어쩌고저쩌고……. 이런 비밀 얘기는 얼떨결에 하게 된 것이었다.

그런데 '너무나 무섭게도' 그 이웃이 교회의 원로라는 사실은 이야기를 하고 나서야 생각났다. 정신과 의사한테는 호전되지 않음으로써 이겼고, 목사한테는 그를 유혹하는 것으로 이겼지만 그녀는 그것을 인정하려 들지 않았다. 그리고 두 번째 정신과 의사가 환자의 책략이 예전같이 먹혀들지 않을 치료 집단을 그녀에게 소개했다. 거기서 더는 '교수님은 정말 대단하세요!'이나 '당신은 특별히 통찰력이 뛰어나시군요'로 치료 시간을 채울 수 없게 되자 환자는 비로소 자신의 행동을 좀 더 세밀히 검토하면서 집단의 도움으로 자신이 즐겨하던 두 가지 게임, '교수님은 정말 대단하세요!'와 '유혹' 게임을 포기할 수 있었다.

반(反)게임 치료자는 먼저 게임이 순진한 경우인지 아닌지를 판단해야 한다. 만약 순진한 경우라면 환자의 어른이 대응책의 위험을 감당해낼 만큼 충분히 안정될 때까지는 환자가 그 게임을 계속하도록 허락해야 한다. 순진하지 않은 경우, 맨 처음 찾아오는 적절한 기회에 환자가 무슨 일이 일어나고 있는지 이해할 수 있도록 충분히 준비시킨 후, 바로 대응책을 취해야 한다. 치료자는 어떤 조언도 해주지 않고 굳건하게 버티면서, 환자가 반항할 때 치료자의 단호함이 단순히 '포커페이스형 정신 의학'이 아니라 신중하게 고안한 방책이라는 점을 분명히 알려야 한다. 치료자가 충분히 버텨서 때가 되면 환자는 격분하거나 갑자기 심각한 불안 증상을 보이게 된다. 다음 단계는 환자의 상태가 얼마나 악성이냐에 따라 달라진다. 지나치게 흥분하는 경우라면, 먼저 적절한 정신 의학적·분석적 절차로써 환자의 격렬한 반응을 다루어 치료 분위기를 다시 조성해야 한다. 순진을 가장한 형태에서 첫 번째 목표는 가식적인 아이로부터 어른을 분리해냄으로써 게임을 분석할 수 있게 하는 것이다.

지적인 배우의 에이전트들이 의뢰인인 배우에게 늘 경고하듯이, 사회적 상황에서 순진한 '당신의 나의 멋진 구원자예요' 게임을 하는 사람과 친밀하게 엮이는 것을 피해야 한다. 한편 위장된 '당신의 나의 멋진 구원자예요' 게임을 하는 여성들은 '당신의 나의 멋진 구원자예요' 게임만 포기하면 재미있고 지적인 경우가 종종 있으며, 가족끼리 모이는 자리에 함께하면 아주 유쾌한 즐거움을 주기도 한다.

'정신 의학' 게임

치료 과정으로서 정신 의학과 게임으로서 '정신 의학'은 구분해야 한다. 과학 출판물에 적합한 객관적인 형식에 따라 제시된 유용한 증거들에 따르면, 정신과적 증상을 치료하는 데 쓸모 있는 접근으로는 충격 요법, 최면, 약물 치료, 정신 분석, 정신 교정학, 집단 치료 등이 있다. 이외에도 이것들보다 덜 일반적인, 여기에서 논의하지 않은 다른 접근도 있다. 이중 어떤 것이라도 '정신 의학' 게임에 쓰일 수 있다. '정신 의학' 게임의 기본 입장은 '나는' 학위가 보증하는 '치료자다'라는 것이다. 즉 '이 학위증에 내가 치료자라고 쓰여 있다.'는 것이다. 주목할 만한 점은 이것이 어쨌든 건설적이고 선의에 기초한 입장이고, 전문 훈련을 받은 경우 '정신 의학' 게임을 하는 사람들이 실제로 상당히 좋은 일을 할 수도 있다는 점이다.

그러나 치료를 향한 열정을 절제할 수만 있다면 치료 결과에 좀 더 보탬이 될 여지가 있다. 이 게임의 반(反)게임은 오래전에 앙브루아즈 파레*가 했다는 다음과 같은 말에 가장 잘 드러난다. "나는 저들에게 처치를 하지만 저들을 고치시는 분은 신이다." 의학도라면 누구나 '첫째, 해를 끼치지 말라.(primum non nocere)', '자연이 모든 질병을 고친다.(vis medicatrix naturae)' 같은 격언과 함께 이 격언을 배운다. 그러나 의료계 출신이 아닌 심리 치료자들은 이렇게 예로부터 내려온 가르침을 의학도만큼 많이 접하지 못한다. "이 자격증에 그렇게 씌어 있으니까 나는 치료자다."라는 입장은 해로울 수 있는데 이렇게 바꾸면 이점이 될 수 있다. "나는 도움이 되기를 바라는 마음으로 내가 배운 치료 절차를 적용하려 한다." 이렇게 하면 "나는 치료자다. 그러므로 당신이 호전되지 않는다면 그것은 당신의 잘못이다."라는 입장의 게임(예컨대, '저는 그저 도와드리려는 것뿐입니다')이나 '당신이 치료자니까 나는 당신을 위해서 나을 것입니다'라는 입장의 게임(예컨대, '순박한 시골 여자')을 피할 수 있다. 물론 양식 있는 치료자라면 누구나 이 모두를 잘 알고 있다. 이름 있는 치료 기관에서 사례 발표를 해본 치료자라면 누구라도 이것을 인식하지 않을 수 없을 것이다. 거꾸로 말하면, 치료자들에게 이런 사실을 주지시키느냐 아니냐가 그 기관이 훌륭한 치료

파레(Ambroise Paré, 1510~1590) 프랑스 외과의사. '근대 외과학의 아버지'로 불리며, 체험을 바탕으로 쓴 많은 저서와 논문이 《파레 전집》(1557)으로 출판되었다.

기관이냐 아니냐를 말해준다고 해도 좋을 것이다.

다른 한편으로 '정신 의학' 게임은 자질이 떨어지는 치료자에게 치료를 받는 환자들을 양산해내기 쉽다. 한 예로, 일부 환자들은 자신들이 치유될 수 없다는 것을 입증하려고 일부러 능력 없는 정신 분석가만을 골라서 계속 치료자를 바꾸면서 갈수록 교묘한 '정신 의학' 게임을 배워서, 결국에는 일급 임상 정신 의학자들마저 진짜와 가짜를 구별하기 어려운 지경이 된다. 환자 측의 이중적 교류는 이렇다.

어른 : 저는 치료를 받으려고 여기 왔습니다.
아이 : 당신은 절대 저를 고칠 수 없습니다. 저에게 더 심각한 신경증(더 교묘하게 '정신 의학' 게임을 하는 법)을 가르쳐줄 수 있을 뿐입니다.

'정신 건강'도 비슷하게 작동한다. 이 경우 어른의 주장은 '내가 읽고 들은 정신 건강 원칙대로만 한다면 모든 것이 좋아질 것이다.'이다. 어떤 환자는 한 치료자에게서는 '정신 의학' 게임을 배우고 다른 치료자에게서는 '정신 건강'을 배운 다음, 또 다른 치료자와 노력한 것을 바탕으로 꽤 그럴듯한 '교류 분석' 게임을 시작하기도 했다. 이 문제를 솔직히 드러내서 논의하자 환자는 '정신 건강' 게임을 그만두는 것에는 동의했지만 '정신 의학' 게임은 계속 할 수 있게 해 달라고 요청했다. 그 게임을 하면 편안해진다는 것이었다. 교류 분석 전문가는 동의했다. 그래서 환자는 그 후 몇 달 동안 매주 자신의 꿈을 이야기하고 그 꿈을 해석했다. 그러다가 결국 아마도 순수하게 감사하는 마음 때문에라도 무엇이 진짜 문제인지 찾아보는 것도 재미있을 것 같다는 결정을 내렸다. 환자는 교류 분석에 진지한 관심을 보였고 좋은 결과를 얻었다.

'정신 의학'의 한 변형은 '고고학' 게임(샌프란시스코의 노먼 레이더 박사에게 허락을 받은 명칭이다)이다. 이 게임에서 환자의 입장은 애초에 문제의 실마리를 제공한 사람이 누구인지만 밝혀지면 만사가 당장 해결되리라는 것이다. 이런 입장은 아동기 사건들을 끊임없이 반추하는 것으로 귀결된다. 때로는 치료자가 '비평가' 게임에 말려들 수도 있다. 그렇게 되면 환자는 다양한 상황에서 자신의 감정을 묘사하고 치료자는 거기서 무엇이 잘못되었는지를 지적하는 과정이 되풀이된다. 일부 치료 집단에서 흔히 볼 수 있는 게임인 '자기 표현'은 '감정은 좋은 것이다'를 그 신조로 삼는다. 그래서 이를테면 상스러운 비속어를 쓰는 환자가 박수를 받거나 최소한 암묵적인 칭찬이라도 받는다. 물론 수준 높은 치료 집단이라면 이내 이것까지도 게임으로 지적해낼 것이다.

치료 집단의 구성원 중에는 상당히 예리하게 '정신 의학' 게임을 잡아낼 수 있는 사람들이 있으며, 그들은 새로 들어온 환자가 '정신 의학' 게임이나 '교류 분석' 게임을 하는 것으로 보이면 올바른 통찰을 얻도록 집단의 압력을 이용하지 않고 직접 알려준다. 한 도시에서 자기 표현 집단에서 치료를 받다가 다른 도시의 좀 더 수준 높은 집단에 참여하게 된 한 여성이 어린 시절의 근친상간 경험을 꺼내놓았다. 그때까지 그녀는 자주 반복해 온 이 이야기를 꺼낼 때마다 사람들의 경외감과 유사한 반응을 맛볼 수 있었다. 그러나 이번에 그녀에게 돌아온 반응은 기대했던 경외감이 아니라 무관심이었다. 그 여성은 분개했다.

새 집단이 관심을 보이는 것이 실제 일어난 근친상간이 아니라 교류적 분노라는 것을 발견하고 그녀는 놀라고 말았다. 그녀는 분노에 들뜬 목소리로 마음속에서 가장 모욕적이라고 생각했음에 틀림없는 표현을 토해냈다. 즉 그들이 프로이트적이지 않다고 비난했던 것이다. 물론 프로이트는 정신 분석을 그보다 더 신중한 무엇으로 여겼으며, 자기를 프로이트주의자가 아니라고 함으로써 정신 분석을 게임으로 만드는 짓은 피할 사람이었다.

최근에 밝혀진 '정신 의학' 게임의 또 다른 변형은 '그 얘기를 해주세요'라는 것인데, 파티용 심심풀이 놀이인 '스무고개'와 약간 비슷하다. 화이트가 자기 꿈이나 자기가 겪은 사건을 이야기하면 나머지 집단 구성원들이, 대개는 치료자까지 포함해서, 관련 질문을 던져 그것을 해석하려고 한다. 화이트가 질문에 답을 하면 구성원들은 화이트가 답하지 못하는 질문을 찾아낼 때까지 언제까지고 질문을 계속한다. 그때 블랙이 자신만만한 표정으로 의자 깊숙이 물러나 앉는다. 그의 표정은 이렇게 말한다. '당신이 그 질문에 답할 수 있다면 당신은 분명히 좋아질 것입니다. 이것으로 나는 내 역할을 다한 것입니다.' (이것은 '이러면 어떨까요?-맞아요, 그런데'의 먼 친척뻘 된다.) 일부 치료 집단은 거의 전적으로 이 게임을 근거로 진행되며, 최소한의 변화 혹은 진전을 보이며 몇 년이고 계속될 수 있다. '그 얘기를 해주세요'는 화이트(환자)에게 많은 재량권을 준다. 예컨대 화이트는 쓸모없는 사람이 된 것 같은 느낌으로 게임을 할 수도 있고 던져진 모든 질문에 답을 하는 것으로써 대항할 수도 있다. 후자의 경우 나머지 게임 참가자들이 곧 분노와 낙담을 표출한다. 왜냐하면 화이트가 '나는 당신들의 모든 질문에 답했는데도 당신들은 나를 고치지 못했다. 그러니 기분이 어떠신가?'라며 그들에게서 등을 돌려버리기 때문이다.

'그 얘기를 해주세요'는 강의실에서도 볼 수 있다. 이 경우 학생들은 특정 유형의 선생들이 던지는 열린 질문에 대한 '올바른' 답은 실제적 자료를 처리해서는 얻을 수 없고 몇 가지 답안 중 어떤 것이 선생을 기쁘게 할 수 있는지 추측하거나 넘겨짚는 방식으로 얻을 수 있다는 것을 안다. 이 게임의 현학적인 변형 한 가지는 고전 그리스어 교육에서 볼 수 있다. 선생은 항상 학생들보다 우위에 있으며, 텍스트의 모호한 문장들을 지적함으로써 학생이 바보임을 증명할 수도 있다. 이것은 히브리어 강의에서도 자주 나타나는 게임이다.

'바보' 게임

가벼운 형태에서 '바보' 게임의 핵심은 '나는 내 자신의 우둔함과 어리석음을 놓고 당신과 함께 웃어넘길 수 있다.'이다. 그러나 증세가 심각한 경우에는 '나는 어리석고, 그게 나다. 그러니 나를 좀 어떻게 해보라.'는 식의 더 음울한 형태가 될 수도 있다. 두 가지 형태 모두 우울증의 입장에서 진행된다. '바보' 게임은, 입장이 좀 더 공격적이고 미련함의 목적이 용서를 구하는 것인 '얼간이' 게임과 구분해야 한다. 또한 '바보' 게임은 '나는 귀엽고 아무도 해치지 않습니다.'라는 입장을 강화하는 심심풀이 놀이인 '광대'와도 구분해야 한다. '바보' 게임에서 결정적 교류는 화이트가 블랙으로 하여금 화이트를 바보라고 부르도록 하거나 또는 바보인 것처럼 대하도록 만드는 것이다. 따라서 화이트는 얼간이처럼 행동하지만 용서를 구하지는 않는다. 사실 용서는 그를 불편하게 만든다. 용서가 화이트의 입장을 위협하기 때문이다. 또 화이트가 광대처럼 행동할지라도 절대 장난으로 그러는 것이 아니다. 그는 자신이 진짜 바보라는 증거로 자기 행동이 진지하게 받아들여지기를 바란다. 여기에는 상당한 외적 이득이 있다. 화이트가 덜 배울수록 이 게임을 더 성공적으로 할 수 있기 때문이다. 따라서 학교에서 공부할 필요도 없고, 직장에서 진급하기 위해서 어떤 것을 더 배우러 다닐 필요도 없다. 화이트는 일찍부터 자기가 어리석기만 하면 아무리 아니라고 해도 모든 사람이 자기에게 만족한다는 사실을 알고 있었다. 화이트가 사실을 말하기로 결심해서, 어떤 위기의 순간 그가 전혀 바보가 아니라는 사실이 드러나면 사람들은 깜짝 놀란다. 흔히 동화 속의 '어리석은' 막내아들이 전혀 어리석지 않다는 것을 알았을 때만큼이나 말이다.

반(反)게임 가벼운 형태의 '바보' 게임을 끝내는 방법은 간단하다. 누군가 화이트의 어리석음을 놀리지도 않고 비웃지도 않고 조롱하지도 않는 반(反) '바보'로 나간다면 그는 평생의 친구를 얻을 수 있다. 한 가지 불가사의한 점은 정서 불안이나 조울증을 보이는 사람들이 종종 이 게임을 한다는 것이다. 이런 사람들은 조증 상태가 되면 주변 사람들이 자기와 함께 자신을 비웃어주기를 바라는 것처럼 보인다. 이때 바보가 웃음을 자제하는 사람을 싫어할 것 같은 인상을 주기 때문에 주변 사람들은 웃지 않기가 쉽지 않다. '바보' 게임 행위자의 입장에서 사람들이 웃지 않는다는 것은 그에게 위협이 되기 때문에 그런 사람들에게 실제로 반감을 품기도 한다. 그러나 이들이 우울한 상태에 빠져 자기와 함께 웃거나 비웃었던 사람들에게 노골적으로 반감을 드러내면, 웃음을 참았던 사람들은 자신의 행동이 옳았다는 것을 알게 된다. 환자가 방에 남기고 싶은, 혹은 혼자 남았을 때 같이 이야기하고 싶은 사람은 오직 그 사람뿐일 것이며, 게임을 즐겼던 옛날 '친구들'은 이제 적으로 취급한다.

화이트에게 그가 진짜 어리석지 않다고 말해주어도 아무 소용없다. 그는 실제로 지능이 떨어질 수도 있고 그 사실을 잘 알고 있다. 사실은 애초에 바로 그 지점에서 게임이 시작되는 것이다. 그러나 화이트가 남보다 우수한 특정 영역이 있는데, 심리적 통찰이 뛰어난 경우가 많다. 그런 재능에 합당한 존경을 보여주어도 해로울 것은 전혀 없다. 그러나 이것은 '위안'을 주려는 어설픈 시도와는 다르다. 후자는 화이트에게 다른 사람들이 그보다 더 어리석다는 것을 깨달은 데서 오는 씁쓸한 만족을 줄지는 몰라도, 그렇게 크게 위로가 되지는 못한다. 그런 '위안'은 결코 가장 현명한 치료적 절차가 될 수 없다. 오히려 대부분 '저는 그저 도와드리려는 것뿐입니다' 게임의 수일 뿐이다. '바보'의 반 게임은 다른 게임으로 대체하는 것이 아니고 '바보' 게임 자체를 완전히 포기하는 것이다.

음울한 형태의 '바보' 게임에 대한 반게임은 문제가 좀 더 복잡하다.

음울한 게임을 하는 사람들은 웃음이나 조롱이 아니라 무력감이나 격분을 불러일으키기 때문이다. 이들은 '나 좀 어떻게 해보세요'라는 식의 도전과 함께 그런 무력감이나 분노를 다루는 데 아주 능숙하다. 따라서 어느 경우든 그가 이기게 마련이다. 블랙이 아무것도 하지 않으면 그것은 그가 무력감을 느끼기 때문이고, 그가 뭔가를 하면 그것은 그가 화가 났기 때문이다. 따라서 이들은 '이러면 어떨까요?-맞아요, 그런데' 게임에도 쉽게 빠진다. 그리고 가벼운 형태의 게임인 경우 거기서도 똑같은 만족을 얻을 수 있다. 이 경우 쉽게 해결할 수 있는 방법이란 없으며 이 게임의 심리 역학을 좀 더 분명하게 이해할 때까지는 해결 방법을 찾을 가능성도 요원해 보인다.

'의족' 게임

'의족' 게임의 가장 극적인 형태는 '심신상실 무죄 주장'이다. 이것을 교류 분석 용어로 옮기면 다음과 같다. "저처럼 정서적 장애를 겪는 사람에게 뭘 기대하십니까? 제가 살인을 자제할 수 있다고 보십니까?" 그러면 배심원은 이렇게 답하게 되어 있다. "물론 아닙니다. 우리는 당신에게 그런 구속을 가하지는 않을 겁니다." 법률 게임으로서 '심신상실 무죄 주장'은 미국 문화에서 수용된 것이며, 합리적 이성을 지닌 사람이라면 심한 정신 이상을 앓는 개인이 저지른 행동에 책임을 묻지 않을 것이다라는 보편적 원리와는 다른 것이다.

'의족' 게임의 핵심은 '의족을 한 사람에게 뭘 기대하십니까?'다. 물론 그런 식으로 표현하면, 의족을 사용하는 사람에게는 아무도 그가 자신의 휠체어로 움직이는 것 이상을 기대하지 않을 것이다. 그러나 제2차 세계대전 중 육군 병원의 절단 수술 센터에는 의족을 단 채로 지르박 춤, 그것도 아주 멋진 지르박 춤을 추던 사람이 있었다. 맹인인데 법률가가 되고 정치 관료 자리에 오른 사람들이 있는가 하면, 정신 의학자가 된 청각 장애인도 있고 손 없이도 타자기를 쓰는 사람도 있다.

실제로든 과장으로든 아니면 상상으로든 장애가 있는 사람이 자기의 운명에 만족하는 한 누구도 그를 막을 수 없다. 그러나 그가 정신 치료에 자기를 맡기는 순간 자신의 인생을 자기에게 가장 이롭도록 활용하고 있는가, 또한 장애를 딛고 일어설 수 있는가라는 문제와 맞닥뜨린다. 미국 치료자들은 교육받은 다수 대중의 여론과는 반대되는 방향으로 작업을 해 나갈 것이다. 환자가 장애 때문에 겪는 불편함을 누구보다 목청 높여 호소하던 가까운 친지들조차 환자가 뚜렷한 진전을 보이면 결국은 치료자를 공격할 것이다. 이것은 게임 분석가로서는 쉽게 이해할 수 있는 일이지만 그렇다고 분석가의 일이 더 쉬워지는 것은 아니다. 환자가 스스로 일어서려는 조짐을 보이면 '저는 그저 도와드리려는 것뿐입니다' 게임을 하던 모든 사람들이 게임이 방해받을 것 같은 예감에 위협을 느끼고, 때로는 환자가 치료를 그만두게 하려고 기상천외한 수단을 동원하기도 한다.

'궁핍이 좋아' 게임에서 언급했던 말을 더듬으면서 영업사원 일을 찾으려 했던 복지 혜택 수혜자의 사례는 '의족' 게임의 두 가지 측면을 예시적으로 보여준다. 이 남성은 전형적 형태의 '의족' 게임을 했던 것이다. 그는 일자리를 찾을 수 없었고, 그 원인을 정확하게 자신이 말더듬이라는 사실로 돌렸다. 그의 말에 따르면 그가 흥미를 느끼는 직업은 영업직밖에 없기 때문이다. 자유로운 시민으로서 그는 자신이 선택한 어떤 분야에서든 일자리를 찾을 권리가 있다. 그러나 그가 말더듬이이기 때문에 그러한 선택은 과연 순수한 동기에서 비롯된 것인지 의심하도록 만든다. 블랙이 이 게임을 깨려고 했을 때 도움을 줘야 할 기관은 그녀에게 몹시 비판적으로 나왔다.

'의족' 게임은 임상에서 특히 파괴적인데, 환자가 자신과 똑같은 구실로 똑같은 게임을 하는 치료자를 찾을 경우 치료에 진전이 나타나지 않기 때문이다. '이데올로기적 탄원', 즉 '이런 사회에서 살아야만 하는 사람한테서 무엇을 기대하십니까?'라는 입장인 경우 그렇게 만들기가 상대적으로 쉽다. 예전에 이것을 '정신신체적 탄원', 즉 '정신신체적 증상이 있는 남자에게 무엇을 기대하십니까?'와 결합한 환자가 있었다. 그는 치료자를 계속 바꾸면서 어떤 핑계는 받아주지만 다른 핑계는 받아주지 않는 여러 치료자를 만났다. 두 가지 핑계를 모두 받아줌으로써 환자가 그 순간의 자기 입장에 편안함을 느끼게 해주거나 둘다 거부함으로써 환자가 거기서 벗어나게 해주는 치료자는 아무도 없었다. 따라서 그는 정신 치료가 사람들에게 도움이 되지 못한다는 것을 입증했다.

환자들은 감기, 머리 부상, 개인적 스트레스, 사회적인 스트레스, 미국 문화, 경제 등을 징후적인 행동의 핑계로 댄다. 배운 사람들은 자기 입장을 지지하는 권위 있는 근거를 찾는 데 아무런 어려움이 없다. '내가 술을 마시는 것은 아일랜드인이기 때문이야.' '내가 러시아나 타히티에 살았더라면 이런 일은 없었을 거야.' 그러나 알고 보면 러시아나 타히티 정신병원의 환자와 미국 주립병원의 정신과 환자는 매우 비슷하다.[1] '그들만 아니었으면'이나 '그들이 나를 주저앉혔다' 같은 특별한 주장은 임상에서나 사회적 조사 연구에서도 항상 세심하게 평가해야 한다.

이것들보다 약간 더 세련된 핑계로는 다음과 같은 것들이 있다. '(1) 결손 가정 출신인 사람에게 (2) 신경증인 사람에게 (3) 분석을 받고 있는 사람에게 (4) 알코올 중독이라는 질병을 앓고 있는 사람에게 무엇을 기대하겠습니까?' 이들의 꼭대기에 있는 핑계는 '내가 이 행위를 그만두면 나는 분석을 할 수가 없게 된다. 그러면 나는 영영 회복할 수 없을 것이다.'라는 핑계다.

'의족'의 반대 게임은 '이 동네에 (인력거/오리너구리/이집트어를 하는 여자애들)만 있었어도 내가 이런 꼴을 당하지 않았을 텐데'를 핵심으로 하는 '인력거' 게임이다.

반(反)게임 치료자가 자신의 부모와 어른을 분명하게 구분할 수 있고 양편 모두가 치료 목표를 명시적으로 이해한다면 반(反) '의족' 게임은 어렵지 않다.

부모의 측면에서 치료자는 '너그러운' 부모이거나 '엄한' 부모가 될 수 있다. 너그러운 부모로서 치료자는 환자의 주장, 특히 치료자 자신의 관점과 일치하는 주장을 받아줄 수 있다. 이렇게 하는 것은 아마도,

치료를 마치기 전에 한 행동에는 책임이 없다는 것을 치료자가 합리적으로 이해하기 때문일 것이다. 엄한 부모로서 치료자는 환자의 주장을 받아들이지 않고 환자와 기 싸움에 돌입한다. '의족' 게임을 하는 사람들은 이 두 가지 태도 모두에 이미 익숙하며 각각의 경우에 어떻게 하면 최대의 만족을 얻어낼 수 있는지까지 안다.

어른으로서 치료자는 두 가지 기회를 모두 거절한다. 환자의 "신경증 환자에게 무엇을 기대하십니까?"라는 질문에 대한 (혹은 환자가 그 시점에서 어떤 핑계를 대더라도) 대답은 "아무 기대도 하지 않습니다. 문제는 당신이 자신에게 어떤 기대를 하느냐는 겁니다."이다. 치료자가 환자에게 요구하는 것은 단 한 가지, 이 질문에 진지하게 답하라는 것뿐이며, 치료자가 양보하는 단 한 가지는 그 답을 찾을 때까지 충분히 시간을 주겠다는 것뿐이다. 그 시간은 그들과 환자의 준비도에 따라 6주에서 6개월까지 다양할 수 있다.

12장
유익한 게임

　게임을 제대로 연구할 수 있는 가장 좋은, 어쩌면 유일한 위치에 있는 정신과 의사는 불행히도 거의 예외 없이 게임 때문에 어려움에 빠진 사람들을 상대하게 된다. 이것은 임상적으로 조사할 수 있는 게임들 모두가 어떤 면에서 '나쁜' 게임이라는 의미다. 또 게임이란 그 정의상 이면 교류에 기초를 두기 때문에 모든 게임에는 상대방을 이용해 먹는 요소가 들어 있다. 이러한 두 가지 이유에서 '좋은' 게임을 찾기란 이론적으로나 실제적으로 어려운 목표다. '좋은' 게임이란 복잡한 동기를 넘어서서 사회에 기여하는 것이라고 기술할 수 있을 것이다. 특히 게임을 하는 사람이 헛된 노력이나 냉소 없이 그러한 동기와 화해한 상태여야 한다. 다시 말해서 '좋은' 게임이란 게임에 참가하는 다른 사람들의 안녕에 기여함과 동시에 게임의 결과가 영향을 끼치는 사람들 모두에게 기여하는 것이어야 한다.

　가장 이상적인 형태의 사회적 행위와 조직에서도 많은 시간을 게임을 하는 데 소비하기 때문에 '좋은' 게임을 찾으려면 아주 열심히 추적

해야 한다. 여기서는 몇 가지 예만을 드는데 양적으로나 질적으로 부족하다. 앞으로 살펴볼 게임은 '휴가 반납', '기사도', '자선', '소박한 현자', '원수를 은혜로 갚기' 게임 등이다.

'휴가 반납' 게임

엄격하게 말해서 이것은 게임이라기보다는 심심풀이 놀이이며, 관련된 모든 사람들에게 분명히 건설적인 일이다. 일본 우편 집배원의 우편 배달을 도우려고 도쿄로 간 미국인 우편 집배원이나, 휴가 기간에 아이티의 한 병원에서 의료 봉사를 한 미국인 이비인후과 전문의는 아프리카로 사냥 여행을 다녀오거나 자동차로 대륙 횡단 고속도로를 달리면서 휴가를 보내고 온 것만큼이나 몸과 마음에 활력이 넘칠 것이다. 평화봉사단은 이제 휴가 반납을 당연하게 여길 정도가 되었다.

그러나 봉사가 이면의 다른 동기에서 비롯된 부차적인 행동이고 다른 어떤 것을 성취하기 위한 과시적인 행동이라면 '휴가 반납'은 게임이 된다. 하지만 그런 경우라도 이 게임의 건설적 성격에는 변함이 없으며 다른 활동(그것들 역시 건설적인 것일 수 있다)을 가리는 수단 치고는 비교적 훌륭한 방법이다.

'기사도' 게임

이것은 성적인 압박감이 없는 남자들이 하는 게임이다. 만족스러운 결혼 생활이나 연애 관계를 유지하고 있는 젊은 남자들이 하는 경우가 가끔 있긴 하지만, 대체로 우아하게 일부일처제나 독신 생활을 유지하고 있는 나이 든 남자들이 많이 한다. 적당한 여성을 만나면 화이트는 그녀의 여건과 사회적 처지, 취향을 고려해 적절한 선을 절대로 넘지 않으면서 기회만 있으면 그녀의 훌륭한 자질을 언급한다. 한계 안에서도 화이트는 자신의 창조성과 열정과 독창성을 유감없이 발휘한다. 화이트는 상대를 유혹하려는 것이 아니고 효과적으로 칭찬하는 기술에서 자신의 탁월한 능력을 선보이려는 것이다. 내적인 사회적 이득은 화이트의 순수한 예술적 재능과 그에 대한 여성의 인정과 감사, 그리고 여성이 느끼는 즐거움에 있다. 적절한 조건이 갖춰지면, 두 사람 모두 게임의 본질을 충분히 인식한 상태에서 게임이 양쪽 모두에게 갈수록 큰 기쁨을 주어 무절제한 지경에까지 이를 수 있다. 물론 세상 물정을 아는 남자라면 멈춰야 할 때를 알 것이며, (여성을 배려해서) 자기가 그녀에게 더 즐거움을 주지 못하게 되는 지점이나, (기술이 최고 경지에 오른 사람으로서 자기 자긍심을 위해서) 자기가 그녀에게 줄 수 있는 기쁨의 질이 떨어지기 시작하는 시점을 넘어서까지 계속하지는 않을 것이다. 시인들의 경우 외적인 사회적 이득을 위해서 '기사도' 게임을 한다. 시인은 자신에게 영감을 주는 특정 여성의 반응만큼이나, 아니 어쩌면 그 이상으로 일반 대중과 전문 비평가들의 평가에 관심이 많다.

'기사도' 게임의 경우에, 연애에서는 유럽인이, 시에서는 영국인이 항상 미국인보다 뛰어났던 것으로 보인다. 미국에서는 이 게임이 주로 과일가게 학파의 손에 넘어가 있다. '아보카도 같은 당신의 눈', '오이 같은 당신의 입술' 따위의 표현이 넘쳐난다. 과일가게형 '기사도' 게임은 우아함에서 17세기의 영국 시인인 로버트 헤릭이나 리처드 러브레이스의 작품과는 비교할 수도 없으며, 냉소적이지만 상상력이 풍부한 로체스터, 로스코먼, 도싯 지방의 작품들보다도 못하다.*

반(反)게임 여성이 이 게임에서 자기 역할을 잘 소화하려면 어느 정도 교양이 있어야 하고, 이 게임을 아예 거부하려면 상당히 무뚝뚝하거나 아니면 어리석어야 한다. 이 게임에 걸맞은 보완 게임은 '당신은 나의 멋진 구원자예요'의 한 변형인 '당신의 작품에 경탄을 보냅니다, 미스터 엠'이라는 게임이다. 이 여성이 기계적이거나 둔감하면 단순히 '나의 구원자'로 반응할 수도 있지만, 그렇게 하면 중요한 것을 놓친다. 상대가 감상하도록 화이트가 내놓는 것은 자신이 아니라 그의 시다. 심술궂은 여성이 할 수 있는 잔인한 반게임으로는 2단계 '유혹' 게임('전화 끊어라, 애송아')이 있다. 3단계 '유혹' 게임이 발생하는 것도 상상해 볼 수 있는데, 그 경우 여러 정황상 이루 말할 수 없을 정도로 비열한 반응이 될 수밖에 없다. 만약 그저 어리석기만 한 여성이라면, 화이트의 칭찬으로 자신의 허영심만 채울 줄 알았지 화이트의 창의적인 노력

----

* 로체스터, 로스코먼, 도싯은 모두 영국의 소도시. 왕당파 서정시의 격조는 고사하고 이름 없는 소도시 무명 시인들의 작품에도 비할 바 못 된다는 농담을 하고 있다.(역주)

과 능력을 제대로 알아주지 못한 채 1단계 '유혹' 게임을 할 것이다. 일반적으로 여성이 '기사도' 게임을 자신을 유혹하려는 시도로 여기면 게임은 깨진다.

관련 사항 게임으로서 '기사도'는 정직한 구애 과정에서 이루어지는 진심 어린 교류와 반드시 구별해야 한다.

》 추가 분석 《

목표 서로 감탄하기

역할 시인, 시를 이해하는 대상

사회적 패러다임 어른-어른

어른(남성) : "제가 당신을 얼마나 기분 좋게 해드릴 수 있는지 한번 보세요."

어른(여성) : "어쩜, 당신 덕분에 정말 기분이 좋아졌어요."

심리적 패러다임 아이-아이

아이(남성) : "제가 쓴 이 멋진 구절을 보세요."

아이(여성) : "어쩜, 정말 창의적이시네요."

이득 (1) 심리 내적-창의성과 매력 확인 (2) 심리 외적-불필요한 성적 접근에 대한 거부 회피 (3) 내적인 사회적-'기사도' (4) 외적인 사회적-이것은 포기할 수도 있다. (5) 생물학적-서로 어루만짐 (6) 실존적-나는 우아하게 살 수 있다.

'자선' 게임

화이트는 모종의 동기를 감추고 항상 다른 사람을 돕는다. 그러한 행동은 부도덕한 과거를 속죄하려는 것일 수도 있고, 현재의 사악함을 감추려는 노력일 수도 있다. 또는 나중에 상대를 이용할 목적이거나 좋은 평판을 얻으려고 친구를 만들려는 것일 수도 있다. 그러나 아무리 그의 동기를 의심하는 사람일지라도 그의 행동은 인정해주어야 한다. 사실 부도덕한 과거를 더 사악한 행동으로 덮을 수도 있고, 자비가 아니라 공포로써 사람들을 착취할 수도 있고, 선한 방식 대신 악한 방식으로 평판을 좇을 수도 있지 않은가. 자선가 중에는 선행보다 경쟁에 더 관심이 많은 사람들이 있다. "내가 당신보다 돈(예술 작품/ 땅)을 더 많이 내놓았다."는 식이다. 이 경우에도 이들의 동기는 의심스러울 망정 건설적인 방식으로 경쟁한다는 사실은 인정해주어야 한다. 파괴적인 경쟁도 얼마든지 있기 때문이다. '자선' 게임을 하는 사람들은 대부분 친구와 적을 모두 가지고 있으며, 친구든 적이든 모두 그런 감정을 품을 만하다. 적들은 그의 행위는 깎아내리고 동기를 공격하는 반면, 친구들은 그의 동기는 눈감아주고 행위를 고마워한다. 따라서 이 게임에서 '객관적' 논의란 사실상 존재하지 않는다. 중립을 내세우는 사람들도 얼마 지나지 않아 어느 편에서 중립인지 속내를 드러내게 마련이다.

타인을 이용하는 수단으로서 이 게임은 미국에서 '홍보 활동'의 많은 부분에서 토대가 된다. 그러나 소비자는 이 게임에 참여하는 것을 기뻐한다. 사실 이것은 아마도 가장 유쾌하고 건설적인 상거래 게임일 것이다. 한편, 가장 비난받을 만한 형태는 어머니와 아버지가 자녀들의 애정을 놓고 경쟁하는 가족 간 3자 게임이다. 그러나 이 경우에도 '자선' 게임을 선택한 덕에 이들의 망신살이 조금은 가신다는 점에 주목해야 한다. 더 불쾌한 경쟁 방식, 예컨대 '아빠보다 엄마가 더 싫다.'라든지 '당신은 어째서 나보다 아이들을 더 사랑하는 거냐.' 같은 것도 얼마든지 가능하기 때문이다.

'소박한 현자' 게임

이것은 정확히 말하면 게임이라기보다는 대본이지만, 게임 같은 측면이 있다. 훌륭한 교육을 받은 교양 있는 남자가 자기 전문 분야 외에 온갖 것들을 부지런히 배운다. 은퇴할 나이가 되면 그는 중요한 자리를 맡아 일하던 대도시를 떠나 작은 마을로 이사한다. 얼마 지나지 않아 그곳 사람들은 엔진 고장에서부터 노망난 친지들까지 어떤 문제든 그에게 물어보면 된다는 것을 알게 된다. 그는 자신이 도와줄 수 있는 문제면 직접 해결해주고 그러지 못하면 자격 있는 전문가를 소개해준다. 그렇게 해서 그는 새로운 환경에서 '소박한 현자'의 자리에 오르지만, 절대 젠체하는 법 없이 늘 기꺼운 마음으로 사람들의 말에 귀를 기울인다. 이 게임에서 가장 바람직한 형태는 주인공이 이런 역할을 하기에 앞서 수고를 마다하지 않고 기꺼이 정신과 의사를 찾아가 자신의 동기를 검토하고 실수를 범하지 않도록 만반의 준비를 갖춘 경우이다.

'원수를 은혜로 갚기' 게임

이 게임은 '그들에게 뭔가 보여주겠다' 게임의 더 가치 있는 변형이다. '그들에게 뭔가 보여주겠다'에는 두 가지 형태가 있다. 파괴적인 형태에서 화이트는 그들에게 해를 끼침으로써 '뭔가 보여준다.' 따라서 화이트는 더 높은 자리에 오르려고 애를 쓰지만 그것은 물질적 보상을 바라거나 세상의 이목을 끌려는 것이 아니라 그래야 자기 원한을 갚을 힘을 얻을 수 있기 때문이다. 건설적인 형태에서 화이트는 명성을 얻으려고 열심히 일하고 모든 노력을 기울이지만, 그것은 숙련된 기술이나 정당한 성취(그것들이 부차적으로 따라오는 것이기는 해도)를 위해서도 아니고 적에게 직접 해를 가하기 위해서도 아니다. 오로지 적들로 하여금 예전에 그를 좀 더 잘 대해주지 않았던 것을 후회하게 만들고 지금의 그를 우러러보며 참을 수 없이 괴로울 정도로 질투를 느끼게 하려는 것이다.

'원수를 은혜로 갚기' 게임에서 화이트는 과거에 어울렸던 사람들과 맞서 싸우는 것이 아니라 그들의 이익을 위해서 싸운다. 화이트는 그들이 자기를 우애와 존경으로 대한 것이 정당했구나 하고 자기 합리화하도록 해주고 싶어하며, 또 그들의 자기 만족을 위해서, 그들의 판단이 건전했음을 그들에게 보여주고 싶어한다. 화이트가 이 게임에서 완전한 승리를 얻으려면 목표뿐 아니라 수단도 명예로워야 하며, 그런 점에서 이 게임은 '그들에게 뭔가 보여주겠다'보다 우월하다. '그들에게 뭔가 보여주겠다'와 '원수를 은혜로 갚기' 게임 모두 게임이 아니라 성공에 따르는 단순한 부차적 이득에 그칠 수도 있다. 그러나 화이트가 성공한 자기 자신보다 자신의 성공이 친구들이나 적에게 미치는 효과에 더 관심을 갖는다면 그때부터는 게임이 된다.

제3부

게임을 넘어서

13장
게임의 의미

1. 게임은 세대에서 세대로 전해진다. 어떤 개인이 즐겨하는 게임은 부모와 조부모에게로 거슬러 올라갈 수 있고, 자녀에게 전해질 수도 있으며, 성공적으로 개입하지 않는다면 다시 손자들에게도 가르치게 될 것이다. 따라서 게임 분석은 과거로는 백 년을 거슬러 올라가고 미래로는 적어도 50년은 좋이 내다보는 거대한 역사적 맥락 위에서 펼쳐진다. 다섯 세대 이상이 관련된 이 고리를 끊어낸다면 놀랄 만한 진보를 이룰 수 있다. 지금 살아 있는 사람 중에는 2백 명이 넘는 자손을 둔 사람들도 많이 있다. 게임은 한 세대에서 다음 세대로 내려가면서 강도가 약해지기도 하고 변형될 수도 있지만, 장르는 조금 다르더라도 대체로 자기 집안과 비슷한 게임을 하는 사람과 결혼하는 경향이 강하다. 이것이 게임의 역사적 의미다.

2. 자녀 '양육'은 무엇보다도 아이들에게 무슨 게임을 하도록 가르칠 것이냐의 문제다. 문화마다 사회 계급마다 서로 다른 유형의 게임을 하며 종족과 집단이 다르면 즐겨하는 게임의 유형도 다르다. 이것이

게임의 문화적 의미다.

3. 게임은 사실상 심심풀이 놀이와 친밀감 사이에 샌드위치처럼 끼어 있다. 심심풀이 놀이는 판촉을 위한 칵테일 파티가 그렇듯이 반복하면 지루해진다. 친밀감에는 엄격한 환경 조건이 필요하고 부모, 어른, 아이에 따라 달라진다. 사회는 사적인 공간이 아닐 경우에는 솔직함에 눈살을 찌푸린다. 양식이 있는 사람이라면 솔직함은 언제든 남용될 소지가 있다는 것을 알 수 있다. 아이는 솔직함에 담긴 폭로 때문에 솔직함을 두려워한다. 따라서 모든 사람이 친밀감의 위험에 노출되지 않으면서 심심풀이 놀이의 지루함에서 벗어나려는 절충안으로 자기가 할 수 있는 게임을 한다. 그런 식으로 게임들이 사회적 교류에서 좀 더 재미있게 시간을 채운다. 이것이 게임의 사회적 의미다.

4. 사람들은 자기와 같은 게임을 하는 타인을 친구로, 동료로, 친밀한 사람으로 선택한다. 따라서 같은 사회 집단(상류층, 비행 청소년 집단, 동호회, 대학 캠퍼스 등) 안의 '누가 됐든 모든 사람'은 다른 사회 집단의 구성원에게는 상당히 이질적으로 보이는 방식으로 행동한다. 반대로, 한 사회 집단의 어떤 구성원이 하던 게임을 바꾸면 거기서 추방당하지만, 다른 사회 집단으로 가면 환영받을 수 있다. 이것이 게임의 개인적 의미다.

---

* 독자는 이제 수학적 게임 분석과 교류적 게임 분석이 차이를 알 수 있어야 한다. 수학적 게임 분석에서는 참가자들이 완전히 합리적이라고 가정한다. 교류적 게임 분석을 합리성이 개입하지 않거나 심지어 비합리적이기까지 하며, 그래서 더욱 실질적인 게임을 다룬다.(저자 주)

14장
게임하는 사람들

주로 정서 장애가 있는 사람들이 가장 심한 형태의 게임을 한다. 말하자면 장애가 심할수록 게임을 더 격렬하게 한다. 그런데 흥미롭게도 일부 정신분열증 환자들은 아예 게임을 거부하고 처음부터 솔직함을 요구한다. 일상생활에서 가장 확신에 차서 게임을 하는 사람들은 크게 두 부류인데, 뚱한 심술쟁이들과 맹꽁이들, 다시 말해 고지식한 사람들이다.

대표적인 뚱한 심술쟁이를 보자. 그는 자기 어머니에게 화가 나 있는 남자다. 조사를 해보면 그는 아주 어렸을 때부터 어머니에게 화가 나 있었다는 것이 드러난다. 그가 화가 난 데는 그럴 만한 아이의 이유가 있다. 어머니가 아프거나 병원에 입원하는 바람에 아동기의 결정적 시기에 아들을 '유기'했을 수도 있고, 제대로 보살피지 못할 정도로 아이를 너무 많이 낳았을 수도 있다. 때로는 어머니가 다분히 고의적으로 아이를 유기했을 수도 있다. 예컨대 어머니가 재혼하려고 아이를 다른 데 맡겼을 수 있다. 어떤 경우든 그는 그 뒤로 항상 심술이 나 있다. 그는 바람둥이일지는 몰라도 여자를 좋아하지는 않는다. 심술 부리기를 애초에 계획적으로 시작했기 때문에 심술 부리기로 한 결심은 인생의 어느 시기든 뒤집을 수 있다. 사실은 어릴 때 종일 심술을 부리다가도 저녁밥 먹을 때가 되면 언제 그랬냐는 듯이 화를 풀었던 것처럼 그렇게 쉬운 일이다. 결심을 뒤집는 데 필요한 전제조건은 어린아이에게나 뚱한 어른에게나 똑같다. 즉 체면이 서야 하고 심술을 부려서 얻는 혜택을 보상해줄 무엇인가가 있어야 한다. 때로는 몇 년이고 계속될 수도 있는 '정신 의학' 게임이 환자가 심술 부리기로 한 결심을 뒤집음으로써 단번에 끝날 수도 있다. 여기에는 환자의 세심한 사전 준비와 적절한 타이밍과 접근법이 필요하다. 치료자의 어설픈 대처나 윽박지르기는 그런 방법이 심술난 어린아이를 달래는 데 효과적이지 않은 것처럼 여기서도 별 효과가 없다. 어린아이가 나중에 서투른 자기 부모에게 되갚아주듯이 환자도 결국에는 치료자의 실수를 그대로 돌려줄 것이다.

뚱한 여성의 경우도 그녀가 아버지에게 화가 나 있다면 고쳐야 할 사항만 바꾸면 상황은 똑같다. 남자 치료자가 그녀들의 '의족' 게임('이런 아버지 밑에서 자란 저에게 무엇을 기대하세요?')을 다루려면 더 세심한 외교적 수완이 필요하다. 그러지 않으면 또 한 명의 '우리 아버지 같은 남자들'로 쓰레기통에 처박힐 위험을 감수해야 한다.

누구에게나 맹꽁이 같은 구석이 있게 마련이다. 게임 분석의 목표는 그것을 최소화하려는 것이다. 맹꽁이는 부모의 영향에 지나치게 민감한 사람이다. 따라서 그는 결정적 순간에 어른의 정보 처리나 아이의 자발성이 쉽게 방해를 받아서, 결과적으로 부적절하거나 어설픈 행동을 하게 된다. 맹꽁이를 혼란에 빠진 정신분열증 환자와 혼동해서는 안 된다. 정신분열증 환자의 경우에는 부모가 전혀 기능을 하지 않고 어른의 기능도 대단히 미약하기 때문에 혼란에 빠진 아이 자아 상태로 세상에 대처해야 한다. 일반적으로 '맹꽁이(jerk)'는 남자에게만 붙이고 아주 드물게 남자 같은 여자에게 붙이는 별칭이라는 점이 흥미롭다. 답답이는 맹꽁이보다도 더 고지식한 사람이다. 답답이(prig)는 여성에게만 쓰는 말이지만 경우에 따라 다소 여자 같은 남자들에게도 붙인다.

15장
게임 없는 관계

치료자와 환자가 나눈 다음 대화를 살펴보자.

환자 : 새로운 목표가 생겼어요. 시간을 지키자!
치료자 : 저도 도와드리겠습니다.
환자 : 선생님은 상관없어요. 저를 위해서 하는 거니까요. ······역사 시험에서 제가 몇 점 받았을지 맞혀보세요.
치료자 : B 플러스.
환자 : 어떻게 아셨어요?
치료자 : 그야 당신이 A 받는 걸 두려워하기 때문이죠.
환자 : 맞아요, 저 A 받을 수 있었어요. 그래서 시험지를 검토해서 정답 세 개를 지우고 틀린 답을 채워 넣었어요.
치료자 : 저는 지금 같은 대화가 좋아요. 답답한 구석이 조금도 없어요.
환자 : 있잖아요, 제가 어젯밤에 생각을 해봤는데 제가 정말 좋아졌더라고요. 저는 이제 17% 정도만 맹꽁이인 것 같아요.

치료자 : 좋아요, 지금 상태로 보니까 오늘 아침은 0%네요. 그러니까 다음 번에는 34% 할인받을 권리가 있습니다.

환자 : 이 모든 게 6개월 전에 시작되었어요. 그때 저는 커피포트를 바라보고 있었는데 처음으로 그것을 정말로 보았어요. 그리고 지금 제가 어떤지, 새들의 지저귐을 어떻게 듣는지는 선생님도 아시는 그대로예요. 이제 사람들을 쳐다보면 사람들이 정말로 그곳에 있어요. 그리고 무엇보다 제가 확실히 거기에 있어요. 저는 거기에만 있는 게 아니고 지금 이 순간 바로 여기에 있어요. 저번에 미술관에 갔을 때 그림을 쳐다보고 있는데 한 남자가 다가와서 이렇게 말했어요. "고갱은 정말 멋져요, 그렇지 않나요?" 그래서 제가 말했죠. "저는 당신도 좋아요." 그렇게 해서 우리는 같이 미술관을 나와서 술을 마셨어요. 아주 괜찮은 남자였어요.

다음의 주석을 달면 위의 대화는 자율적인 두 어른이 주고 받는 게임 없는 대화로 설명할 수 있다.

"새로운 목표가 생겼어요. 시간을 지키자!"

이 선언은 행동에 뒤이어 나왔다. 환자는 거의 언제나 늦었다. 그런데 이번에는 늦지 않았다. 만약 환자에게 시간 엄수가 오로지 깨뜨리기 위해 존재하는 각오였거나, '의지력'에서 비롯한 행동이었거나, 아이에게 부모가 지우는 의무였다면, 시간을 지키자는 다짐을 실행하기 전에 선언했어야 한다. "이번이 마지막입니다. 다시는 늦지 않겠습니다." 이랬다면 게임을 시작하려는 시도였을 수도 있다. 그런데 환자의 선언은 그렇지 않았다. 그것은 어른의 결정이고 계획이지 각오가 아니다. 환자는 계속해서 시간을 잘 지켰다.

"저도 도와드리겠습니다."

이것은 '격려하는' 말이 아니었고 그렇다고 '저는 그저 도와드리려는 것뿐입니다' 게임으로 가는 첫 수도 아니었다. 이 환자의 약속 시간은 치료자의 휴식 시간 다음으로 잡혀 있었다. 환자가 습관적으로 늦기 때문에 치료자도 여유를 부리면서 천천히 돌아오는 습관이 들어버렸다. 그래서 환자가 그런 선언을 했을 때 그녀가 진심이라는 것을 알고 치료자도 도와주겠다고 선언한 것이다. 이 교류는 두 사람이 잘 유지하고 있는 어른 계약이며, 부모라는 입장 때문에 '좋은 아빠'가 되어야만 할 것 같은 압력을 느끼고 협조하겠다고 말하는 부모 유형을 조르는 아이의 교류가 아니다.

"선생님은 상관없어요."

이것은 환자의 시간 엄수가 결정이지 가짜 불만 게임의 일부로 악용될 수 있는 각오가 아니라는 것을 강조한다.

"제가 몇 점 받았을지 맞혀보세요."

이것은 두 사람 모두 알고서 마음 편히 빠져드는 심심풀이 놀이다. 치료자 입장에서는 환자도 이미 알고 있는 사실, 즉 이것은 심심풀이 놀이라는 것을 지적해서 자기의 경계심을 입증할 필요가 없고, 환자 입장에서는 단지 이게 심심풀이 놀이로 불린다는 이유 때문에 자제해야 할 이유가 없다.

"B 플러스."

치료자는 환자의 경우 이 점수 말고는 다른 가능성은 없다고 계산했고, 그렇게 말하지 않아야 할 이유도 달리 없었다. 거짓 겸손이나 틀릴지 모른다는 두려움이 있었다면 모르겠다는 식으로 나갔을 것이다.

"어떻게 아셨어요?"

이것은 어른의 질문이지 '정말 대단하십니다' 게임이 아니다. 따라서 제대로 답을 해야 한다.

"맞아요, 저 A 받을 수 있었어요."

여기가 진짜 시험이었다. 환자는 합리화나 변명을 하면서 심술을 부린 게 아니고 자기의 아이와 정면으로 맞닥뜨렸다.

"저는 지금 같은 대화가 좋아요."

이것과 그다음에 나오는 농담은 아마도 부모—아이의 심심풀이 놀이가 좀 섞이기는 했어도, 어른의 상호 존중에서 나온 표현이었다. 여기서도 부모—아이의 심심풀이 놀이는 있어도 좋고 없어도 좋은 선택 사항이며 양쪽 모두 이것을 인식하고 있었다.

"처음으로 그것을 정말로 보았어요."

이제 환자는 자기만의 인식을 갖게 되었으며, 사람이든 커피포트든 더는 부모가 알려준 방식으로 보지 않아도 된다.

"지금 저는 여기에 있어요."

환자는 더는 미래나 과거에 살지 않으며, 유익한 목적에 기여할 때만 그것을 잠깐 논의할 뿐이다.

"제가 말했죠, '저는 당신도 좋아요.'"

환자는 새로 만난 사람과 '미술관' 게임을 하면서 시간을 낭비할 필요가 없다. 물론 그녀가 선택하면 그렇게 할 수도 있지만 말이다.

치료자 입장에서 말하자면, 그는 '정신 의학' 게임을 해야만 할 것 같은 부담을 느끼지 않는다. 방어나 전이, 상징 해석의 문제를 거론할 기회가 여러 차례 있었지만 치료자는 불안감 없이 그런 것들이 지나가게 놔둘 수 있었다. 다만 환자가 시험지에서 어떤 답을 고쳤는지는 이후에 참고를 위해서라도 확인해 두었다면 좋았을 것이다. 불행하게도 나머지 시간 동안에는 환자에게 남은 17% 맹꽁이와 치료자에게 남은 18% 맹꽁이가 간혹 드러났다. 요약하면, 위에 제시한 과정은 약간의 심심풀이 놀이를 곁들인 의식적 행위에 해당한다.

16장
게임의 덫에서 벗어나기

자율성 획득은 자각, 자발성, 친밀감, 이 세 가지 역량의 발휘 혹은 회복으로 나타난다.

자각 자각이란 남에게 배운 대로가 아니라 자기만의 방식으로 커피포트를 보고 새가 지저귀는 소리를 들을 수 있는 역량을 말한다. 유아의 보기와 듣기가 지닌 특성은 어른과는 다르며,[1] 생의 처음 몇 해에는 보기와 듣기가 더 미학적이고 덜 인지적일 것이라고 충분한 근거를 바탕으로 짐작해볼 수 있다. 어린 남자아이가 노래하는 새를 보며 기뻐하고 있다고 하자. 그때 아이의 '좋은 아버지'가 다가와서 아이와 경험을 '나누고' 아이의 '발달'을 도와야 한다고 생각하면서 이렇게 말한다. "저건 어치고, 이건 참새란다." 아이가 어떤 게 참새고 어떤 게 어치인지에 신경 쓰는 순간 아이는 더는 새를 볼 수도, 새의 노래를 들을 수도 없다. 이제 아이는 아버지가 원하는 방식으로 보고 들어야 한다. 아버지는 아버지대로 충분한 이유가 있다. 일평생 새 소리를 들으며 시간을 보낼 만큼 여유 있는 사람은 거의 없으며 아이가 일찍 '교육'을 받을수록 더 유리하기 때문이다. 어쩌면 아이가 커서 조류학자가 될 수도 있다. 그래도 어릴 때처럼 보고 들을 수 있는 사람은 몇 안 된다. 인류의 대다수는 화가, 시인, 음악가가 될 소양을 잃어버렸으며, 형편이 된다 해도 직접 듣고 볼 수 있는 선택권은 이미 그들에게 남아 있지 않다. 그러므로 간접적으로 얻는 수밖에 없다. 이 능력의 회복을 여기서는 '자각'이라고 부른다. 생리학적으로 자각이란 직관적 상상력과 결합한 직관적 인식이다.[2] 적어도 어떤 특정한 개인들에게는 맛, 냄새, 운동 감각의 영역에서도 직관적 인식이 있다고 보아야 할 것이다. 요리사, 향수 전문가, 무용가가 바로 그런 사람들이다. 이들의 영원한 숙제는 그들 작품의 진가를 알아볼 수 있는 관객을 찾는 것이다.

자각은 과거나 미래 같은 다른 어떤 곳이 아니라 바로 지금 여기에서 삶을 살아갈 때 가능하다. 미국인의 생활에서 찾을 수 있는 좋은 예는 서둘러 차를 모는 아침 출근길이다. 결정적인 질문은 이것이다. "몸이 여기 있을 때 마음은 어디에 있는가?" 이 질문에는 세 가지 일반적인 경우가 있다.

1. 시간 엄수를 항상 최우선으로 생각하는 사람이 몸과 마음이 가장 멀리 떨어져 있는 사람이다. 몸은 자동차 운전대 앞에 있지만, 그의 마음은 사무실 책상에 가 있다. 그래서 신체가 정신을 따라잡으려는 그 시점에 방해가 될 때 빼고는 가까운 주변 환경을 전혀 의식하지 못한다. 이 사람이 바로 상사에게 어떻게 비칠까만 걱정하는 맹꽁이다. 만약 늦으면 그는 숨이 턱에 차도록 달리는 수고를 아끼지 않을 것이다.

이것은 불평하는 아이가 주도하는 상태이며 그의 게임은 '난 죽도록 노력했어요'다. 운전할 때 그는 자율성을 거의 완전히 상실하며 한 인간으로서 살아 있는 것이 아니라 본질적으로 죽어 있다. 이런 상황은 고혈압이나 심장 질환이 생기기에 가장 좋은 조건이 될 가능성이 높다.

2. 반면에 뚱한 심술쟁이는 어떻게 제시간에 도착할 것인지보다는 지각의 변명거리를 찾는 데 더 신경을 쓴다. 불의의 사고, 교통 체증이나 운전 미숙, 다른 사람들의 어리석음 같은 것들이 계획에 잘 들어맞으며, 이런 변명은 그의 반항적인 아이나 '그들 때문이야'라는 부모 게임에 기여하는 까닭에 은근히 환영받는다. 그 역시 주변 환경이 그의 게임에 동참하기 전까지는 그것을 잊어버린다. 그래서 반쯤 살아 있다고 할 수 있다. 몸은 자동차에 있지만 마음은 결점과 부정 행위를 찾아 헤매고 있다.

3. 좀 덜 흔한 유형으로 '타고난 운전수'가 있다. 그에게 운전은 즐거운 과학이자 예술이다. 그가 민첩하고 솜씨 좋게 막힌 길을 뚫고 나갈 때 그는 자동차와 한몸이 된다. 예술의 경지에 이른, 그 자체가 보상인 그의 운전 솜씨를 뽐낼 기회를 제공하지 않는 한 그는 주변 환경을 의식하지 않는다. 그러나 그는 자기 자신과 자기가 몰고 있는 자동차를 아주 잘 인식하고 있으며, 그만큼 살아 있다. 이런 운전은 공식적으로 어른의 심심풀이 놀이이며 아이와 부모 역시 이 심심풀이 놀이에서 만족을 끌어낼 수 있다.

4. 네 번째 경우는 자각하는 사람이다. 그는 지금 여기에 있는 환경, 즉 움직임에 대한 느낌은 물론이고 하늘과 나무까지 모든 주변 환경과

더불어 이 순간을 살기 때문에 서두르지 않는다. 서두른다는 것은 환경을 무시한다는 것이고 아직 내 눈에 들어오지 않은 것, 아니면 오직 방해물만, 아니면 자기 자신만을 의식한다는 뜻이다. 한 중국인 남자가 친구와 전철을 탈 일이 있었다. 백인 친구가 급행을 타면 20분을 절약할 수 있다고 해서 두 사람은 급행을 탔다. 그런데 두 사람이 센트럴파크에 도착하자 중국인 남자가 벤치에 앉는 것이 아닌가. 어이가 없어진 백인 친구가 이유를 묻자 그는 이렇게 설명했다. "그야 뭐, 우리가 20분 벌었으니 그 시간만큼 여기 앉아서 경치를 즐길 수 있잖아."

자각하는 사람은 자기가 무엇을 느끼는지 어디에 있는지 어떤 시간에 있는지 알기 때문에 살아 있다. 그는 자기가 죽은 후에도 나무들은 계속 거기에 있겠지만 자기는 그것을 볼 수 없다는 것을 안다. 그래서 지금 이 순간 최대한 강렬하게 보고 싶어하는 것이다.

자발성 자발성은 선택권을 의미하며, 모든 가능한 것(부모의 감정, 어른의 감정, 아이의 감정) 가운데서 자기 감정을 선택하고 표현할 수 있는 자유를 말한다. 이것은 게임을 하지 않을 수 없게 만드는 강박적 충동, 배운 대로만 느껴야 할 것만 같은 압박감으로부터 벗어나는 해방을 뜻한다.

친밀감 친밀감은 자각하는 사람이 지닌 자발적이고, 게임에서 자유로운 솔직함을 뜻한다. 직관적 지각력을 지닌 때 묻지 않은 아이가 지금 여기에서 순박한 삶 가운데로 놓여나는 것이다. 직관적 인식이 애정을 불러일으키고,3) 솔직함이 긍정적 감정을 불러일으킨다는 사실은 실험으로 입증할 수 있다. 그래서 '일방적 친밀감' 같은 것도 가능하다. 이것은 똑같은 이름은 아닐지라도, 자기는 개입하지 않으면서 상대방의 마음을 사로잡을 수 있는 프로 유혹자들 사이에서는 잘 알려진 현상이다. 그들은 한편으로 상대와 함께하는 것처럼 위장하고 자기를 잘 지키면서, 상대로 하여금 자기를 똑바로 쳐다보고 허심탄회하게 말하도록 북돋워줌으로써 일방적 친밀감을 만들어낸다.

친밀감은 (심리적이고 사회적인 복잡한 문제와 얽혀서 표현되기는 하지만) 기본적으로 아이의 타고난 기능이기 때문에 게임이 끼어들어서 복잡해지지만 않으면 긍정적으로 드러나는 편이다. 대개 부모의 영향에 적응하는 과정에서 친밀감을 잃게 되는데, 거의 보편적으로 이런 상태가 된다는 것이 무엇보다 불행한 일이다. 하지만 때 묻기 전까지 아기들은 거의 모두 사랑을 품은 존재로 보인다.4) 그리고 이것이 바로 실험에서 입증된 바와 같이 친밀감의 기본 속성이다.

17장
자율적 인간 되기

부모들은 의식적으로든 무의식적으로든 자녀들이 태어나는 순간부터 그들이 어떻게 행동하고 생각하고 느끼고 지각해야 하는지 가르친다. 이 영향에서 놓여나기란 결코 쉬운 일이 아니다. 그 영향이 깊이 각인될 뿐만 아니라 태어나서 20년에서 30년까지는 이것이 생물학적·사회적 생존에 절대적으로 필요하기 때문이기도 하다. 사실 인간은 자율적 상태에서 출발하기 때문에 부모의 영향에서 자유로워질 수 있다. 다시 말해서 인간은 자각과 자발성과 친밀감을 지닐 수 있는 상태에서 출발하며, 부모의 가르침 가운데 어떤 부분을 취할 것인지를 선택할 결정권이 있다. 인간은 인생 초반의 어떤 특정한 시점에 부모의 가르침에 어떻게 적응할 것인지 결정을 내린다. 이 적응은 애초에 연이은 결정을 통해 이뤄진 것이기 때문에 미완성일 수 있다. 결정이란 적당한 상황에서는 언제든 번복할 수 있기 때문이다.

그렇다면 자율성 획득은 13장, 14장, 15장에서 논의한 모든 쓸데없는 것을 뒤엎는 데 있다고 할 수 있다. 그리고 그런 전복은 마지막이 없다. 그것은 옛 방식으로 돌아가려는 관성에 맞서는 끝없는 싸움이기 때문이다.

우선, 13장에서 논의한 것처럼 개인을 무겁게 내리누르는 종족과 친족의 모든 역사적 전통을 걷어내야 한다. 마거릿 미드(Margaret Mead)가 연구한 뉴기니 부족 사회의 경우처럼 말이다.[1] 그다음은 부모, 사회, 문화적 배경으로부터 받은 영향을 벗어던져야 한다. 동시대 사회 전반의 요구도 마찬가지로 벗어던져야 한다. 마지막으로 개인이 직접 관련을 맺고 있는 사회 집단에서 얻는 이득도 부분적으로 혹은 전적으로 희생해야 한다. 그런 다음에는 14장에서 설명한 것처럼, 맹꽁이나 심술쟁이 짓을 함으로써 얻는 보상과 제멋대로 사는 편리함을 포기해야 한다. 그러고 나면 그 사람은 개인적·사회적 통제를 확실히 획득하기 때문에 꿈만 제외하면 이 책의 부록에 기술한 모든 행동을 오직 자신의 의지에 따라 자유롭게 선택할 수 있게 된다. 그렇다면 이제 15장에서 예시적으로 보여주는 것과 같은 게임과 상관없는 관계를 맺을 준비가 된 것이다. 이 시점에서는 자율성의 역량을 발달시킬 수 있다. 본질적으로 이 모든 준비는 자기 부모(그리고 그밖에 **부모 영향**)와 우호적으로 결별함으로써 이루어진다. 부모와 결별하고 나면 때때로 기꺼이 부모를 찾아가 만나긴 해도 더는 그들에게 지배당하지 않는다.

18장
게임 이후

인간의 삶이란 대체로 죽음 혹은 구원자가 찾아올 때까지 시간을 채우는 과정이며, 그 기나긴 기다림 속에서 어떤 종류의 교류를 할 것인지 선택할 여지도 매우 적다. 이 책의 1부와 2부에서 보여준 이러한 우울한 그림은 흔한 것이지만 사실 마지막 해답은 아니다. 일부 운이 좋은 사람들에게는 모든 행동 범주를 초월하는 무엇인가가 있으니, 바로 자각이다. 과거의 프로그램을 넘어서는 무엇인가가 있으니, 바로 자발성이다. 게임보다 더 큰 만족을 주는 무엇인가가 있으니, 바로 친밀감이다. 그러나 이 세 가지 모두 준비되지 않은 사람들에게는 무서운 것일 수 있고 심지어 위험할 수도 있다. 그들은 이를테면 '어울림' 같은, 대중적인 사회적 행동 기술에서 해결책을 찾는 것이 더 나을지도 모른다. 이것은 인류에게 희망이 없다는 의미일 수도 있다. 그러나 그 구성원 개인에게는 아직 희망이 있다.

■ 부록

행동 분류

어떤 주어진 한순간 인간은 다음의 행동 분류 가운데 하나 혹은 그 이상을 하고 있다.

제1군. 내적 프로그램(원시 심리적). 자폐적 행동
각목. (a) 꿈
    (b) 환상
        각과 : i 외래적 환상(소망 충족)
           ii 자폐적 교류, 비적응된
           iii 자폐적 교류, 적응된(신심리적 프로그램을 갖춤.)
    (c) 배회증
    (d) 망상적 행동
    (e) 비수의적 행위
        각과 : i 틱

　　　　　ii 매너리즘
　　　　　iii 착행증(錯行症)
　　(f) 기타

제2군. 확률 프로그램(신 심리적). 현실 검증된 행동
각목. (a) 활동
　　　　　각과 : i 전문 직업, 생업 등
　　　　　　　　ii 스포츠, 취미 등
　　(b) 절차
　　　　　각과 : i 정보 처리
　　　　　　　　ii 기술
　　(c) 기타

제3군. 사회적 프로그램(부분적으로 외현 심리적) 사회적 행동
각목. (a) 의례와 의식
　　(b) 심심풀이 놀이
　　(c) 조작과 책략
　　(d) 게임
　　　하위 각목. A 직업적 게임(각형 교류)
　　　　　　　　B 사회적 게임(이중적 교류)
　　(e) 친밀감

앞에서 논의한 사회적 게임들은 이 분류 체계에서는 다음과 같이 분류할 수 있을 것이다.

: 제3군. 사회적 프로그램. 각목 (d), 게임; 하위각목 B, 사회적 게임.

'종착점'인 친밀감은 최종 등급으로서 게임 없는 삶의 일부다.

독자는 위의 분류 체계에 얼마든지 불만을 느낄 수 있다(그러나 비웃음이나 코웃음은 안 된다). 이것을 여기에 실은 것은 내가 이것을 너무나 아끼고 사랑해서가 아니라 현재 쓰이고 있는 다른 체계에 비해서 이것이 더 기능적이고 실제적이고 실용적이며, 분류법을 좋아하고 필요로 하는 사람들에게 도움을 줄 수도 있기 때문이다.

■ 서평

눈이 부시게 뛰어난 심리 안내서

커트 보네거트

이 게임의 이름은 '난리법석'이다.

퇴근해서 집에 돌아온 아버지가 딸을 붙들고 잔소리를 하자 딸은 건방지게 대꾸한다. 아니면 딸이 먼저 건방지게 굴어서 아버지가 나무라기 시작한다. 두 사람의 언성이 높아지고 충돌은 갈수록 격렬해진다. 결과는 누가 주도권을 쥐었느냐에 달렸다. 세 가지 가능성이 있다. 첫째, 아버지가 문을 쾅 닫고 안방으로 들어가버리거나, 둘째로 딸이 문을 쾅 닫고 자기 방으로 들어가버리거나, 셋째 두 사람 모두 문을 쾅 닫고 각자 자기 방으로 들어가

───────────

* 1965년 6월 11일자 〈라이프(Life)〉에 실린 이 글은 미국 작가 커트 보네거트(Kurt Vonnegut Jr. 1922~2007)가 《심리 게임》을 읽고 쓴 서평이다. 미국 포스트모던 문학의 대표 작가였던 보네거트는 장르의 경계를 허무는 소설로 독자들에게 널리 사랑받았다. 1960년대에는 반전 운동에 앞장섰으며 히피 문화를 대표하기도 했다. 작품으로 소설 《제5도살장》, 《챔피언의 아침 식사》, 《타임퀘이크》, 《고양이 요람》 등이 있고, 유작으로 《나라 없는 사람》이 출간되었다.

버리는 것이다. 어떤 경우이든 게임이 끝났다는 표시는 쾅 닫히는 문이다. '난리법석' 게임은 일부 집안에서 일어나는 아버지와 10대 딸 간의 성적인 문제를 해결할 수 있는, 괴롭지만 효과적인 방법을 제공한다. 그런 상황에서는 많은 경우 아버지와 딸들은 서로 으르렁거려야만 한 집에 살 수 있으며, 문을 쾅 닫으면서 각자의 침실이 따로 있다는 사실을 서로 강조하는 것이다.

샌프란시스코의 정신 분석가 에릭 번 박사는 《심리 게임》이라는 얇은 책에서 이렇게 쓰고 있다. 잡지 중에는 〈사이언스〉와 〈매드〉를 좋아하고 책 중에서는 《The Kuzzilbash》와 《Dawn Ginsbergh's Revenge》를 좋아하는 번 박사는 포커 게임에서 딴 돈으로 여비를 쓰며 30개국의 정신병원을 찾아다녔다. 그가 쓴 《심리 게임》은 지난 8월, 초판으로 조심스럽게 3천 부만 찍으며 조용히 출간되었다.

이 책은 입소문이 나면서 4만 1천 부가 팔렸는데, 이는 놀랄 일도 아니다. 이 책은 인간이란 존재가 끝도 없이 되풀이하는 심리적 연극을 재미있고, 명쾌하고, 눈이 부시게 뛰어난 심리 안내서다. 어떤 사람이 남 몰래 위안이나 만족을 얻으려고 흔히 볼 수 있는 사회적 소란을 일으킨다면 번 박사는 그것을 게임이라고 부른다.

예컨대 '받아가보시지' 게임을 시작하는 수는 신용 거래로 엄청난 액수의 빚을 지고 제대로 갚지 않는 것이다. (참고로, 이 게임은 보통 자녀들이 부모에게서 배우는 게임이라고 번 박사는 지적한다.) 중간에 쓰는 수는 한 편의 익살극 같은 협박과 추격으로 펼쳐지는데 돈 떼어먹은 사람한테는 그 재미가 꽤 쏠쏠하다. 채권자가 돈을 회수하거나 포기하는 것으로 끝이 나는 마지막은 흔히 '너 이번에 딱 걸렸어'나 '왜 나한테는 항상 이런 일이 일어날까' 같은 요란스러운 다른 게임으로 이어진다.

번 박사는 이 길지 않은 책에서 101가지 게임을 보여주고 있으니 가히 카드 놀이 안내서 수준의 효율성이라 할 만하다. 이런 경제성은 주제들이 모두 너무도 슬프거나 너무도 달콤하거나 또는 너무도 잔인할 만큼 우리에게 친숙하기 때문이고, 저자가 거의 모든 내용을 말해주는 수다스러운 제목을 달아놓은 덕분이다. '나 좀 차주세요', '당신만 아니었으면', '저는 그저 도와드리려는 것뿐입니다', '의족', '얼간이', '등치기' 게임 같은 식이다. 저자는 일찍이 1947년에 '게임즈맨십(Gamesmanship)'*이라는 용어를 쓴 영국의 작가 스티븐 포터(Stephen Potter)에게 이 분야의 선구자로서 격식을 차려 존경을 표하고 있다. 그러나 번 박사는 포터식의 변덕은 아예 제쳐놓고 단도직입적으로 게임을 정당한 존중감을 가지고 대해야 한다고, 다시 말해 도화선을 제거해야 할 시한폭탄으로 보아야 한다고 주장한다. 일부 게임의 마지막을 장식할 수도 있는 것들로는 이혼, 살인, 자살 등이 포함된다.

《심리 게임》은 중요한 책이다. 과학도들이 아니라면, 적어도 정말로

---

* 게임즈맨십은 스포츠맨십(sportsmanship)과 반대되는 것인데, 승부에서 이기기 위해 폭력 행위나 속임수까지 불사하는 행위 또는 자세를 가리킨다.

무슨 일이 일어나고 있는 것인지 단순한 실마리를 찾지 못해 애를 태우는 보통 사람들에게 그러하다. 이 책은 또한 마법적인 직관력을 지닌 소설가나 극작가는 그 어떤 의사보다 삶에 관해 많은 것을 보여줄 수 있다는 헛소문을 완전히 날려버린다. 자신의 통찰을 의술에 보태고자 하는 마음뿐인 여기 이 훌륭한 의사 선생님은, 작가들이 앞으로 만 년 동안 써먹어도 바닥나지 않을 이야기 구조를 제공한다.

게임에 관해 이만큼 재치 있는 책은 저자가 못 말리는 장난기를 가진 사람이었기에 나올 수 있었고, 그래서 심지어 이론 부분에서도 장난기가 느껴진다. 두 사람이 만나는 장면을 묘사한 재미있는 도표는 또 어떤가. 번 박사에 따르면 성숙한 사람은 누구나 그의 인격 안에 세 가지 역할을 가지고 있다. 아이 같은 부분, 어른 같은 부분, 그리고 부모를 닮은 부분이 그것이다. 어떤 주어진 순간 개인은 부모로서나, 어른으로서나, 아이로서 반응할 수 있다.

두 사람이 만나 상호 작용을 한다면 모두 아홉 가지 서로 다른 조합이 가능하며 각각의 조합에서 두 짝은 서로 소통할 수 있는데, 어떤 경우에는 기쁨을 주기도 하고 어떤 경우에는 미치게 만들기도 하고 또 어떤 경우에서 도움을 주기도 하고 그러지 않기도 한다. 저자는 항상 어른-어른의 관계를 유지하라고 권하지 않는다. 아홉 가지 조합이 모두 제각기 적합한 때가 있다. 아이-아이는 사랑할 때 적합하다. 지나치게 단순화한 느낌이라고? 사실이다. 그러나 어쨌든 오이디푸스 타령이 아니라는 것만으로도 신선하지 않은가.

저자는 게임을 이론적으로 기술하는 데 많은 지면을 할애하지 않았으며, 내용이 가장 풍성한 것도 그 부분이 아니다. 아마도 독자들은 대체로 번 박사가 세심하게 앞쪽에 실어놓은 이론 부분을 건너뛰고 게임 부분을 먼저 읽을 것이다. 물론 이 책이 잘 팔리는 것은 바로 그 신기하고 매력적인 게임 부분 때문이다. 그러나 재미있는 뒷부분을 읽고 나면 그때 비로소 독자는 진짜 알찬 내용은 앞쪽에 있다는 것을 알게 되며, 이론까지 읽었을 때 책의 가치는 두 배가 된다.

■ 주석

머리말

1) E. Berne, *Transactional Analysis in Psychotherapy*, Grove Press Inc., New York, 1961.

2) R. D. Luce and H. Raiffa, *Games & Decisions*, John Wiley & Sons Inc., New York, 1957.

들어가는 글

1) E. Berne, *Transactional Analysis in Psychotherapy*, Grove Press Inc., New York, 1961.

2) R. Spitz, "Hospitalism : Genesis of Psychiatric Conditions in Early Childhood" *Psychoanalytic Study of the Child*, 1 : 53~74, 1945.

3) René Belbenoit, *Dry Guillotine*, E. P. Dutton & Company, New York, 1938.

4) G. J. Seaton, *Isle of the Damned*, Popular Library, New York, 1952.

5) E. Kinkead, *In Every War But One*, W. W. Norton & Company, New York, 1959.

6) J. D. French, "The Reticular Formation" *Scientific American*, 196 : 54~60, May, 1957.

7) The "colloquialisms" used are those evolved in the course of time at the San Francisco Social Psychiatry Seminars.

8) S. Levine, "Stimulation in Infancy" *Scientific American*, 202 : 80~86, May, 1960.

9) J. Huizinga, *Homo Ludens*, Beacon Press, Boston, 1955.

10) S. Kierkegaard, *A Kierkegaard Anthology*, ed. R. Bretall, Princeton University Press, Princeton, 1947, p. 22 ff.

11) S. Freud, "General Remarks on Hysterical Attacks." *Collected Papers*, Hogarth Press, London, 1933, II, p. 102.

―――――. "Analysis of a Case of Hysteria." Ibid. III, p. 54.

12) E. Berne, *The Structure and Dynamics of Organizations and Groups.* J. B. Lippincott Company, Philadelphia and Montreal, 1963. (특히 Chapters 11과 12를 보라.)

1장 게임의 구조

1) W. Penfield, "Memory Mechanisms." *Archives of Neurology & Psychiatry.* 67 : 178~198, 1952.

2) W. Penfield & H. Jasper, *Epilepsy and the Functional Anatomy of the Human Brain*, Little, Brown & Company, Boston, 1954, Chap. XI.

3) E. Berne, "The Psychodynamics of Intuition." *Psychiatric Quarterly*, 36 : 294~300, 1962.

5장 게임

1) D. W. Maurer, *The Big Con*, The Bobbs-Merrill Co., New York, 1940.

제2부 게임 대사전

1) E. Berne, "Intuition IV : Primal Images & Primal Judgments." *Psychiatric Quarterly*, 29 : 634~658, 1955.

6장 인생 게임

1) E. Berne, *A Layman's Guide to Psychiatry & Psychoanalysis*, Simon & Schuster, New York, 1957, p. 191.

2) M. Mead, *Growing Up in New Guinea*, William Morrow & Company, New York, 1951.

7장 아내와 남편 게임

1) G. Bateson et al. "Toward a Theory of Schizophrenia." *Behavioral Science*, 1 : 251~264, 1956.

8장 파티 게임

1) Adelbert von Chamisso, *Peter Schlemihl*, David McKay & Company, Philadelphia, 1929.
2) 19세기 프랑스의 소설가이자 가극 작가였던 샤를 폴 드 코크가 쓴 〈사람 좋은 녀석(A Good-Natrured Fellow)〉은 남에게 너무 많은 것을 거저 주는 남자에 대한 이야기였다.

10장 암흑가 게임

1) Frederick Wiseman, In "Psychiatry and the Law : Use and Abuse of Psychiatry in a Murder Case" *American Journal of Psychiatry*, 118 : 289~299, 1961. 이 책은 격렬한 형태로 벌어지는 '경찰과 강도' 게임의 분명하고도 비극적인 사례를 보여준다. 이야기는 총으로 자기 약혼자를 죽이고 자수하는 스물세 살 먹은 남자를 다룬다. 자수 과정이 쉽지 않았는데 이유는 경찰이 그가 같은 행동을 네 번이나 반복할 때까지 그의 말을 믿지 않았기 때문이었다. 나중에 그는 이런 말을 한다. "저는 살면서 항상 제 인생은 결국 사형대에서 끝나게 되어 있다고 생각했던 것 같습니다. 만약 그렇게 예정되어 있었다면 그렇게 되었어야겠지요." 와이즈먼은 평범한 사람들로 구성된 배심원들이 법정의 전문 용어로 표현되는 복잡한 정신 의학적 증언을 이해하기를 기대한다는 것은 웃기는 일이라고 쓰고 있다. 게임 용어로는 어려운 단어 하나 없이 문제의 핵심을 진술할 수 있다. 즉 아홉 살 난 사내아이가 (재판에서 분명하게 드러났던 이유로) 자기는 사형대에서 끝나게 되어 있다고 결정한다. 그 뒤로 그는 그 목표만을 향해 달려왔고 자기 여자 친구를 표적으로 이용해서 결국 그 자리에 자신을 앉힌다.
2) '경찰과 강도' 게임과 재소자들이 하는 게임에 대한 더 자세한 내용은 다음을 참조하라. F. H. Ernst and W. C. Keating, "Psychiatric Treatment of the California Felon." *American Journal of Psychiatry*, 120 : 974~979, 1964.

11장 상담실 게임

1) E. Berne, "The Cultural Problem : Psychopathology in Tahiti." *American Journal of Psychiatry*, 116 : 1076~1081, 1960.

16장 게임의 늪에서 벗어나기

1) E. Berne, "Primal Images & Judgement." *Psychiatric Quarterly*. 29 : 634~658,

1955.

2) E. R. Jaensch, *Eidetic Imagery*, Harcourt, Brace & Company, New York, 1930.

3) 이 실험은 샌프란시스코 사회정신의학 세미나에서 아직 예비 실험 단계에 있다. 교류분석을 효과적으로 실험에 활용하려면 적외선 분광계를 실험에 사용할 때와 마찬가지로 특별한 훈련과 경험이 필요하다. 게임과 심심풀이 놀이를 변별하는 작업은 항성과 행성을 변별하는 것만큼이나 어렵다. E. Berne, "The Intimacy Experiment." *Transactional Analysis Bulletin*. 3 : 113, 1964. "More About Intimacy." Ibid. 3 : 125, 1964를 보라.

4) 일부 영아들은 아주 일찍이 때 묻거나 굶주려서 (심한 영양 실조, 복통) 이 역량을 한 번도 발휘하지 못한다.

17장 자율적 인간 되기
1) M. Mead, *New Ways for Old*, William Morrow & Company, New York, 1956.

■ 찾아보기

게임 · 심심풀이 놀이
'게임(game)' 명칭은 ⓖ로, '심심풀이 놀이(pastime)'는 ⓟ로 나누어 표시했다.

3단계 유혹 ⓖ 75, 182~185, 238

ㄱ

가봤다 ⓟ 69
가서 얘기 좀 해줘 ⓟ 66
거친 놈 ⓖ 113
경찰과 강도 ⓖ 180, 191~197, 202
고고학 ⓖ 225
관세사와 강도 ⓖ 196
광대 ⓟ 228
교수님은 정말 대단하세요! ⓖ 220, 221, 255
구애자 ⓖ 76
국립병원 ⓖ 148
궁지로 몰기 ⓖ 130~136, 155
궁핍이 좋아 ⓖ 203, 208, 212~216, 231
그 얘기를 해주세요 ⓖ 226, 227

그걸 해주면 나도 ⓟ 72
그들 때문이야 ⓖ 259
그들에게 뭔가 보여주겠다 ⓖ 242, 243
그러게 내가 뭐랬어 ⓖ 126
기사도 ⓖ 236~239

ㄴ

나 좀 차주세요 ⓖ 15, 16, 19, 20, 103, 119, 126, 182, 270
난 죽도록 노력했어요 ⓖ 130, 148, 150~154, 259
난리법석 ⓖ 19, 52, 133, 139, 140, 141, 143, 178, 188~190, 268, 269
난생 처음이야 ⓟ 65
내 돈을 떼먹어? ⓖ 118
내가 또 이렇군 ⓖ 80, 94, 126
내가 어렸을 때 ⓖ 157, 219

찾아보기 277

냉담한 남성 ⓖ 94, 130, 142, 190
냉담한 여성 ⓖ 94, 130, 140~144, 184, 189, 190
너 아니? ⓟ 65
너 이번에 딱 걸렸어 ⓖ 15, 16, 17, 19, 20, 93, 103, 117, 120~124, 142, 186, 270
놀랄 것 없어 ⓖ 158
누가 이겼나 ⓟ 65

ㄷ

닭살 커플 ⓖ 130, 138, 139, 154, 155, 156
당신 때문에 내가 어떻게 되었는지 똑똑히 보십시오 ⓖ 207, 209
당신 때문이야 ⓖ 103, 124~129
당신들끼리 싸워보세요 ⓖ 94, 177, 178, 179, 813, 186, 202
당신만 아니었으면 ⓖ 76~87, 94, 95, 130, 149
당신은 나의 멋진 구원자예요 ⓖ 93, 219, 222, 238
당신의 작품에 경탄을 보냅니다, 미스터 엠 ⓖ 238
당신이 나한테 무슨 짓을 했는지 똑똑히 보라고! ⓖ 109

당신이 나한테 해줄 수 있는 것은 아무것도 없습니다 ⓖ 208
당신이 했잖아 ⓖ 127, 128
도시락 가방 ⓖ 135
동성애 ⓖ 180
등치기 ⓖ 179, 191, 201, 202

ㅁ~ㅂ

마티니 ⓟ 66, 106, 114
모범수 ⓖ 191, 198~201
무고죄 ⓖ 200
미술관 ⓖ 256
미인계 ⓖ 122, 183, 201
바보 ⓖ 170, 203, 227~230
받아가보시지 ⓖ 116, 118, 269
밝은 면 내세우기 ⓟ 69
법정 공방 ⓖ 130, 136~139, 150, 186, 190, 196
보험 ⓖ 74
부동산 중개인 ⓖ 74
불량 남편 ⓟ 69
비음주 알코올 중독자 ⓖ 91, 107
빚쟁이 ⓖ 18, 94, 103, 114~119, 136

ㅅ

사기 ⓖ 19, 75
세상은 다 그래 ⓖ 181
소박한 현자 ⓖ 236, 241, 242
수술 중독 ⓖ 94, 159
순박한 시골 여자 ⓖ 175, 203, 217~222, 223
술 마신 다음날 ⓟ 66, 69, 106, 114
스타킹 ⓖ 178, 186~188
심리 진단 ⓖ 203, 204, 205

ㅇ

아빠, 저를 때려주세요 ⓖ 143
알코올 중독자 ⓖ 75, 91, 94, 103~114, 170, 194
어떻게 되었나 ⓟ 65, 66
얼간이 ⓖ 91, 94, 106, 118, 119, 155, 157, 163~166, 209, 227, 270
얼마짜리 ⓟ 66
엄마, 봐봐! 손 놓고도 한다! ⓟ 66, 70
완벽한 주부 ⓖ 130, 144~149
왜 그러셨어요? 안 되죠, 그런데 ⓖ 175, 176
왜 나한테는 항상 이런 일이 벌어질까? ⓖ 94, 118, 119, 120, 122, 126, 181, 209, 270
왜 안할까? ⓟ 72
요즘 사람들 ⓟ 158, 161
우리 아빠 ⓖ 157
원수를 은혜로 갚기 ⓖ 236, 242, 243
위대한 사람 치고 ⓖ 181
유혈낭자 ⓟ 159
유혹 ⓖ 75, 141, 174, 175, 178, 181~186, 220, 221, 238, 239
의족 ⓖ 109, 136, 152, 180, 203, 230~234, 250, 270
이러면 어떨까요? 맞아요, 그런데 ⓖ 87, 94, 149, 157, 164, 166~176, 226, 230
인력거 ⓖ 233

ㅈ~ㅊ

자선 ⓖ 236, 240, 241
저는 그저 도와드리려는 것뿐입니다 ⓖ 109, 119, 125, 127, 173, 174, 203, 206~212, 214, 215, 216, 223, 229, 231, 254
저도요 ⓟ 72
저런, 약하기도 하지! ⓖ 159
전화 끊어라, 애송아 ⓖ 182, 238

정말 너무 심하죠? ⓖ 72, 95, 102, 122, 157, 159, 160, 162, 181, 186
정신 의학 ⓟⓖ 67, 147, 150, 199, 203, 204, 221, 222~227, 250, 256
제 말 좀 들어보세요 ⓖ 200
제너럴 모터스 ⓟ 65, 71
쯧쯧, 저런 ⓟ 66
착한 조 ⓖ 109, 112
찾아보자 ⓟ 72

ㅋ~ㅎ

티타임 ⓟ 159
파자마 ⓖ 74
페티시·사드·마조흐 ⓖ 177, 179~181
학부모회 ⓟ 65, 66, 67, 69, 70, 168, 212
한잔 하죠 ⓖ 111
회계감사와 강도 ⓖ 196
휴가 반납 ⓖ 236
흠집 찾기 ⓖ 20, 145, 157, 161~163

인명·용어

2자 게임 81, 94, 122, 151, 173
3자 게임 81, 94, 122, 136, 138, 147, 150, 159, 202, 241

ㄱ

각형 교류(angular transaction)

53, 54, 75, 266
강박관념 193, 196
강박증 207
거세 불안 128
교류 반응(transactional response) 48, 100

교류 자극(transactional stimulus) 48, 100
교차 교류(crossed transaction) 50, 51, 52, 53, 55, 174
구강기 67, 113, 176, 185, 187
구어체(colloquialism) 31, 32, 43, 76, 90, 92, 93, 102, 120, 163, 165, 182
구조-허기(structure-hunger) 33, 36
굴딩, 메리 15
굴딩, 밥 15
'금주자협회' 106, 108, 110
긍정 심리학 21, 22

ㄴ~ㄹ

노출증 94, 186
다자 게임 81, 94, 173
대본(script) 18, 22, 87, 92, 93, 144, 241
드라마 16
디킨스, 찰스 143, 184
러브레이스, 리처드 238
레먼, 하인즈 7, 22
레빈, 3, 32
레이더, 노먼 225

레이파, 하워드 27
루스, 로버트 던컨 27

ㅁ~ㅂ

마조히즘 179, 211
몸, 윌리엄 서머싯 184
무력감 230
미드, 마거릿 263
밀러, 아서 75
밀러, 헨리 212
방어기제 38, 204
베이트슨, 그레고리 133
본래의 아이(natural Child) 45, 46
봉(호구) 104, 105, 107, 109, 111, 112, 113, 201, 202
분노 14, 16, 111, 114, 121, 122, 124, 128, 129, 141, 195, 209, 226, 230

ㅅ

사디즘 179
사회 역학(social dynamics) 77
사회정신의학(social psychiatry) 26, 34, 37, 78, 79
사미소, 아델베르트 폰 163
성도착증 179, 180

숨바꼭질 192, 198
슈타이너, 클로드 20, 26
스탕달 76
스피츠, 르네 29
시간 구조화 33~38, 86, 170
신경증 85, 224, 233
실스, 샬럿 20
심리 역학(psycho-dynamics) 64, 78, 81, 88, 94, 99, 102, 113, 123, 128, 139, 144, 153, 162, 165, 176, 185, 198, 211

184, 192, 201, 217
융, 카를 구스타프 70
음식-허기(food-hunger) 30
이면 교류(ulterior transaction) 53 ~55, 73, 82, 89, 235
이중 구속 133, 134
이중 이면 교류(duplex ulterior transaction) 54
인정-허기(recognition-hunger) 33, 36
잉글리시, 파니타 19, 20

ㅇ

아동기 19, 42, 82, 90, 100, 143, 184, 192, 225, 249
안도감 81, 139, 162, 176, 197
안정화 84
애착 11
양육 126, 247
어루만짐(stroking) 9, 11~13, 20 ~22, 31~34, 59~61, 68, 83, 84, 101, 125, 139, 166, 212, 239
어스킨, R. G. 18
우울증 80, 139, 147, 155, 162, 209
원초아(id) 12
원형(prototype) 82, 90, 100, 113,

ㅈ

자각 22, 257, 258, 260, 262
자극-허기(stimulus-hunger) 29, 30, 31, 33, 36
자발성 22, 251, 257, 258, 262
자아 상태(ego state) 11, 12, 14~ 17, 19, 21, 41~46, 48, 53, 54, 81, 169
자율성 22, 26, 257, 259, 262, 263
적응한 아이(adapted Child) 45, 46
전이 50, 175, 256
절도광 196
절크먼, M. J. 18
정신분석학 37, 209

정신분열증 7, 36, 43, 95, 133, 134, 180, 249, 251
제멜바이스, 이그나즈 필리프 63
조루증 128
조작(operation) 73, 74, 79, 101, 149, 199, 200, 266
죄책감 17, 18, 58, 77, 139, 144, 152, 154, 186, 211

ㅊ~ㅎ

초자아(super-ego) 12
친밀감 21, 22, 26, 31, 90, 101, 109, 114, 129, 130, 133, 141, 143, 160, 186, 189, 205, 248, 257, 260, 261, 262, 264

카프먼, 스티븐 16
코크, 샤를 폴 드 163
키르케고르, 쇠렌 오뷔에 37
파레, 앙브루아즈 223
페티시즘 94, 179
펜필드, 와일더 46
편집증 38, 119, 127, 138, 207
프랭클린, 벤저민 136
프로이트, 지그문트 38, 161, 226
항문기 102, 153, 165, 185, 187
헤릭, 로버트 238
호이징가, 요한 36
환상 144, 147, 180, 196, 265
히스테리 94, 186

조혜정

서울시립대학에서 환경공학을, 가톨릭대학에서 상담 심리학을 공부했다. 현재 상담 심리 전문가로서 서울시립대 학생상담센터의 팀장으로 있다. 옮긴 책으로 《SQ : 영성지능》《나를 괴롭히지 않고 변화시키는 심리법칙》등이 있다.

심리 게임 — 교류 분석으로 읽는 인간 관계의 뒷면

2009년 3월 20일 초판 1쇄 발행
2025년 6월 9일 초판 11쇄 발행

- 지은이 ──────── 에릭 번
- 옮긴이 ──────── 조혜정
- 펴낸이 ──────── 한예원
- 편집 ────────── 이승희, 양경아
- 본문 조판 ────── 성인기획
- 펴낸곳   교양인
  　　　　우 04015 서울 마포구 망원로6길 57 3층
  　　　　전화 : 02)2266-2776 팩스 : 02)2266-2771
  　　　　e-mail : gyoyangin@naver.com

ⓒ 교양인, 2009
ISBN 978-89-91799-41-7　93180

* 잘못 만들어진 책은 바꾸어드립니다.
* 값은 뒤표지에 있습니다.